KNAUR

Über den Autor:
Viktor Staudt, 1969 geboren, studierte Jura und arbeitete zehn Jahre für eine Fluggesellschaft. Nach seinem Selbstmordversuch lebte er fast zehn Jahre in Deutschland und der Schweiz, mittlerweile in Italien. Er hält Vorträge und veranstaltet Workshops zum Thema Selbstmordprävention.

VIKTOR STAUDT

Die Geschichte meines Selbstmords

und wie ich das Leben wiederfand

Aus dem Niederländischen
von Rolf Erdorf

KNAUR

Die Originalausgabe erschien 2012 unter dem Titel
Het verhaal van mijn zelfmoord – en hoek ik de angsten en depressies overwon bei Nieuw Amsterdam Uitgevers, Amsterdam.

Die Übersetzung dieses Buches wurde von der niederländischen Stiftung für Literatur gefördert.

Nederlands letterenfonds
dutch foundation for literature

Einige Namen und Orte wurden aus Gründen des Persönlichkeitsschutzes verändert.

Besuchen Sie uns im Internet:
www.knaur.de

FSC
www.fsc.org
MIX
Papier aus verantwortungsvollen Quellen
FSC® C083411

Vollständige Taschenbuchausgabe September 2015
Knaur Taschenbuch

Covergestaltung: ZERO Werbeagentur, München
Coverabbildung: Mare di Foto S.r.L.
Satz: Adobe InDesign im Verlag
Druck und Bindung: CPI books GmbH, Leck
ISBN 978-3-426-78784-7

5 4 3 2 1

Inhalt

Menschen mit einer Borderline-Persönlichkeitsstörung sind die psychologischen Äquivalente von Patienten mit Verbrennungen dritten Grades. Sie haben sozusagen keine emotionale Haut. Schon die kleinste Berührung oder Bewegung kann ein großes Leiden verursachen.

Marsha Lineham,
Professorin für Psychologie an der University of Washington

Vorwort

Vergleicht man eine Depression mit einer lebensbedrohlichen Krankheit wie beispielsweise Krebs, stößt man häufig auf Unverständnis. Depressionen werden oft als eine chronische Form der Unzufriedenheit angesehen und diese Unzufriedenheit nicht selten als unberechtigt abgestempelt. Eine Depression erscheint wie ein Leiden, das zu beheben ist, wenn man sich nur aufrafft und die Sache angeht, im Gegensatz zu einer körperlichen Erkrankung, an der man selbst nichts ändern kann.

Ich habe sehr unter meinen Depressionen gelitten und meine jetzt zu verstehen, warum ich damals keine besseren Entscheidungen treffen konnte. Gerade das ist ein Merkmal von Depressionen: Man will zwar etwas anderes, schafft es aber einfach nicht. Man ist der Krankheit ausgeliefert.

Dass Leute sich immer noch erstaunt zeigen, wenn man ihnen sagt, man leide an Depressionen, ist einer der Gründe, warum ich meine Geschichte aufgeschrieben habe. Depressionen rühren an den Kern der Existenz; der Boden unter den eigenen Füßen verschwindet, und was bleibt, ist ein endloser freier Fall.

Dies ist kein Hurra-wir-leben-noch!-Buch geworden; manchmal denke ich, dass ich meine Depressionen überwunden habe, war nur ein Pyrrhussieg. Ich hoffe, meine Geschichte schenkt neue Einsichten darüber, wie Depressionen einen Menschen vernichten können. Falls nur ein einziger Mensch sich nach der Lektüre dieses Buchs entscheidet, Hilfe zu suchen, anstatt Hand an sich zu legen, habe ich mein Ziel erreicht.

Sommer 2014
Viktor Staudt

Prolog – Kapitel null

Ich höre eine Stimme. Nein, es sind mehrere. Wie sehr ich mich auch bemühe herauszufinden, woher sie kommen, ich kann sie nicht lokalisieren. Langsam öffne ich die Augen. Alles um mich her ist verschwommen. Wieder höre ich diese eine Stimme, eine Frau, irgendwo in meiner Nähe.

»Er kommt zu sich …«

Ich begreife sofort, dass ich von »irgendwo« zu mir komme, aber nicht von woher, und ich weiß auch nicht, wo ich bin.

»Herr Staudt, Herr Staudt? Können Sie mich hören?«

Die Stimme klingt kühl und sachlich. Wer ist diese Frau, und wo befindet sie sich? In den dunkel verschwimmenden Flecken erkenne ich links von mir eine Bewegung. Das muss die Frau sein, die zu mir spricht.

»Haben Sie Schmerzen?«

Das Denken geht langsamer als gewöhnlich. Sekundenlang frage ich mich, warum ich Schmerzen haben sollte. Aus mir unbekannten Gründen fühle ich mich schwach, aber Schmerzen habe ich nirgends. Ich schüttele den Kopf, obwohl das nur schwer geht.

»Herr Staudt, Sie haben sich heute Nachmittag vor einen Zug geworfen …«

Vor einen Zug geworfen? Ich muss *sehr* tief in meinem Gedächtnis graben, ehe es mir allmählich dämmert. Tatsächlich, ich hatte vorgehabt, mich vor den Zug zu werfen. Und dann die Erkenntnis: Ich *habe* mich vor diesen heranstürmenden Intercity geworfen. Aber das scheint Ewigkeiten her zu sein.

»Sie befinden sich im Krankenhaus«, sagt die Frau, die ich noch immer nicht einordnen kann.

Langsam wird mir klar, was geschehen ist. Auf dem Bahnhof Amsterdam RAI bin ich vor den Zug gesprungen, und jetzt liege ich im Krankenhaus.

»Wir mussten Sie an den Beinen operieren.«

Diese Bemerkung jagt mir keinen Schrecken ein. Ich laufe und schwimme regelmäßig, gehe ins Fitness-Studio. Diese Operation kann kein Problem sein, meine Beine halten einiges aus.

Die Augen fallen mir zu, und ich döse weg. Als ich sie wieder öffne, weiß ich nicht, ob ich ein paar Sekunden, einige Minuten oder vielleicht auch länger geschlafen habe. Ich habe Durst und versuche etwas zu sagen.

»Sie können nicht sprechen. Wir haben Sie an ein Beatmungsgerät angeschlossen«, sagt die Frau. »Ich gebe Ihnen einen Stift in die linke Hand, Herr Staudt, ihr rechter Arm ist nämlich gebrochen.«

Ich wurde an den Beinen operiert, mein rechter Arm ist gebrochen, und sprechen kann ich auch nicht? Ich kann mir absolut nicht vorstellen, dass es mir so dermaßen schlechtgehen soll. Die Frau, eine Krankenschwester, wie ich jetzt sehe, gibt mir einen Schreibblock und einen Stift. Ich nehme den Stift in die linke Hand, und sie hält den Schreibblock fest. Langsam bewege ich den Stift über das Papier, um so deutlich wie möglich »Kaffee« zu schreiben. Während ich das tue, ist da die Stimme meiner Mutter.

»Viktor, kannst du mich hören …?«

Die Stimme kommt von der anderen Seite meines Bettes. Ich drehe den Kopf zu ihr.

Ja, ich höre dich!, will ich sagen. Obwohl es nicht geht, versuche ich es.

»Lieber, du brauchst nichts zu sagen«, sagt sie leise. »Du kannst jetzt nicht sprechen, weil du einen Schlauch im Mund hast. Aber wir sind hier, Papa und ich.«

Meine Eltern wohnen in Deutschland, kurz hinter der Grenze bei Nijmegen, fast zwei Autostunden von Amsterdam entfernt. Ich liege hier also schon mehr als zwei Stunden. Wer hat ihnen Bescheid gegeben? Ich will ihr etwas sagen. Ich nehme den Stift und schreibe »B e i n e« auf den Notizblock, den diesmal meine Mutter festhält.

Meine Mutter nimmt meine Hand und sagt: »Ich muss dir sagen, Lieber, dass deine Beine nicht mehr da sind.«

Bestimmt habe ich es nicht recht verstanden, denn wie können meine Beine weg sein, während ich noch lebe?

»Der Zug ist über deine Beine gefahren, und sie sind weg«, sagt meine Mutter.

Dann sehe ich jemanden hinter ihr stehen. Es dauert etwas, ehe ich in der Person meinen Vater erkenne. Er weint, aber er sagt nichts. Mir kommt ein Gedanke. Ich nehme wieder den Stift in die linke Hand und führe ihn mehr schlecht als recht zum Schreibblock, der immer noch auf meinem Bauch liegt. Langsam bewege ich den Stift und kritzele »Rob Scholte«. Meine Schrift ist offenbar kaum lesbar, denn meine Mutter sagt, sie wisse nicht, was genau ich da geschrieben habe.

»Er meint den Mann, der auch seine Beine verloren hat«, sagt daraufhin die Krankenschwester.

Bei mir ist es jetzt also genau wie bei dem Künstler Rob Scholte, der durch ein Bombenattentat beide Beine oberhalb der Knie verloren hat und seither im Rollstuhl sitzt. Ich bin schockiert, völlig überrumpelt von der Vorstellung, keine Beine mehr zu haben. Ich weine, beruhige mich aber auch rasch wieder. Die Schmerzpumpe, an die ich angeschlossen bin, verhindert, dass ich in totale Panik gerate.

»Der Polizist, der als Erster bei dir war, ist hier«, sagt meine Mutter.

Ich erinnere mich nicht, einen Polizisten gesehen zu haben, aber ich will ihm trotzdem etwas mitteilen. Meine Mutter gibt mir abermals den Stift und hält den Schreibblock fest.

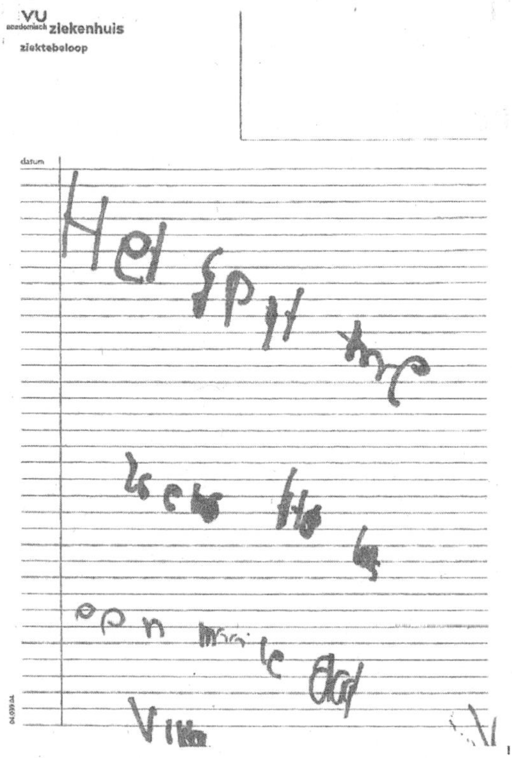

»Es tut mir leid. Lesen Sie das eines schönen Tages. Viktor«

Meine Mutter nimmt den Zettel und liest das Geschriebene vor, um zu wissen, ob sie es richtig verstanden hat. Ich nicke. Dann gibt sie dem Beamten den Brief.

Die Krankenschwester bringt den Kaffee mit einem Strohhalm, aber ich mag nicht mehr. Ich bin angekommen bei dem Kapitel null meines Lebens.

Teil 1

Rache

Schauspielern

Sommer 1994, fünf Jahre vor dem Sprung

Mit meiner Kollegin Mariëlle sitze ich in De Lantaarn, einem großen, besonders bei Yuppies sehr beliebten Restaurant. Mariëlle ist einige Jahre älter als ich und arbeitet schon viel länger in dem Büro, in dem ich vor einigen Jahren angefangen habe. Wir sind auf der Suche nach einer Location für die Abschiedsfeier unseres Kollegen Marc. Mariëlle und ich sind uns einig, dass dies ein geeigneter Ort dafür ist.

In dem Moment, als wir unser Vorhaben – eine Striptease-Nummer – mit der Mitarbeiterin des Restaurants besprechen wollen, passiert es. Ich fühle die Hitze in mir aufsteigen. Ich weiß, dass ich einen Anfall unterdrücken kann, wenn ich mein Gesicht jetzt sofort mit kaltem Wasser abspüle. Ich lege meine Serviette hin, schaue zu Mariëlle, die verstört wirkt, weil ich sie so plötzlich unterbreche, und entschuldige mich mit dem Hinweis, ich müsse kurz zur Toilette. Währenddessen spüre ich schon die ersten Schweißperlen auf der Stirn.

»Bin gleich wieder da!« Ich lächele, obwohl mich das Mühe kostet.

»Ja, ich sehe, dir wird schon ganz heiß bei der Sache!«, scherzt Mariëlle.

Die Restaurantmitarbeiterin lacht, während ich wortlos zur Herrentoilette gehe. Dort schlage ich die Tür hinter mir zu. Gott sei Dank ist außer mir niemand hier. Sofort drehe ich den Wasserhahn auf und halte die Hände darunter. Mist, bloß ein mickriges, laues Rinnsal. Ich lasse den Wasserhahn laufen und knöpfe mir das Hemd auf, um etwas kühle Luft auf der Brust zu spüren und zu verhindern, dass sich gleich große Schwitzflecke auf meinem Hemd abzeichnen.

Das Wasser, das ich mir über die Hände rinnen lasse, ist mittlerweile etwas kälter geworden. Ich mache einige Papierhandtücher nass und presse sie mir an den Kopf. Ich schließe die Augen und seufze. Ein paar Sekunden lang genieße ich die Abkühlung auf der Haut. Der Anfall scheint nachzulassen, und meine Muskeln entspannen sich. Mir entfährt ein weiterer Seufzer, und zugleich empfinde ich eine große Müdigkeit. Ich drehe das Wasser ab und knöpfe auch mein Hemd wieder zu. Es ist vorbei, das spüre ich. Aber ich weiß, dass ich jederzeit wieder einen neuen Anfall bekommen kann. Ich habe keine Ahnung, womit ich es begründen soll, wenn ich erneut zur Toilette muss.

Wieder bei unserem Tisch angekommen, entschuldige ich mich nochmals und erläutere der Mitarbeiterin den Grund unserer Personalfeier. Ohne von Angstattacken unterbrochen zu werden, kann ich erzählen, dass wir das Fest für einen gemeinsamen Kollegen veranstalten und zum Nachtisch gern einen Striptease-Tänzer auftreten lassen würden. Ich bringe die Geschichte locker. Wir lachen, was mich entspannt und einen sich bereits ankündigenden zweiten Anfall wieder abklingen lässt.

»Nach dem Dessert oder kurz davor werde ich das Wort ergreifen, während die Musik einsetzt. Dann fange ich an, mich auszuziehen. Sobald ich das Shirt ausgezogen habe …«

Die Restaurantmitarbeiterin unterbricht mich: »Aha, also Sie sind der Stripper?«

Mariëlle mustert mich, ein breites Grinsen umspielt ihre Mundwinkel. Man kann der Frau anhören, wie erstaunt sie ist. Ich sollte das eigentlich ignorieren, aber es ärgert mich ziemlich, wenn Leute an meinem physischen Erscheinungsbild zweifeln. Bin ich denn umsonst Stammkunde im Fitness-Center und unterwerfe mich dort seit Jahren einem strengen Trainingsplan? In Badehosen ernte ich Bewunderung für die Ergebnisse meiner intensiven Trainingsstunden.

Bekleidet bin ich jedoch sozusagen ein »schmales Hemd« geblieben. Ich beschließe, nicht auf die Bemerkung einzugehen, und fahre fort.

»In dem Augenblick, wenn ich den ersten Hosenknopf öffne, taucht ein professioneller Stripper auf, verkleidet als Polizist.«

»Eine tolle Idee!«, reagiert die Mitarbeiterin spontan und fügt hinzu, dass es so etwas in ihrem Restaurant noch nicht gegeben habe und sie es darum erst mit dem Manager besprechen müsse. »Aber das kriegen wir schon hin«, fügt sie beruhigend hinzu.

Sie notiert sich meine Telefonnummer und sagt, in ein, zwei Tagen werde sie mich wissen lassen, ob es bei ihnen stattfinden kann oder nicht. Nachdem die Mitarbeiterin weg ist, ergreift Mariëlle meine Hand und ruft: »Ich finde es ja auch *total* toll, dass du das machen willst!«

»Na ja, gar so großartig ist es nun auch wieder nicht.«

»Mag sein, aber den Mut dazu muss man erst mal haben!«

»Wenn schon, dann muss ich es jetzt tun.«

»Wieso?«

»In ein paar Jahren, wenn ich so um die dreißig bin …«

Sie stößt einen Seufzer aus. »Ach, fängst du wieder mit der Leier an!«

Mariëlle weiß von meiner Überzeugung, dass mir mit etwa dreißig irgendetwas zustoßen wird, das mein Leben komplett umkrempelt. Das habe ich ihr einmal gestanden. Zwei Dinge sind mir vollkommen klar: dass ich nicht sterben und dass ich fürchterliche Schmerzen erleiden werde. Ich habe nicht die geringste Ahnung, wie ich zu dieser Auffassung gekommen bin.

»Na, dann hast du noch … ungefähr drei bis vier Jahre, denke ich?«

Ich nicke. »Fast vier.«

Stille breitet sich aus.

»Mal im Ernst, Viktor: Du glaubst das wirklich, wie?«, fragt Mariëlle dann.

Ich zucke mit den Schultern und schaue auf die Serviette, die zerknüllt vor mir auf dem Tisch liegt.

»Das muss schwierig für dich sein und auch irgendwie ungut«, mutmaßt sie.

Ich weiß nicht, ob ich das selbst auch so empfinde. Für mich ist das irgendwie eine feststehende Tatsache, eine Gewissheit. Es scheint kein Entrinnen davor zu geben.

Ein paar Wochen später geht bei besagtem Striptease-Abend alles gut. Selbst auf dem Hinweg in der Straßenbahn geschieht nichts. Es ist eine der wenigen Fahrten, die ich überstehe, ohne dass mir heiß wird oder ich Beklemmungen kriege. Ich fühle mich gut und freue mich auf das Kommende. Ich bin stolz auf mich und darauf, dass ich den Striptease-Auftritt nicht nur organisiert habe, sondern sogar selbst mitwirken werde. Bestimmt ist es genau dieses starke, gute Gefühl, das die Straßenbahnfahrt zum Restaurant zu einem Moment werden lässt, an dem ich ausnahmsweise mal keine Anfalle habe.

Exhibitionismus ist offenbar eine der wenigen effektiven Waffen, mit denen ich die Angstattacken bekämpfen kann. Applaus brauche ich, stehende Ovationen, durchschlagende Erfolge. Nur dann scheint mein Selbstwertgefühl aus den dunkelsten Tiefen zum Sonnenlicht an die Oberfläche emporzusteigen, und ich fühle mich gut genug, um beispielsweise auf einem Frisörstuhl ausharren zu können oder in der Straßenbahn nicht vor Schweiß triefend dazusitzen. Es ist bizarr.

Das tief in mir verwurzelte, äußerst negative Selbstbild, das ich wahrscheinlich unbewusst habe, gibt dem unsichtbaren Feind die Kraft, mich zu attackieren. Dieses geringe Selbstwertgefühl scheine ich nur durch extreme Aktionen kurzfristig überwinden zu können.

Ich habe schon immer eine leicht exhibitionistische Neigung gehabt. Schon als Knirps in einer der ersten Grundschulklassen habe ich erkennen lassen, dass ich einmal Schauspieler oder Sänger werden wollte. Oder gleich ein singender Schauspieler. Ich wollte im Scheinwerferlicht stehen. In der Zeit, bevor sich meine Depressionen erstmals manifestierten – das geschah so etwa mit zwölf –, beteiligte ich mich in der Schule begeistert an Vorträgen und Theaterstücken. Ich war angstfrei, stotterte noch nicht und fühlte mich »normal«, wie eine Psychiaterin später sagen würde.

Das Abschiedsessen für meinen geliebten Kollegen Marc ist einer der kostbaren Momente, die beispielhaft für meinen Hang stehen, dem nachzugeben, was ich als kreativen Exhibitionismus bezeichne. Natürlich ziehe ich mich nicht vor jedem Kollegen aus, aber das hier ist eine besondere Gelegenheit. Die Jahre, die Marc und ich in dem Büro an der Weteringschans zusammengearbeitet haben, mitten in der Stadt und direkt gegenüber dem Rijksmuseum, betrachte ich als die besten meines Lebens, und das ist einen Striptease wert. In genau diesem Moment nehme ich den Kampf gegen die Angst auf. Er mag vergeblich sein, aber für mich zählt jetzt nur, dass ich noch kämpfe und nicht aufgebe.

Unser Auftritt geht so glatt und reibungslos über die Bühne, dass es aussieht, als hätten wir ihn vorher geprobt. Ich weiß in diesem Moment nicht, ob ich einfach ein Naturtalent bin oder nicht doch von dem Drang getrieben werde, mich selbst zu übertreffen. Mich davon zu überzeugen, dass ich über mich selbst hinauswachsen kann. Für mich stand von Anfang an fest, dass ich den Auftritt übernehmen würde, und über den Ausgang des Ganzen machte ich mir keine Gedanken. Nicht einmal in der Straßenbahn auf dem Weg dorthin.

Kicks

Sommer 1993, sechs Jahre vor dem Sprung

Mit einem Hamburger in der Hand schlendere ich an einem sonnigen Freitagmittag mit Marc durch die Leidsestraat. Es ist unsere gemeinsame Mittagspause. Ich wohne und arbeite zu diesem Zeitpunkt schon wieder eine Weile in der Innenstadt und fühle mich hier richtig heimisch. Wir sitzen auf einer flachen Mauer am Rand des Kleine-Gartmanplantsoen. Ich habe die Hemdsärmel hochgekrempelt und bin entspannt. Es gibt momentan wenig Arbeitsstress. Ich nehme einen Bissen von dem Burger, und der Geschmack von Mayonnaise, Tomate, Salat und gegrilltem Hamburger vermischt sich auf wunderbare Weise. In diesem Augenblick wird mir klar, dass mein Leben wahrscheinlich nicht mehr viel besser werden wird, als es jetzt ist.

Mir ist bewusst, was ich alles hatte überwinden müssen seit der Grundschule in dem kleinen Dorf irgendwo im Süden des Landes, als ich bei einem Theaterstück mitmachte, bis hin zu diesem sonnigen Freitagmittag am Leidseplein, und ich bin stolz auf das, was ich erreicht habe.

»Du siehst gut aus!«, sagt Marc zwischen zwei Bissen.

Ich zucke mit den Schultern und lache. »Ach, das Wetter ist schön, es ist Freitag, was will man mehr?«

Ich komme mir vor wie in einer Filmszene. Ich bin nicht Teil der Welt um mich her. Stattdessen spiele ich eine Rolle, mit der Umgebung als Filmset. Schon früh habe ich eine Vorliebe für das Medium Film entwickelt, was sogar meinem Vater auffiel, als ich mit elf Jahren ein paarmal mit ihm im Kino gewesen war. Einige Zeit nachdem wir *In tödlicher Mission* gesehen hatten, hörte ich ihn zu meiner Mutter sagen: »Viktor ist eigentlich nie mehr aus dem Kino rausgekommen.« Damals hielt ich das für ein Kompliment und sah darin nichts Bedrohliches. Schließlich war es wirklich so, wie mein Vater sagte: Ich wollte auch gar nicht mehr aus dieser Scheinwirklichkeit des Kinos heraus.

Eine Rolle zu spielen gibt mir ein gutes Gefühl. Es hilft mir, mich von meiner Identität zu lösen. Beispielsweise in Situationen, bei denen ich Menschen begegne, denn soziale Kontakte sind ein Trigger für meine Angstattacken. Wenn ich tue, als wäre ich ein anderer, bleibt die Angst zumindest eine Weile länger weg. Ich wirke dann wie dieser sympathische Kollege, der leicht gestörte Freund oder Bekannte mit einem Hang zu Abenteuern, wie der verlässliche Verbündete. Einzig zu Hause, wo es kein Publikum gibt, bin ich wirklich ich selbst. Dann brauche ich nicht darüber nachzudenken, wie ich mich bewege, welche Worte ich wähle und was ich tue. Trotzdem kann ich mich plötzlich ganz elend fühlen, dem Anschein nach ohne jeden Anlass.

Um mich her höre ich immer mehr über Depressionen und depressive Menschen, aber wenn ich lese, was die Symptome sind, erkenne ich mich darin nicht wieder. Ich gebe nämlich nicht auf, bleibe nicht tagelang im Bett liegen, vernachlässige mich nicht, lasse mich nicht volllaufen und nehme keine Drogen, selbst rauchen tue nicht.

Manchmal überschreite ich eine Grenze und suche das Abenteuer: Etwas Extremes zu tun gibt mir einen Kick. Das scheint es öfter bei Menschen mit Borderline zu geben, habe ich in einem Buch aus der Bücherei gelesen, da steht auch etwas von einem niedrigen Selbstwertgefühl, der Erfahrung einer inneren Leere und der Vorstellung, in Beziehungen gehe es entweder um alles oder nichts. Und dass Dinge plötzlich umkippen könnten. Darunter kann ich mir etwas vorstellen, aber ich sehe nichts Schlechtes darin. Denn entweder man lässt sich hundertprozentig auf etwas ein oder nicht.

Muss ich mir Sorgen machen? Interessant ist es schon, finde ich. Es macht mich zu etwas Besonderem. Außerdem: Ohne die Kicks und Thrills ist das Leben so öde! Und für die Nachteile finde ich schon eine Lösung. Es kommt der Tag, da bin ich mir sicher, an dem alles gut wird.

An diesem Freitag mit Marc im Kleine-Gartmanplantsoen bin ich wieder in einer Filmszene gelandet, mit dem Platz als Kulisse hinter mir. Die Passanten sind die Statisten, die Sonne hoch über uns ist die Beleuchtung, und neben mir sitzt scherzend und lachend mein Gegenpart. *Action.*

»Die Idee scheint dich zu beflügeln«, lautet Marcs Eröffnungssatz. »Nichts kann dich jetzt noch zurückhalten, glaube ich.«

Ich lächele. Ich habe Marc heute von einem neuen Date erzählt. Einem Date, das vollkommen anders werden wird als alle meine bisherigen. Wir werden nämlich auswärts essen, und zwar nicht irgendwo, sondern in Barcelona. Marc findet das übertrieben.

»Ich glaube nicht, dass ich dich noch davon abbringen kann«, seufzt er.

»Aber du hältst es doch auch für eine gute Idee?«, entgegne ich gespielt naiv.

Marc schüttelt bedächtig den Kopf. Er ist nur wenige Jahre älter als ich. Von Kollegen sind wir immer mehr zu Freunden geworden. Das bedeutet, dass es kaum eine Mittagspause gibt, die wir nicht miteinander verbringen. Wir gehen durch die Stadt und reden über alles, was uns beschäftigt: neue Filme, Musik, Beziehungen, Arbeit, unsere Pläne für das nächste Wochenende.

Marc hat natürlich recht, es ist übertrieben. Meinem Date bin ich vor einer Woche begegnet, und wir haben vielleicht eine halbe Stunde lang miteinander gesprochen, spätabends in einem Klub mit viel zu lauter House-Musik. Jetzt braucht er lediglich mit seinem Pass und seiner Zahnbürste am Flughafen Schiphol zu erscheinen, für alles andere sorge ich. Nächste Woche Freitag fliegen wir hin, und Sonntag kommen wir zurück, damit ich am Montagmorgen wieder rechtzeitig im Büro bin. Als Angestellter der Fluggesellschaft kann ich das. Für ein paar Zehner fliege ich quer durch die ganze Welt, mit Standby-Tickets, die immer dann gültig sind, wenn es noch freie Plätze gibt.

Ich weiß natürlich genau, warum ich mich nicht einfach in einem Restaurant in der Nähe verabreden kann, aber darüber möchte ich nicht reden. Nicht mit Marc, mit niemandem. Mehr noch, ich will gar nicht erst darüber nachdenken. Erstens aus Scham: Ich betrachte es als ein Zeichen der Schwäche, zugeben zu müssen, dass schon ein einfacher Restaurantbesuch Angstattacken in mir auslöst. Zweitens raubt mir der Gedanke daran meine ganze Vorfreude. Er macht meine abenteuerliche Idee von einem Wochenende in Barcelona zum Symptom irgendeiner Krankheit oder Anomalie, derentwegen ich vielleicht behandelt werden müsste. Jetzt dagegen fällt alles noch unter den Nenner »nett und originell«.

Ich habe die Hoffnung, dass ich mit dieser Aktion womöglich die richtige Waffe in meinem Kampf gefunden habe. Ich nehme ein Date mit nach Barcelona! Wie cool ist das?! Denn wenn ich das hinbekomme, brauche ich vor nichts mehr Angst zu haben.

Mein Plan für Barcelona ist eine Folge der Ereignisse des vorigen Wochenendes. Da hatte ich eine andere Verabredung. Wie viele in meinem Alter bin ich dringend auf der Suche nach einer festen Beziehung, oder besser gesagt: auf der Suche nach dem Richtigen. Und da ich den noch nicht gefunden habe, setze ich meine Suche jedes Wochenende intensiv fort, zu später Stunde im großstädtischen Nachtleben.

An diesem Abend hatte ich mich in einem Lokal zum Essen verabredet. Auf dem Weg dorthin, in der Straßenbahn, ging es wieder schief. Bei der nächstgelegenen Haltestelle musste ich aussteigen, und die kühle Außenluft hatte sofort eine lindernde Wirkung, aber ganz verhindern konnte ich den Anfall nicht. Ich hatte gerade erst die nächste Bahn genommen, da stieg die Angst wieder in mir hoch. Ich schaffte es kaum bis zum Lokal. Und als ich endlich dort war, fing alles von vorn an. Ich brauchte meine ganze Willenskraft, um nicht aufgeben und nach Hause gehen zu müssen. Ich entschuldigte mich mehrere Male, um mir in der Toilette das Gesicht mit kaltem Wasser abzutupfen.

Der Kampf erschien sinnlos. Wir gingen noch in ein anderes Lokal, aber auch dort musste ich direkt nach unserer Ankunft auf die Toilette flüchten. Als ich vor dem Spiegel stand und das kalte Wasser laufen ließ, sah ich, dass meine Unterarme klatschnass waren. Es war, als würde die Flüssigkeit buchstäblich aus meinen Poren herausgepresst. An der Innenseite meiner Arme, von der Hand bis in meine Ellenbeuge, tropfte mir der Schweiß nur so von der Haut. Ich fühlte mich elend. Ich schlug die Hände vors Gesicht und sank an der Wand neben dem Waschbecken zu Boden. Das hier musste aufhören, egal wie.

Die Toilettenfrau, eine echte Amsterdamerin mittleren Alters mit hochgesteckter Blondhaarfrisur, saß hinter ihrem Tisch mit einer Zeitschrift und der obligatorischen Untertasse mit Kleingeld. Ihre Stimme schallte durch den leeren Raum: »Na Süßer, wohl zu viel eingeworfen?« Sie klang eher besorgt als unfreundlich. War es jetzt schon so weit, dass die Leute dachten, ich hätte eine Überdosis an Drogen intus? Dabei war ich so nüchtern, wie man nur sein konnte! Die wenigen Sekunden, die ich spontan lachen musste, empfand ich deutlich wie eine Erlösung von der Angst.

Mir fällt ein, wie ich als Grundschüler zum ersten Mal etwas über Ängste erfahren habe. Woran ich mich nämlich erinnere, ist die Frage meiner Lehrerin an meine Mutter.

»Viktor lacht nicht«, sagte sie an einem Elternabend. »Kann er überhaupt lachen?«

Ich muss acht oder neun Jahre alt gewesen sein.

Meine Mutter wiederholte die Frage am nächsten Morgen beim Frühstück. Mir war sie damals merkwürdig vorgekommen. Niemand – ich als kleiner Junge natürlich erst recht nicht – hatte damals auch nur vermutet, diese Unfähigkeit zu lachen könnte eine tiefere Ursache haben.

Das mit meiner abendlichen Verabredung habe ich nicht mehr auf die Reihe bekommen. Diese Runde war verloren, aber aufgegeben hatte ich noch nicht. Ich nahm die Straßenbahn nach Hause, und zu meinem großen Erstaunen hatte ich während der Fahrt keinerlei Probleme mehr.

Wieder daheim, bin ich im Anschluss erst einmal eine Runde gelaufen, was mir über das Fiasko hinweghalf. Ich fühlte mich schon während des Laufens etwas besser, und nachdem ich geduscht und saubere Sachen angezogen hatte, zog ich gegen Mitternacht nochmals los. Die physische Anstrengung hatte mich dermaßen erschöpft, dass mir für eine Angstattacke keine Energie mehr blieb, so jedenfalls dachte ich es mir. In dem Club bestellte ich eine Flasche Bier. Alkohol hat eine leicht dämpfende Wirkung auf Angstgefühle, aber mehr als zwei Bier können auf mich auch den gegenteiligen Effekt haben. Manchmal wird mir davon sogar besonders heiß. Ich hatte den Sport als ein vertrautes Mittel benutzt, die noch frische Erinnerung an den gescheiterten Abend zu zweit möglichst tief in mir zu vergraben oder sogar ganz aus meinem Gedächtnis zu löschen. Allerdings plagten mich Schuldgefühle, die Überzeugung, es nicht geschafft zu haben.

Getrieben von einer Mischung aus leichter Panik, eisernem Willen und der Entschlossenheit, mit meinem unsichtbaren Feind kurzen Prozess zu machen, hatte ich mich auf die Suche nach einer anderen Waffe begeben, von deren Beschaffenheit ich eine vage Vorstellung hatte, und zwar dachte ich an eine feste Beziehung, die mir die Stabilität geben könnte, die ich brauchte, um der Angst Herr zu werden. In dieser Nacht wollte ich mir zeigen und beweisen, dass ich nicht unterzukriegen war. Genau da traf ich auf die beiden Studenten, von denen ich einen zu einem Barcelona-Wochenende einladen sollte. Mir blieb faktisch keine andere Wahl.

»Wir müssen!«, sagt Marc. Er stupst mich leicht mit dem Ellbogen an und springt von der Mauer. Als wir zum Büro zurückgehen, wünscht er mir ganz viel Erfolg und Spaß in Barcelona, verbunden mit der Hoffnung, dass ich noch Jahre später lächelnd und mit guten Erinnerungen an dieses Date zurückdenken werde.

»Und wenn ihr in zehn Jahren immer noch zusammen seid, dann ist es natürlich schon furchtbar witzig, wenn es ausgerechnet damit angefangen hat«, stellt er fest.

In der Tat. Wenn diese Beziehung mit einem Wochenende in Barcelona beginnt, dann ist das für immer eine nette, wertvolle und einzigartige Erinnerung. Gleichzeitig lieferte er mir die passende Ausrede, den wirklichen Grund des Wochenendtrips zu vernachlässigen. Oder zu ignorieren.

Psychiaterin

»Wie haben Sie das noch ausgedrückt? Dass Sie der Junge sind, der nicht lacht?« Die junge Psychiaterin, die mir gegenübersitzt, klingt sachlich. Sie schaut mich mit einer undurchdringlichen Miene an. Ihr langes, dunkelbraunes Haar hat sie zu einem Pferdeschwanz zusammengebunden, und sie trägt eine kleine, schwarze Brille.

»Stimmt, das ist etwas aus meiner Jugend«, beantworte ich ihre Frage.

»Aus Ihrer Jugend?«

Beim ersten Mal, als mich die Psychiaterin des Krankenhauses besuchte, lag ich noch im Bett und war, von Schmerzmitteln betäubt, kaum imstande gewesen, ein Wort herauszubringen. Sie hatte meinen Namen gerufen und mich aus tiefem Schlaf gerissen. Anfangs glaubte ich, sie sei nur wieder eine Ärztin, die mir irgendein Medikament geben wollte. Als sie sich mir als Psychiaterin vorstellte, war meine erste Reaktion, dass ich jetzt wirklich nicht in der Lage sei, mit welchem Psychiater auch immer über meinen Selbstmordversuch und was dazugehörte, zu reden.

Sie nickte verständnisvoll und schlug vor, eine Woche später nochmals vorbeizukommen. Ich antwortete, das sei in Ordnung, obwohl ich mir keineswegs sicher sei, dann auch wirklich mit ihr reden zu wollen. Selbst dafür zeigte sie Verständnis.

Als sie dann vor einer halben Stunde wieder auftauchte, hatte ich keine Einwände gegen ein Gespräch.

Wären wir uns ein oder zwei Wochen vor meinem Sprung begegnet, dann hätte sie ein komplett anderes Bild von mir erhalten, dessen bin ich mir sicher. Auf sie hätte ich nämlich bestimmt den gleichen Eindruck zu machen gewusst wie auf so viele aus meinem Umkreis: freundlich, zuvorkommend, gepflegt, sportlich, abenteuerlustig und nicht dumm. Jetzt gibt es nichts mehr, was ich tun kann, um all das wiederherzustellen, was ich meiner Meinung nach einmal ausgestrahlt habe: Ich habe verloren, alle Hoffnung ist dahin. Ich komme mir ausgeliefert vor, nur weiß ich nach mehr als drei Wochen Krankenhausaufenthalt immer noch nicht, wem oder was ich ausgeliefert bin.

Wir sitzen in einer Art Lagerraum irgendwo auf dem Flur. Wir sind hierher ausgewichen, weil ich nicht länger allein in einem Zimmer liege. Ein Sprechzimmer für uns gibt es nicht und auch keinen anderen Platz in dieser Abteilung. An der Wand stehen Regale mit Toilettenpapierrollen, Spülmittelpaketen sowie ganzen Stapeln von Bettpfannen, Urinflaschen und leeren Infusionsbeuteln. Nicht gerade eine angenehme Umgebung, um sich über das Wie und Warum eines Selbstmordversuchs auszutauschen.

Das Neonlicht hat Mühe, sich einen Weg zwischen den vollen Vorratsregalen hindurch zu bahnen, und es ist, als hockten wir in einem Versteck. Wir sitzen uns direkt gegenüber, sie auf einem niedrigen Hocker und ich in meinem zu breiten Krankenhausrollstuhl mit den zu weichen Reifen. Mein rechter Arm ist noch eingegipst, was meine Bewegungsfreiheit deutlich einschränkt. Selbst auf der Toilette muss ich um Hilfe läuten, sobald ich »fertig« bin. Mittlerweile habe ich ihr die gesamte Geschichte von der Verabredung in Barcelona erzählt, aber offenbar ist meine Kindheit interessanter.

»Tja, meine Jugend …«, sage ich. »Ist das nicht ein Klischee?« Ich möchte ihr vermitteln, dass ich nicht daran glaube, man könne das, was geschehen ist, einzig aus dem Verlauf meiner Kindheit und Jugend erklären.

Die Psychiaterin schaut mich an, sagt jedoch nichts.

»Ich weiß es natürlich auch nicht, aber was meine Grundschullehrerin über mich gesagt hat, hängt vielleicht irgendwie damit zusammen.«

Ich erzähle die Geschichte von meiner Unfähigkeit zu lachen.

Die Psychiaterin macht eine Notiz. Als sie mit Schreiben fertig ist, schaut sie mich an und fragt: »Warum konnten Sie nicht lachen?«

»Keine Ahnung«, meine ich achselzuckend.

»Aber was die Lehrerin sagte, stimmt?«

»Ich denke schon, obwohl ich es selbst nie so wahrgenommen habe. Ich habe mir diese Frage nie gestellt. Mir ist nie bewusst gewesen, dass ich nicht lachen konnte.«

Ich versuche mir zu überlegen, weshalb die Lehrerin das gesagt haben könnte. Ich erzähle der Psychiaterin von einem Gefühl, das ich damals empfand und an das ich jetzt erstmals seit Jahren wieder denke. Dennoch kostet es mich keine Mühe, es ihr zu erklären: Sehr oft habe ich versucht, meinem Leben einen bunteren Anstrich zu geben. Die Jahre in der Grund- und Mittelschule und auch meine Zeit an der Universität verliefen nämlich in Schwarzweiß. Das bedeutete, dass draußen, da, wo das echte Leben war, sich alles in Farbe abspielte.

Es war an einem ganz normalen Schultag, ich muss etwa elf oder zwölf gewesen sein, da blickte ich durchs Klassenfenster auf die Straße, die an der Schule entlangführte und auf der Autos, Radfahrer und Fußgänger vorbeikamen. In dem Moment wurde mir bewusst, dass da draußen alles in Farbe war, während hier drin bei mir alles in Schwarzweiß war. Dieser Schwarzweißfilter verließ mich auch auf dem Nachhauseweg von der Schule nicht. Der Schritt hinüber in die farbige Welt war nicht zu machen. Aber irgendwie konnte ich damit leben. An dem Tag, an dem die Schule endgültig zu Ende wäre, würde das Leben in Farbe beginnen.

»Ich denke, dass es vielleicht damit zusammenhängt. Spaß in der Schule zu haben erschien mir ebenso unmöglich wie Schnee im Sommer, wobei ich durchaus neidisch auf die

Schulkameraden war, die offenbar sehr wohl ihren Spaß haben konnten«, sage ich. »Ich redete mir ein, die Freude am Leben würde schon noch kommen. Ich musste einfach auf bessere Zeiten warten.«

Um meine Gedanken zu ordnen, schaue ich hoch zu dem harten, weißen Licht der Neonröhre über mir. Ich spreche selten über derlei Dinge, aber jetzt und unter diesen Umständen, nach allem, was passiert ist, scheint es mir, als berichtete ich bloß etwas nach dem Hörensagen – wie bei einem Verhör oder einer Zeugenaussage. Das ist auch der einzige Grund, weshalb ich es ihr überhaupt erzähle. Es geht ausschließlich um das Erteilen einer Auskunft, denn ich vermag mir nicht vorzustellen, dass dieses Gespräch mir Linderung verschaffen könnte.

Ich erzähle, wie sich die Dinge veränderten, als ich zwölf, dreizehn Jahre alt war. Wie sich etwas in mir veränderte. Ich war depressiv geworden. Ich kannte das Wort zwar noch nicht, aber ich muss damals die ersten Symptome gehabt haben. Ich verlor nach und nach die Freude an alltäglichen Dingen, die mir bis dahin noch Spaß gemacht hatten, etwa zur Schule oder zu Geburtstagsfeiern zu gehen. Das alles war mir plötzlich zu viel und zu schwer. Es war, als würde ich in einem tiefen, dunklen Loch versinken. Wenn ich von der Schule nach Hause kam, wollte ich manchmal einfach nur noch am oberen Ende der Treppe sitzen, die Beine angewinkelt, den Kopf auf den Knien, die ich mit beiden Armen umfasst hielt. Ich brauchte dann nicht einmal mehr die Augen zu schließen, denn alles um mich herum war ohnehin schon dunkel. Ich dachte auch manchmal an Selbstmord. Aber das ginge auch noch, wenn ich nach meinem Schulabschluss noch keine Lösung für meine Probleme gefunden hätte. Ich betrachtete das als einen beruhigenden Ausweg.

Fast möchte ich auch jetzt die Beine anwinkeln, um der Psychiaterin zu zeigen, wie ich damals oben auf der Treppe saß. Ich lächele, denn durch den Verlust meiner Beine ist mir diese Körperhaltung so nicht mehr möglich.

»Selbstmord schien mir in dieser Zeit nichts anderes zu sein als eine dauerhafte Zeit der Dunkelheit«, sage ich.

Ich setze mich aufrecht hin und nicke, als wollte ich mir selbst zustimmen. »Ja, ich denke, so war es. Es war, als würden plötzlich alle Farben um mich herum verblassen. Am Ende der Grundschule fing ich außerdem noch an zu stottern.«

Ich schäme mich jedes Mal wieder, wenn ich erzähle, dass ich in der Grund- und Mittelschule gestottert habe. Ich werfe mir vor, dass ich es die Schulzeit über nicht geschafft habe, das zu überwinden.

»Ein richtiges Problem wurde es erst zu Beginn der Mittelschule«, erzähle ich. »In den ersten Grundschuljahren habe ich problemlos alles Mögliche vor der Klasse vorgetragen. Ich spielte auch Theater und dergleichen.«

»Damals war die Welt noch in Farbe?«

Ich lächele. Sie versteht mich.

»Ja, stimmt«, bestätige ich. »Es geschah von einem Augenblick zum anderen, dass eine Art Band, eine Schnur sich um meinen Hals zuzog. So fühlte es sich an, als der Biologielehrer mich vorlesen ließ und ich plötzlich, wie durch Zauberei, nichts mehr sagen konnte. Ich kann mich noch gut daran erinnern. Es war an einem Montagnachmittag.«

Von dem Moment an war es, als würde mir der Atem abgeschnürt, sobald ich in der Klasse etwas sagen wollte oder sollte. Ich weiß noch, wie verwundert ich war, das nicht mehr zu können.

»Ich hatte Angst, etwas gefragt zu werden und etwas sagen zu müssen.«

»Die Angst vor der Angst«, konstatiert die Psychiaterin.

Mir wird plötzlich bewusst, dass ich hier keine Zeugenaussage als unbeteiligter Dritter mache, sondern von mir erzähle.

Ich schließe die Augen, und mir wird klar, dass ich dem Gespräch eine andere, positivere Wendung geben muss, um nicht allzu bedauernswert rüberzukommen.

Das Stottern ließ dann zum Ende der Mittelschule hin übrigens nach. Das kam daher, dass ich noch eine andere, selbst erfundene Therapie angefangen hatte: an mir selbst bauen. Diese Therapie war einfach und schien Früchte zu tragen. In der Zeit, als die ersten Fitness-Studios aufkamen, hatte ich schmächtiges Kerlchen den Mut, dort zu trainieren. Nie werde ich das allererste Mal vergessen, als ich zwischen lauter Bodybuildern die leichtesten Hanteln in die Hand nahm. Nach nicht allzu langer Zeit konnte ich diese Hanteln weglegen und zu den etwas schwereren greifen. Letztendlich war es eine Frage des Willens. In dieser Zeit hatte ich eine imaginäre Liste vor Augen: fit bleiben, mich gesund ernähren, hart arbeiten und vor allem nicht aufgeben. Nie aufgeben, wie dicht mir der Nebel in manchen Momenten auch vorkam und wie sehr auch sämtliche Farbe aus meinem Leben gewichen schien.

»Oft konnte ich nur mit Mühe durch ihn hindurchsehen und an dem festhalten, was mir offenbar immer wieder entglitt«, sage ich. »Etwa Kontakte zu Menschen herzustellen, denn das scheine ich nicht zu können. Und das geht mir auf eine irgendwie bizarre Art und Weise überall so.«

Ich erzähle, dass es im Supermarkt, beim Frisör, in der Straßenbahn passiert. Es ist keine Klaustrophobie, denn es überkommt mich auch draußen auf der Straße. Sobald mir bewusst wird, dass andere sehen können, wie mir die Angst den Schweiß aus dem Körper treibt, erliege ich der Attacke. Nein, erliegen ist nicht das richtige Wort, denn ich weiß, was ich kann und was ich will, jedenfalls überfällt mich irgendetwas. Ich bin nicht besonders nervös in solchen Momenten. Aber dieses Etwas trifft mich, es verwirrt und ruiniert mich. Es beschädigt mich im Kern meines Wesens. Es nimmt mir meine Würde. Ich kann mir nicht die Haare schneiden lassen, ich bekomme die Arbeitsstelle nicht, für die ich mich beworben habe, es ist mir unmöglich, eine Beziehung einzugehen. Alles scheitert daran, mein Gefühlsleben, mein ganzes Leben, alles. Die Psychiaterin schaut mich an, sagt jedoch nichts. Auch schreibt sie nichts auf. Ich frage mich, ob sie mich überhaupt versteht, und versuche, es besser zu erklären.

»Ich denke, dass ich immer, wenn ich kurz davor bin, einen Kontakt herzustellen, Angst habe, diesen Kontakt gleich wieder zu verlieren. Ich habe Angst vor dem, was geschieht, wenn ich den Kontakt am Ende doch nicht zustande bringe und allein zurückbleibe.«

Während ich das sage, wird mir klar, wie verzweifelt ich die ganzen Jahre über gewesen sein muss, immer wenn ich, von einer Panikattacke gelähmt, nichts anders tun konnte, als aufzustehen und wegzugehen, egal von wo und von wem.

»Und nichts bleibt dann übrig, überhaupt nichts.«

»So erleben Sie das«, bemerkt die Psychiaterin.

Ich nicke.

»Sie müssen sich sehr einsam gefühlt haben«, reagiert sie sensibel.

»O Gott, ja. Und wie!«

Die Psychiaterin notiert etwas. Danach schaut sie mich kurz an, ohne etwas zu sagen. Hier drinnen ist es still, ich höre nur noch leises Stimmengewirr auf dem Flur.

Ich schaue sie nicht an, als ich fast flüsternd sage: »Ich habe wirklich alles drangesetzt, durchzuhalten. Um nicht aufzugeben. Ich habe immer gedacht: Ich bekomme das schon unter Kontrolle, es ist eine Frage der Zeit. Wenn ich nur noch mehr laufe, nur noch mehr schwimmen gehe, dann kann ich als Nächstes den Kampf gegen die Angstattacken in Angriff nehmen. Dann kann ich an mir selbst arbeiten, und dann werde ich stark. Wörtlich und im übertragenen Sinn.«

»Haben Sie schon mal mit einem Arzt darüber gesprochen?«

Ich schüttele den Kopf. »Na ja«, fange ich an, »ich habe es einige Male meiner Hausärztin gegenüber erwähnt, aber eigentlich endete das immer mit einem Rezept für das Beruhigungsmittel Xanax und dem Ratschlag, es etwas ruhiger angehen zu lassen.« Ich seufze tief. »Ich muss zugeben, dass ich geglaubt habe, mir selbst helfen zu können. Ich würde es auch ohne Xanax oder sonstige Mittel schaffen. Ich wollte nicht auch noch süchtig werden.«

»Und haben Sie je eine Therapie gemacht?«

Ich erinnere mich, vor einigen Jahren einige Sitzungen bei einem Psychiater gehabt zu haben. Nach dem dritten oder vierten Termin fragte ich mich, ob er mir überhaupt zugehört hatte. Ein nächster Termin war für zehn Uhr geplant. Als ich vor der Tür stand, sagte er mir durch die Gegensprechanlage, ich hätte mich vertan und wir hätten unseren Termin erst um elf. Ich bin eine Stunde später wiedergekommen und hatte in der Zwischenzeit die Karte gefunden, auf die er selbst zehn Uhr als Termin notiert hatte. Das Einzige, was er sagte, war: »Ach. Na ja, das kann vorkommen.« Das war für mich ein Grund, nicht mehr hinzugehen.

Und ich stehe auf der Warteliste des Nederlands Psychologisch Instituut in Amsterdam. Vor einigen Wochen hatte ich dort ein Gespräch. Man konnte mich dort nicht sofort als Patient aufnehmen.

Die Psychiaterin macht sich eine Notiz.

»Der Zufall will, dass sie Anfang dieser Woche mit meinen Eltern telefoniert und gesagt haben, ich wäre jetzt an der Reihe.« Ich presse die Lippen zusammen.

Sie schaut von ihrem Schreibblock hoch, in den Augen eine gewisse Neugier.

»Mein Vater hat mit ihnen gesprochen und gesagt, es sei zu spät.«

Die Psychiaterin macht sich eine Notiz.

»Noch mal zurück zu dem einen Abend damals in dem Klub, wie ging das weiter?«, fragt sie. In Gedanken gehe ich zurück in den verräucherten Laden, zu dem Glas Bier in meiner Hand, meinem auf die Tanzfläche gerichteten Blick und meinem Neid auf diejenigen, die sich zu den Klängen der hämmernden Musik gehen lassen konnten. Zuletzt habe ich mich irgendwo an die Bar gestellt, neben zwei Studenten aus Utrecht, wie sich später herausstellte.

»Haben Sie die beiden angesprochen?«

Obwohl es schon einige Jahre zurückliegt, kann ich mich ziemlich gut erinnern, wie der Kontakt an jenem Abend zustande kam.

»Wahrscheinlich habe ich ein Bier oder etwas anderes geordert und mich dabei direkt neben sie gestellt.«

»Ist das Ihr üblicher Weg, mit Leuten in einer Diskothek in Kontakt zu treten?«

»Es ist sicher der praktischste, glaube ich.«

»Ich verstehe nicht ganz. Einerseits sagen Sie, wie schwierig es sei, sich mit jemandem in einem Lokal zu verabreden, während Sie andererseits in einer vollen Bar Leute ansprechen können, ohne dass Ihnen dabei angst wird.«

Ich erkläre es ihr. »In einem Restaurant oder wo auch immer ich mich mit jemandem verabredet habe und mich hinsetzen muss, kann ich nicht einfach so weg. In einem Klub oder in einer Diskothek locker an der Bar herumzuhängen und ohne vorherige Verabredung mit jemandem ein Gespräch anzufangen, darauf kann ich mich vorbereiten. Ich tue so etwas auch erst, wenn ich mich gut genug fühle, sonst lasse ich es entweder ganz oder verschiebe es auf später. So ein Gespräch kann ich leicht abbrechen und später wieder aufnehmen.«

»Und dann haben Sie einem der beiden angeboten, zusammen mit Ihnen nach Barcelona zu fliegen?«

»Nein, nicht sofort an diesem Abend. Das habe ich erst später getan. Am Telefon.«

»Sie sagten zuvor, Sie hätten geglaubt, mit dieser Reise Ihre Angst überwinden zu können«, sagt die Psychiaterin.

»Ich habe mir vorgestellt, diese Erfahrung, dieser Trip würde ein solches Megaspektakel sein und auch mich so beeindrucken, dass alles danach ein Kinderspiel wäre. Wie eine ultimative Form der Therapie.«

Die Psychiaterin sagt nichts, sondern hebt, den Stift weiterhin auf dem Papier, lediglich kurz den Kopf.

Elizabeth »Lizzy« Schildermans

Ich fahre durch den breiten, etwas fahlen Krankenhausflur. Ich bin unterwegs zu meinem Zimmer. Die Farbe an den Wänden war bestimmt mal neu, und auf dem eben erst gebohnerten Fußboden sind hartnäckige Flecken zu sehen. Links und rechts im Flur stehen leere Betten sowie Infusions- und Medizinwagen geparkt. Ich begegne mehreren Besuchern, die ich in der letzten Zeit öfter gesehen habe. In der Trauma-Abteilung liegen schwerverletzte Patienten, die im Schnitt länger bleiben und auch öfter Besuch bekommen. Einige erkennen mich und nicken kurz. Es ist nicht nur eine Begrüßung. Ich habe das starke Gefühl, die Leute meinen mich, jemanden im Rollstuhl. Ich befürchte, irgendwer könnte wissen wollen, was mit mir passiert ist. Bisher hat mich zum Glück niemand danach gefragt. Bei Bekannten tue ich mich weniger schwer; mit ihnen rede ich durchaus über das, was sich an diesem bestimmten Nachmittag ereignet hat.

Das Zimmer teile ich mir mit einer ungefähr fünfzig Jahre älteren Patientin. Nach einer Woche Intensivstation und einigen Tagen Intensivüberwachung bin ich hierhergefahren worden. Man hat mich nicht in eine psychiatrische Abteilung verlegt, wie ich erwartet hätte, sondern in die Trauma-Abteilung zu den Unfallpatienten. Ich habe mich vor den Zug geworfen, und das war ein Unfall. Denn das hatte anders laufen sollen. Jedenfalls kam ich, nachdem meine Beine – die Ärzte und das Pflegepersonal nennen es Stümpfe – genäht waren und der Arm eingegipst, in die traumatologische Abteilung.

Die erste Zeit hatte ich ein Zimmer für mich. Kurz sah es so aus, als müsste ich in einem Krankensaal liegen. Umso mehr freute ich mich über das Einzelzimmer. Einer der Gründe, weshalb ich mir kein Zimmer mit jemandem teilen wollte, war, dass ich keine Lust hatte, über das zu sprechen, was mir zugestoßen war. Seit dem Vortag liege ich in einem Doppelzimmer und habe mir überlegt, meiner Zimmergenossin, sollte sie mich nach dem Verlust meiner Beine fragen, zu sagen, das sei die Folge eines Verkehrsunfalls. Ich muss mir nur noch die Einzelheiten überlegen. Aber noch hat auch meine Zimmergenossin nichts gefragt.

Sie heißt Elizabeth Schildermans. Sie mag zwar fast fünfzig Jahre älter sein als ich, ist aber irgendwie auf der Höhe der Zeit. Vor einer Woche ist sie an einer Bushaltestelle gestürzt und hat sich dabei die Hüfte gebrochen. Um die Hüfte zu schonen, hängt ihr Bein in einem Winkel von fünfundvierzig Grad in einem Gestell. Obwohl es für sie unangenehm sein muss, erträgt sie ihr Schicksal tapfer. Sie ist immer freundlich und begrüßt mich jedes Mal mit einem Lächeln, wenn ich ins Zimmer gerollt komme.

Lizzy – sie besteht darauf, dass ich sie trotz unseres Altersunterschieds so nenne – liest gerade in der Frauenzeitschrift *Libelle.* Als sie den Kopf hebt und ich ihr runzliges Gesicht mit dem schelmischen Lächeln sehe, kann ich nicht anders, als auch zu lächeln. Irgendwie schafft sie es, mich ein klein wenig aufzuheitern.

Neben meinem Bett steht ein Tablett mit einer Tasse Suppe, einem Schälchen Salat, einem Teller mit zwei Schnitten Brot und dazu zwei Scheiben Käse. Es gibt Besteck, ein Tütchen Pfeffer und ein Tütchen Salz. Haargenau so, wie ich es einen Tag zuvor bestellt habe.

»Ich befürchte, die Suppe ist schon kalt geworden«, sagt Lizzy hinter ihrer Zeitschrift. Ich nicke bestätigend und beschließe, die Suppe stehen zu lassen. Das Brot und den Käse dagegen esse ich.

Als ich eine knappe Stunde später die übliche Dosis Morphium verabreicht bekomme, im Bett liege und es nichts

Schönes im Fernsehen gibt, fällt mein Blick auf meinen Schlüsselbund, und meine Gedanken schweifen ab. Die Schlüssel haben meine Eltern von der Polizei bekommen und anschließend hierhergebracht, damit ich sie immer zur Hand habe, falls jemand mir vielleicht etwas aus meiner Wohnung holen soll. Mehr noch als auf die Schlüssel schaue ich auf den Schlüsselanhänger: eine spanische Fahne mit dem Wort Barcelona darunter, ein Souvenir, das ich vor Jahren von dem Wochenende mitgebracht habe.

Während meine Finger über den Schlüsselanhänger gleiten, frage ich mich, wie naiv ich damals gewesen sein musste, zu glauben, ich könnte meinen Anfällen auf diese Weise zu Leibe rücken. Wie oft mich an dem Wochenende Angst und Panik überfallen hatten, weshalb ich vom Tisch aufstehen oder ein Museum verlassen musste, immer auf der Suche nach einer Erklärung für mein merkwürdiges Verhalten!

Ich schaue nach draußen, über das Gestell von Frau Schildermans hinweg. In der Ferne, wo die meisten kleinen Lichter sind, liegt die Innenstadt. Da füllen sich jetzt die Kneipen und Restaurants. Da liegt auch meine Wohnung in der zweiten Etage eines alten Hauses im Zentrum, die ich zwar noch gemietet habe, die ich aber nie mehr werde betreten können.

Ich muss daran denken, wie ich bei einem der letzten Male dort über die Straße gegangen bin. Ich spüre, wie ich mit meinen Schuhen das Gehwegpflaster berühre. Ich stelle mir vor, wie ich den Schlüssel ins Schloss stecke, die schwere Haustür aufdrücke und das Haus betrete. Ich versuche, mich möglichst genau daran zu erinnern, wie sich meine Hand auf dem Knauf der Haustür anfühlte. Ich spüre die grobe Fußmatte unter den Schuhen. Langsam lasse ich die Tür hinter mir zufallen.

Auf der Matte liegen die Post und die Abendzeitung. Ich bücke mich und berühre mit den Händen die Zeitung und Briefumschläge, fühle die verschiedenen Papiersorten. Ich nehme sie von der Matte. Meine Füße treten einer nach dem anderen auf die Stufen der Holztreppe, und ich bin mir bewusst, wie wenig diese mitfedern. Meine linke Hand hält sich leicht am Geländer fest, die Unebenheiten von den vielen Farbschichten sind deutlich spürbar. Oben, da, wo die Treppe leicht nach rechts abknickt, klingen die Treppenstufen anders, weniger hohl. Ich gehe über die schwarzen Kunststoffplatten, mit denen der Treppenabsatz ausgelegt ist. Dann nehme ich die Treppe in den zweiten Stock. Ich werde schneller, um die letzten Stufen im Sprint zu nehmen; so mache ich das immer. Oben angekommen, stecke ich den Schlüssel ins Schloss, es klickt dumpf. Beim Öffnen meiner Wohnungstür quietschen die Scharniere kurz und grell. Ich trete ein und spüre den weichen Teppichboden, ehe ich die Tür hinter mir schließe.

Dann ziehe ich meine Schuhe aus. Den ersten, indem ich mit der anderen Schuhspitze gegen den Absatz drücke. Mit meinem befreiten Fuß drücke ich gegen die Rückseite des zweiten Schuhs. Meine Schuhe sind davon schon abgewetzt. Schuheputzen habe ich gerne wochen-, wenn nicht gar monatelang vor mir hergeschoben. Irgendwann hat ein Kollege, dem aufgefallen war, wie schlecht es um meine Schuhe bestellt war, mir angeboten, sie zum Schuhmacher zu bringen. Meinetwegen musste das nicht sein. Darum würde ich mich kümmern, wenn wieder bessere Zeiten anbrachen. Es war damals wie mit so vielen anderen Dingen in meinem Leben: Alles war nicht so wichtig. Das galt nicht nur für die Schuhe, sondern beispielsweise auch für meine Wohnungseinrichtung. Depressive Männer kaufen keine Möbel, habe ich irgendwann gelesen. Hauptsache, ich hatte ein einigermaßen bequemes Bett, eine Couch, aber die konnte auch ruhig alt und durchgesessen sein, einen Fernseher – das kleinste Modell genügte – und einen Tisch, an dem ich sitzen konnte, wenn ich etwas schreiben oder an meinem Computer arbeiten wollte. Wenn erst bessere Zeiten anbrachen, würde ich umziehen und mir neue Möbel kaufen. Dann würde ich endlich auch den Gutschein für das Frühstücksgeschirr einlösen, den ich geschenkt bekommen hatte. Die besseren Zeiten brächten auch einen Partner, einen Freund oder was auch immer mit sich. Ich wäre nicht länger allein, und zusammen würden wir Kaffee trinken. Wir würden uns fürs Kino verabreden. Ich würde alles Mögliche um mich herum genießen. Selbst meine Schuhe würde ich regelmäßig putzen, sie auf Hochglanz polieren, selbstredend würde ich das. Es hieß nur, auf bessere Zeiten zu warten.

Ich höre etwas rascheln. Ich hebe den Kopf und sehe, dass Frau Schildermans eingeschlafen ist. Die Zeitschrift liegt halb neben ihr, und ihre Bettlampe brennt noch. Ich versuche, den Schalter zu erreichen, aber der ist etwas zu weit weg. Bestimmt kommt noch jemand vom Pflegepersonal vorbei. Während ich ihr runzliges Gesicht und ihr flaumiges Haar betrachte, frage ich mich, wie sie wohl als junges Mädchen und junge Frau ausgesehen hat.

Zwischen uns liegt ein ganzes Leben. Sie hat mir von der Stadt während des Krieges erzählt, von ihrer Tätigkeit als Sekretärin bei einer internationalen Firma und wie es war, als Kind in einer der besseren Gegenden Amsterdams aufzuwachsen. Bei ihren Worten war es, als sähe ich einen alten, etwas verblassten Film. Verheiratet ist sie nie gewesen, aber verlobt. Doch ihr Verlobter sei durchgebrannt, erfahre ich. Er sei seiner Arbeit wegen nach Afrika gegangen. Sie hätten sich zwar noch geschrieben, aber nie mehr wiedergesehen. Sie sei allein geblieben und wohne schon über vierzig Jahre an ein und derselben Adresse.

Wäre sie am Tag ihres Unfalls nur eine Minute früher aus dem Haus gegangen, dann hätte sie den Bus noch bekommen und wäre nicht gestürzt. Jetzt liegt sie neben mir im Krankenhaus. Für sie ist das Leben fast vorbei, sie hat die achtzig schon überschritten. Aber das nahende Ende hat sie nicht davon abgehalten, auch dem heutigen Tag wieder etwas abzutrotzen: die Lektüre der *Libelle.* Für mich dagegen hat das Leben zu lange gedauert, und ich kann ihm nichts mehr abgewinnen, so empfinde ich das. Aber wir sind beide noch da, Elizabeth »Lizzy« Schildermans und ich, und das Schicksal will es, dass wir hier, mitten im Winter, am Ende eines Jahrzehnts, dieses kleine Krankenzimmer miteinander teilen.

Die Welt da draußen

Heute habe ich Besuch von Michiel. Wir kennen uns schon fast zehn Jahre und sind uns das erste Mal in einem der größeren Fitness-Center im Stadtzentrum begegnet. Uns trennen ungefähr fünf Jahre. Ich studierte damals noch, er war schon so gut wie fertig und kurz davor, Lehrer zu werden, was er mittlerweile seit einigen Jahren ist. Wir verstanden uns gleich auf Anhieb, und obwohl es Zeiten gibt, in denen wir keinen Kontakt haben, kommt immer wieder der Moment, an dem einer von uns zum Telefon greift und wir uns anschließend sehen.

Wir sitzen in dem Café-Restaurant des Krankenhauses und trinken Tee. Michiel ist direkt von der Arbeit ins Krankenhaus gekommen. Ich schätze es, dass er da ist, aber dass er seine Jacke noch anhat, ist mir unangenehm. Als brauchte er für seinen Besuch bei mir noch nicht mal die Jacke abzulegen. Obwohl ich aufrichtig daran interessiert bin, was er an diesem Tag erlebt hat, fällt es mir schwer, mich auf ihn zu konzentrieren. Diesmal schützt mich keine imaginäre Plastikwand oder ein plötzlich aufkommender Nebel. Diesmal sorgen Trauer und Verzweiflung dafür, dass ich mich meilenweit von dem entfernt fühle, was Michiel erzählt. Während er redet, wird mir klar, dass ich mir künftig nur mehr anhören kann, was da draußen geschieht; wirklich daran teilnehmen werde ich natürlich nie mehr.

»Ich will tot sein«, sage ich unvermittelt.

Michiel hört auf zu erzählen und schaut mich an.

»Aber das kannst du nicht«, antwortet er dann. Er lässt seinen Blick durch das Restaurant schweifen, und einen Moment lang fürchte ich, seine Aufmerksamkeit verloren zu haben.

»Eigentlich müsste ich längst tot sein«, sage ich, um ihn wieder für mich zu interessieren.

Michiel reagiert nicht, sondern trinkt ruhig seinen Tee. Nach einigen Sekunden sagt er: »Ja, du hast viel Pech gehabt. Das muss ich dir zugestehen, du hast kein Glück gehabt.«

Genau das will ich hören: dass ich kein Glück gehabt habe. »Ja, genau. Ich habe mir alle Mühe gegeben! Dann darf ich jetzt doch wohl um Euthanasie bitten, oder?«

»Du darfst um alles bitten«, antwortet Michiel lakonisch.

Ich merke, dass er mich jetzt nicht mehr ernst nimmt, und das irritiert mich. »Aber ich will Euthanasie!«, rufe ich. »Ich habe mich schon einmal vor den Zug geworfen, soll ich jetzt auch noch aus dem zehnten Stock springen?«

Plötzlich tippt mir jemand auf den Rücken. Erstaunt drehe ich mich um und sehe, dass es diese sehr gepflegte Dame mittleren Alters ist, die regelmäßig einen Spielenachmittag für Patienten veranstaltet. Ich habe sie schon öfter gesehen. Während die Patienten spielen, achtet sie darauf, dass die Beatmungsgeräte weiter funktionieren und dass niemand in Ohnmacht fällt oder mit seinem Rollstuhl umkippt. Sie hat mich mehrmals gefragt, ob ich nicht mitmachen möchte. Ich habe immer höflich gesagt, ich hätte kein Interesse.

»Würden Sie bitte aufhören, so laut von Euthanasie zu sprechen?«, fährt sie mich an. »Sie sind in einem Krankenhaus! Es gibt Menschen hier, die um ihr Leben ringen!« Sie deutet auf die kleine Gruppe bettlägeriger Patienten, die zusammen mit einigen wenigen Besuchern an einem Tisch sitzt und Spiele spielt. »Diese Leute sind hier, um zu genesen. Und Sie? Sie reden von Euthanasie!«

Einen Moment lang bin ich völlig überrumpelt von dem, was sie sagt, trotz der betäubenden Wirkung aller Schmerz- und Beruhigungsmittel. Ich bin weniger erschrocken wegen dem, was sie zu mir sagt, als vielmehr über die Art, wie sie es tut. Sie ist richtig wütend. Sie mag mich nicht, zuckt es mir durch den Kopf. Sie mag mich nicht mehr!

Was sie nicht begreift, ist, dass ich genauso krank bin wie

die Patienten um das Spielbrett. Genau wie diese Patienten in der Ecke des Restaurants will auch ich leben, aber durch meine Krankheit erfahre ich die Welt um mich herum auf eine ganz andere Weise als sie. Und dieser Welt, wie ich sie erfahre, will ich entfliehen. Selbstmord oder Euthanasie sehe ich als die einzige Lösung für die Probleme, mit denen ich zu tun habe.

»Was meint sie eigentlich?«, frage ich Michiel, während meine Augen verfolgen, wie die Frau zu ihrer Gruppe zurückkehrt. Mein Blick fällt dabei auf einen alten, bettlägerigen Mann, die sich offenbar kaum regen kann, aber dennoch die Energie aufbringt, sich an einem Spiel zu beteiligen. Für mich ist das schlicht unfassbar.

»Sie meint Eu-tha-na-sie!«, antwortet Michiel und spricht wie zu einem mit Taubheit Geschlagenen. Er benutzt seine Hände für eine ad hoc erfundene Gebärdensprache. »Eu-tha-na-sie!«, wiederholt er. Es klingt nicht sympathisch und erst recht nicht verständnisvoll, sondern eher wie ein Vorwurf. Aber seine Botschaft kommt an: Er ist derselben Meinung wie die Spielefrau. Ich habe zu laut geredet, und es sieht so aus, als gefiele das Gesprächsthema Euthanasie auch ihm nicht. Vielleicht, weil ich über fast nichts anderes mehr rede, seit ich im Krankenhaus gelandet bin. Egal, ob Kollegen, Freunde oder Verwandte, mittlerweile habe ich jedem gegenüber, der es hören wollte, zum Ausdruck gebracht, dass ich tot sein will. Und in dem seltenen Fall, dass jemand verständnislos darauf reagiert, zeige ich nur kurz auf meine amputierten Oberschenkel. Das ist doch mehr als genug, um zu kapieren, dass ein Mensch so nicht weiterleben kann? Schlimmer noch: Wer möchte denn nicht tot sein, wenn er nach einem Sprung vor den Zug im Krankenhaus aufwacht und feststellt, dass er noch lebt, aber dass seine Beine weg sind?

Einen Großteil des Tages verwende ich auf die Planung eines nächsten, hoffentlich erfolgreichen Selbstmordversuchs.

Der Gedanke daran macht, dass ich es aushalten kann: die Tage, die mir noch bleiben im Rollstuhl mit zwei Beinstümpfen und unablässigen Schmerzen. Solange ich nur weiß, dass es nicht mehr allzu lange dauert.

Ich versuche, den Ausfall der Spielefrau ebenso wie den Beifall Michiels hinter mir zu lassen, und wechsle das Gesprächsthema. Ich bitte ihn, am nächsten Tag nochmals vorbeizukommen. Er schaut mich an und lächelt so, als hätte ich etwas Unmögliches verlangt. Ich fühle, wie ich in eine Leere abrutsche, und es gibt nichts, woran ich mich festhalten kann.

»Ich weiß nicht«, antwortet er dann. »Ich kann nicht täglich vorbeikommen, ich will es zwar versuchen, aber …« Den Rest höre ich nicht mehr. Ich schnappe nur noch auf, dass er ins Kino will, und verstehe, was er meint: Das Leben geht weiter, so wie das Leben auch dann weitergegangen wäre, wenn ich an jenem Freitagnachmittag unter dem Intercity von Amersfoort nach Amsterdam-Schiphol tatsächlich gestorben wäre.

Dann sagt Michiel, dass er nach Hause muss. Am Abend käme jemand zum Essen vorbei. Ich bin mir sicher, er sagt das jetzt nur, um mir deutlich zu machen, dass er jetzt wirklich fortwill. Trotzdem trifft mich diese scheinbar unschuldige Mitteilung mehr als alles andere zuvor. Diese vollkommen normalen Dinge wie mit jemandem zu essen und ins Kino zu gehen sind für mich jetzt noch unerreichbarer geworden.

Die gläsernen Eingangstüren des Krankenhauses, die jedes Mal auf- und zugehen, bilden eine Grenze. Hinter ihnen liegt eine Welt, die unerreichbar weit weg ist. Besonders mit Leuten, die gehen, habe ich es schwer. Ich will Michiel nicht nachschauen, ich kann ihm nicht nachschauen, als er durch die Schiebetüren hinausgeht, hinein in die winterliche Dezemberwelt. Ich rolle nach unserem Abschied sofort zu den

Aufzügen. Ich muss ohne Beine weiter und mit einem stechenden, brennenden Schmerz in den Füßen, die es nicht mehr gibt. Die einzige neue Tatsache in meinem Dasein, die ich als solche akzeptiere, ist, dass die Hoffnung auf Besserung endgültig der Vergangenheit angehört. Die Ängste, die mich bisher heimgesucht haben, scheinen beinahe zu verblassen, seit ich mit zwei Beinstümpfen im Rollstuhl gelandet bin. Die Zeit der Suche nach einer kompromisslosen Sorglosigkeit, und sei es nur für einen kurzen Moment, ist jetzt wirklich vorbei.

Ich nehme den Aufzug nach oben und versuche, nicht daran zu denken, wie Michiel zur selben Zeit nach Hause radelt, durch eine Stadt, in der alle in Weihnachtsstimmung sind. Alles würde ich dafür geben, mit ihm hinaus ins Freie zu fahren. Ganz kurz erlaube ich mir die Phantasie, wie es sein würde, wenn ich wie in einem Film à la *Matrix* durch ein Wunder meine Beine zurückbekäme und jetzt aufstehen könnte. Wenn das möglich wäre, dann müsste es jetzt hier in diesem Aufzug geschehen. Ich drücke auf sämtliche Knöpfe, so dass die Kabine in jedem Stockwerk halten muss. So erschaffe ich mir mehr Chancen, gebe ich dem Wunder mehr Möglichkeiten, sich zu ereignen. Wenn es gelingt, gehen gleich die Aufzugtüren auf, und ich werde mich aus meinem Rollstuhl erheben und dastehen. Auf zwei Beinen. Auf zwei ganzen Beinen. Und der Rollstuhl wird nirgendwo mehr zu finden sein. In dem Augenblick, wenn ich aus dem Fahrstuhl steige, wird sich zeigen, dass die Welt vier Wochen und sechs Tage in der Zeit zurückgespult ist, und ich bin der Einzige, der das weiß. Ich verlasse den Aufzug auf zwei Beinen, schlendere eine Runde durch meine Abteilung, und vom Stationspersonal erkennt mich niemand. Ich weiß als Einziger, was geschehen ist, und ich kann die Zukunft verändern. Ich schließe gewissermaßen einen Deal mit dem Schicksal, das dafür ausnahmsweise in meinem Leben die Zeit zurückdreht, allerdings nur unter der Bedingung, dass ich niemals auch nur das Geringste davon erwähne, ganz gleich wo, wann oder wem gegenüber. Sonst würde ich sozusagen den Zauber verwirken und alsbald wieder in einen Unfall verwickelt sein, wodurch ich wieder – und diesmal endgültig – in einem Rollstuhl landete.

Ich weiß noch genau, wie es sich anfühlt, Beine zu haben, wenn ich an die Zeit zurückdenke, in der ich stehen und gehen konnte. Manchmal ist mir auch nicht bewusst, dass sie weg sind. In den zurückliegenden Wochen bin ich morgens regelmäßig mit dem Zweifel aufgewacht, ob es stimmt, dass ich keine Beine mehr habe. Um ganz sicherzugehen, habe ich einige Male unter die Bettdecke geschaut.

Traum und Wirklichkeit scheinen die Plätze getauscht zu haben: Tagsüber lebe ich in einem Alptraum, und nachts gehe ich in meinen Träumen durch die Stadt, zur Arbeit und überallhin, wo ich früher immer vorbeigekommen bin.

Wegen meines gebrochenen rechten Arms und der Stahlplatte an der Stelle des Ellbogengelenks, mache ich mir nicht viel Sorgen. Ich weiß, das ist lediglich eine Frage der Zeit, bis ich geheilt bin. Jedenfalls haben die Ärzte mir das so gesagt.

Der Aufzug erreicht mein Stockwerk. Die Türen öffnen sich, und ich rolle in mein Zimmer.

Warum?

Wieder sitze ich der Psychiaterin gegenüber. Es ist Freitagnachmittag, und ich habe ihr soeben erzählt, dass ich mich etwas besser fühle als an den Tagen zuvor. Wahrscheinlich, so führe ich als Grund an, weil ich in der Nacht einigermaßen gut geschlafen habe.

Die Psychiaterin sagt, sie freue sich, das zu hören. »Ich weiß, dass Sie in den früheren Sitzungen geäußert haben, noch nicht über den Grund ihres Sprungs vor den Zug sprechen zu wollen, aber vielleicht ist es ja möglich, dass wir uns jetzt darüber unterhalten?«

Fängt sie nur deshalb wieder davon an, weil ich gesagt habe, dass ich mich besser fühle? Ich verstehe, dass ich der Frage nach dem Warum nicht ewig ausweichen kann, auch wenn ich das noch so gerne möchte. Aber ich frage mich, ob ich zu einer Antwort verpflichtet bin.

»Ich kann zwar etwas dazu sagen, aber es hat so wenig Sinn, denke ich.«

»Warum denken Sie das?«

Ich zucke mit den Schultern und lächele. »Ach, es ist halt passiert, und ich kann es nicht rückgängig machen.«

Ich frage mich, ob ich meinen Selbstmordversuch gern rückgängig machen würde, versuche aber sogleich, diese Frage zu verdrängen. Dann spreche ich noch lieber darüber, warum es so weit gekommen ist.

»Ich glaube nicht, dass ich aus dem rechten Holz geschnitzt bin«, sage ich. »Ich bin ungenügend gerüstet, um in dieser Welt zu funktionieren.«

»Gab es einen besonderen Grund, um an diesem Tag, wann genau ist es noch gewesen …?«, fragt sie, während sie in den Papieren blättert, die auf ihrem Schoß liegen.

»Es war der 12. November«, helfe ich ihr, woraufhin ich

fortfahre und sage: »Es war nämlich so, dass ich am Montag darauf wieder zur Arbeit gemusst hätte. Ich war ein, zwei Wochen zu Hause geblieben, aber die zuständige Behörde wollte mich wieder arbeiten sehen. Dem Gedanken, am Montag wieder zur Arbeit zu müssen, mit allem, was dazugehört, war ich nicht gewachsen. Ich wusste nicht mehr weiter, und heute ist mir klar, dass ich mich für diesen Montag wieder hätte krankmelden müssen, aber mir …«

Einen Moment lang stockt mir der Atem, und ich habe das Gefühl, gleich in Tränen auszubrechen. Eigenartigerweise verschwindet es ebenso rasch wieder, wie es in mir hochgestiegen war, und ich beende den Satz: »… mir fehlte sogar dafür die Energie. Ich wollte nicht mehr. Ich konnte nicht mehr.«

Ich sehe, dass sich die Psychiaterin etwas notiert, und frage mich: Wird sie als Nächstes von mir wissen wollen, ob ich vielleicht nicht vor den Zug gesprungen wäre, wenn ich an diesem Montag nicht zur Arbeit gemusst hätte? Ich will darüber lieber nicht nachdenken und erzähle ihr stattdessen, dass ich ganz allgemein vermute, nicht mit Erwartungen umgehen zu können, die an mich gestellt werden. Manchmal ist es, als würde ich nicht existieren, als wäre ich Luft und könnte nur mit sehr viel Mühe etwas aufbauen, geschäftlich oder privat, doch das könne anschließend durch den leisesten Windhauch wieder umgepustet werden. Ich bin todmüde von dem ewigen Kampf gegen die Angst- und Panikattacken. Sie hören einfach nicht auf. Ich habe zwar nach einer Lösung gesucht, aber vielleicht nur dort, wo keine zu finden war.

»Was Sie dagegen unternommen haben, darüber werden wir sicher zu einem späteren Zeitpunkt noch sprechen. Vielleicht können Sie heute beschreiben, wie diese Panikattacken, wie Sie es nennen, Ihr Leben beeinflusst haben?«, fragt die Psychiaterin.

Es ist, als hätte ich nie die Chance gehabt, einigermaßen normal zu funktionieren, erzähle ich. Nicht in der Schule, wegen des Stotterns, und später nicht wegen der Angstattacken. Manchmal sei es, als wäre ich kurz davor, in tausend Stücke zu zerfallen, und als könnte ich diese Stücke nur mit größter Mühe zusammenhalten. Mein Gedanke sei immer gewesen, alles würde gut werden, sobald ich eine feste Beziehung hätte.

»Vielleicht bin ich auch zu romantisch und lege zu großen Wert auf eine stabile Beziehung, egal wie süßlich das jetzt klingt. Aber diese Attacken haben mir das unmöglich gemacht.«

Ich überlege mir, dass sich das irgendwie abgedroschen anhört, naiv oder dumm. Ich geniere mich wegen dieses Geständnisses und beruhige mich mit dem Gedanken, dass ja Gott sei Dank kein Dritter bei diesem Gespräch anwesend ist.

»Sie meinen eine feste Beziehung zu einem Mann?«

Es kostet mich Mühe, darauf zu antworten, was die Psychiaterin bemerkt, denn sie fragt: »Haben Sie Schwierigkeiten mit Ihrer Homosexualität?«

Auch auf diese Frage kann ich nur schwer antworten. Aber wenn sie schon davon anfängt, schießt es mir durch den Kopf, warum sollte ich dann nicht ehrlich darüber sprechen?

»Vielleicht«, antworte ich. Ich mache eine kleine Pause, um meine Sätze in Gedanken vorzuformulieren. »Vielleicht ist das so. Aber ich muss sagen, dass ich das nie als Problem empfunden habe. Ich bin nach Amsterdam gezogen, habe mich ins Nachtleben gestürzt, habe hier Leute kennengelernt und auch einige Liebschaften gehabt. Aber das Leben eines Heterosexuellen ist vielleicht doch einfacher …«, sage ich zu ihr und schweige lieber, um nicht herumzudrucksen.

Ich fühle mich unwohl, und um die Psychiaterin nicht anschauen zu müssen, starre ich auf den Linoleumfußboden.

»Das ist natürlich alles möglich, aber könnte es sein, dass Sie dennoch mit der Tatsache ringen, homosexuell zu sein?«

Ich werde rot und fühle, wie mir heiß im Gesicht wird. Mir ist klar, dass es keinen Zweck hat, um den heißen Brei herumzureden.

»Vielleicht«, sage ich. »Ehrlich gesagt denke ich, dass niemand, der homosexuell ist oder das bei sich entdeckt, ganz und gar glücklich damit ist.« Meiner Meinung nach klinge ich jetzt ein Stück überzeugender als noch vorhin.

»Aber heutzutage gibt es doch mehr Homosexuelle, die sich öffentlich dazu bekennen?«

Ich erkläre ihr, dass ich es ohnehin schon problematisch finde, mit jemandem Kontakt aufzunehmen. Obwohl, eigentlich ist die Kontaktaufnahme noch zu schaffen, aber danach gelingt es mir kaum, jemanden besser kennenzulernen. Schließlich sorgen meine Attacken dafür, dass ich noch nicht einmal mit jemandem irgendwo Kaffee trinken kann.

»Und dann habe ich einige Male eine solche Bauchlandung gemacht …«

»Was meinen Sie damit?«

»Das Scheitern von Verabredungen und während eines Dates weglaufen zu müssen. Ich denke, dass ich so die große Liebe verpasst habe, nur weil ich nicht länger bleiben konnte. Ob das nun in einem Restaurant war oder zu Hause oder sogar bei etwas so Simplem wie einem Spaziergang. Ich habe dabei immer wieder solche Beklemmungen erlebt, dass ich einfach fliehen musste.«

Ich mache eine kurze Pause und lasse den Gedanken, der in mir aufkommt, einen Augenblick lang auf mich wirken, ehe ich ihn äußere. Hiermit bestätige ich alles, was ich gerade erzählt habe. »Der Punkt ist: Meiner Meinung nach komme ich nie mehr darüber hinweg.«

Die Psychiaterin schaut kurz von ihrem Schreibblock auf.

»Das Einzige, was mich jetzt noch ruhig hält, ist, dass ich

verstehen möchte, warum ich mich vor den Zug geworfen habe. Ich überlege mir jeden einzelnen meiner Schritte. Ich habe meine Entscheidung wohlüberlegt getroffen.«

Es ist, als würde ich das Echo meiner eigenen Stimme hören, als kämen die ausgesprochenen Worte wie Bumerangs zurück, um mich nochmals zu treffen; die Worte tun weh.

»Ich habe wirklich alles getan, um das zu verhindern, was jetzt geschehen ist. Aber irgendwann habe ich gedacht: Wenn das Leben mir nicht die Chance gibt, normal zu funktionieren, wenn das Leben mich gewissermaßen rauswirft, dann werde ich die Rollen halt umdrehen und mich am Leben rächen.«

Philippe

Frühjahr 1995, gut vier Jahre vor dem Sprung

Philippe habe ich gerade erst in einem Klub kennengelernt. Es ist die Nacht am Königinnentag. Zusammen mit ein paar Freunden ist er in Amsterdam, um den mittlerweile berühmten Feiertag zu begehen. Philippe kommt aus Frankreich und ist wenige Jahre älter als ich.

Der Abend hatte nicht so gut angefangen, weil ich mich am Telefon heftig mit meiner Mutter gestritten hatte. Ich hatte ihr erzählt, wie fürchterlich schlecht ich mich fühlte. Natürlich hatte sie keine Fertiglösung parat, aber ich fühlte mich in erster Linie unverstanden. Meine Mutter war sich sicher, dass es von selbst vorbeigehen werde und ich doch unbedingt die Ruhe bewahren solle. Ich hatte erwidert, dass ich längst nicht mehr daran glaubte und dass ich wieder zur Hausärztin gegangen sei, die mir erneut nichts anderes als Xanax verschrieben habe. Das Mittel machte mich tatsächlich ein Stück ruhiger, und ich bekam auch wieder etwas mehr Selbstvertrauen. Es half aber nur vorübergehend, höchstens für einige Stunden. Ich wusste, dass es keine wirkliche Lösung war.

Anfangs hatte ich dem Freund absagen wollen, mit dem ich mich zum Ausgehen verabredet hatte. Letztendlich beschloss ich, doch hinzugehen, allerdings mit Xanax in der Hosentasche. Bei den ersten Anzeichen von Schwierigkeiten konnte ich immer noch eine Tablette nehmen.

Nun sind Philippe und ich bei mir zu Hause. Wir trinken Tee und hören Musik. Nachdem ich mit ihm ins Gespräch gekommen war, hatte es offenbar zwischen uns gefunkt. Als er vorschlug, vor die Tür zu gehen, weil die Bar zu voll war, als dass man sich hätte unterhalten können, erwiderte ich, ich wüsste noch einige Adressen, wo es ruhiger sei.

»Möchtest du deine Freunde nicht mitnehmen?«, fragte ich, woraufhin er sagte, die würden sich schon allein amüsieren. Ich verabschiedete mich von dem Freund, mit dem ich unterwegs war, und ging mit Philippe nach draußen, wir stürzten uns hinein in die vollen Straßen der Innenstadt. Ohne dass Philippe es sah, steckte ich mir eine halbe Xanax in den Mund und schluckte sie kurzerhand.

Wir unterhalten uns über die Oberflächlichkeit des Nachtlebens und darüber, dass wir doch alle auf der Suche sind nach »mehr«. Mir entschlüpft, dass es sich vielleicht ziemlich arrogant anhöre und ich es so sicher nicht meine, aber dass sich die Leute ziemlich schnell in mich verliebten. Philippe nickt zustimmend und sagt, er könne sich das sehr gut vorstellen. Sofort bekenne ich, dass das manchmal zu Problemen führe, weil ich jemanden zu einem bestimmten Zeitpunkt möglicherweise enttäuschen müsse. Philippe meint achselzuckend, diesmal brauche ja niemand enttäuscht zu werden. Daraufhin schaue ich ihn an und sage quasi scherzhaft, dass ich neugierig sei, wer von uns beiden das Herz des anderen brechen würde. Am Ende schläft Philippe frühmorgens auf meinem Sofa ein.

Am nächsten Tag frühstücken wir spät, und mir wird klar, dass ich das hier zum ersten Mal erlebe. Vielleicht ist es die Art und Weise, in der wir miteinander reden, oder dass er bei mir zu Hause eingeschlafen ist, was ich für ein gutes Zeichen halte. Offenbar ist er entspannt genug, um einfach so in einer fremden Umgebung schlafen zu können. Ich hoffe, dass mehr aus uns wird.

Wir trinken Kaffee und essen Erdbeeren vom Albert Cuypmarkt. Für einen Moment rückt alles, was passiert ist, in den Hintergrund: der Streit mit meiner Mutter am Vorabend, die Attacken von vor Monaten, das Stottern vor Jahren. Hieraus, das weiß ich, werde ich etwas machen, und nichts auf der Welt kann mich davon abhalten.

Philippe geht kurz vor Mittag, aber wir sehen uns gleich am Abend wieder. Abermals kommt er mit zu mir nach Hause. Trotz meines guten Gefühls und meiner Bereitschaft, alles daranzusetzen, habe ich es noch nicht geschafft. Mein unsichtbarer Feind schaut mit. Und als ich morgens aufwache und Philippe betrachte, der schlafend neben mir liegt, überfällt mich die Angst. Und das, obwohl ich gerade erst aufgewacht bin. Ich steige aus dem Bett und gehe sofort unter die Dusche, um mir kaltes Wasser über den Körper laufen zu lassen. Selbst in meiner eigenen Dusche stehe ich völlig verkrampft da. Jetzt schon eine Xanax einnehmen, obwohl der Tag gerade erst angefangen hat? Das klingt nicht nach einer guten Idee. Zuletzt gelingt es mir, mich mit einem kalten Umschlag hier und einem Glas kaltem Wasser da in die Küche zu flüchten und nochmals das T-Shirt zu wechseln. Ich überlebe es, und das Ergebnis ist, dass ich nach Philippes Abreise aus Amsterdam eine Telefonnummer habe und die Verabredung, dass wir uns in der Woche darauf bei ihm in Frankreich wiedersehen.

In den Tagen vor meiner Reise nach Entzheim unweit von Straßburg zermartere ich mir das Hirn. Ich frage mich, wie ich diesmal meinen Feind zum Schweigen bringen kann, wenigstens für einen Tag. Die relativ kurze Zeit, die Philippe und ich in Amsterdam miteinander verbracht haben, war prima gewesen, und wir haben danach einige Male telefoniert. Ich werde diesen Kampf gewinnen und bin bereit, alles dafür zu geben. Aber ich habe auch Angst. Todesangst.

Trotz aller Vorbereitungen bekomme ich am Tag der Abreise doch wieder Beklemmungen. Ich verstehe es nicht. Müdigkeit in Kombination mit der Entspannung nach einem Lauftraining genügt offenbar nicht, um der aufkommenden

Angst Einhalt zu gebieten. Bevor ich meine Wohnung verlassen kann, muss ich zwei Mal das Hemd wechseln. In Entzheim angekommen, wird mir klar, dass ich nicht bleiben kann. Ich kann weder sitzen noch stehen, weder reden noch zuhören, ich kann überhaupt nichts mehr. Ich bin der Verlierer. Ich entferne mich vom Esstisch des Restaurants und gehe nach draußen, wo ich an eine Mauer gelehnt zusammenbreche. Ich will nur noch Dunkelheit um mich her. Philippe ist mir gefolgt.

»Warum nimmst du denn so plötzlich Reißaus?«, will er wissen.

Er setzt sich neben mich und fragt, ob er einen Arzt rufen soll. Aber ich schüttele den Kopf und sage, dass ich nach Hause wolle. Natürlich nicht in meine Wohnung in Amsterdam. Ich will in ein »Zuhause«, in dem ich hoffentlich nicht allein sein werde. Aber das sage ich ihm nicht und lasse »nach Hause« durchgehen als »zurück nach Amsterdam«. Dabei ist mir bewusst, dass ich mir das nie verzeihen werde. Es bedeutet, dass die Angst wieder mal gewinnt und dass ich Philippe nicht wiedersehen werde. In dem Augenblick fühle ich eine nie da gewesene Wut in mir aufsteigen. Ich bin mehr als wütend, ich bin fuchsteufelswild.

Unterwegs nach Hause, nimmt die Angst schon bald ab. Aber das überrascht mich nicht mehr. Die Wut ist noch da, und ich beschließe, mich definitiv gegen das Leben zu wenden, gegen das Leben, das mir zuteilgeworden ist. Wie ich das tun soll, weiß ich noch nicht, aber ich mache mich jedenfalls nicht mehr auf die Suche nach etwas Nettem, Schönem oder Gutem. Stattdessen werde ich mich in einen eiskalten, unbarmherzigen, opportunistischen Räuber verwandeln, der nur mehr auf eins aus ist: Rache. Rache an dem »ungreifbaren Etwas«, das mein Leben im Griff hat und mich offenbar vernichten will. Rache, gespeist von dem Gedanken, von meiner Umgebung verstoßen zu sein.

Ich will meine (Anziehungs-)Kraft für mich einsetzen und lasse mich nicht länger von der Angst leiten. Wenn es sein muss, werde ich tausend Herzen brechen, über Leichen gehen, so mitleidlos wie nötig sein, Knete ranschaffen. Und danach werde ich reisen oder umziehen oder was auch immer. Was immer ich mit dem Geld tun werde, ich tue es einzig und allein für mich und werde dabei alle auslachen. Rache ist schließlich süß. Denn glauben die tatsächlich, ich würde mich geschlagen geben? Wenn ich nicht teilnehmen kann am Leben, dann werde ich es dem Leben schon zeigen!

Amsterdam-Schiphol

Winter 1995, vier Jahre vor dem Sprung

Ich arbeite seit längerer Zeit nicht mehr in dem Büro im Stadtzentrum, sondern bin an den Flughafen umgezogen. Das Büro mit dem mehr als beeindruckenden Ausblick auf das Rijksmuseum und in bequemer Nähe zu meiner Wohnung wurde infolge von Sparmaßnahmen geschlossen. Die Mitarbeiterinnen und Mitarbeiter, die nicht gehen mussten, wurden an den Flughafen versetzt.

Mir ist meine Arbeit schon länger zuwider. Sie fordert mich schon seit Jahren nicht mehr, und die tägliche Routine gibt mir wenig. Regelmäßig schaue ich die Zeitungen nach Stellenangeboten durch, aber irgendwo beworben habe ich mich noch nicht. Offenbar gehe ich den Weg des geringsten Widerstandes. Wahrscheinlich stellt auch meine Unsicherheit eine Hemmschwelle dar. Würde ich in der Probezeit entlassen, stünde ich ohne feste Arbeit da. Depressive Männer kaufen keine neuen Möbel und putzen ihre Schuhe nicht, sie wechseln auch nicht den Job.

Ich denke oft an den Tag zurück, an dem mein Kollege Marc die Tür hinter sich zuzog, wenige Tage nach dem Essen mit der Striptease-Einlage. Das ist mittlerweile länger als ein Jahr her.

Wir standen nach der Arbeit draußen vor dem Büro und warteten auf die Straßenbahn. Obwohl ich nicht derjenige war, der ging, fühlte es sich an, als würde auch mein Job aufhören zu existieren. Weg war mein Kumpel, mein Kaffeepausenpartner, mein Kollege, meine große Stütze. Als wir zum letzten Mal an der Haltestelle standen, kam ich mir plötzlich sehr allein und im Stich gelassen vor. Natürlich versprachen wir uns gegenseitig, regelmäßig miteinander zu telefonieren, und selbstverständlich würden wir oft bei dem anderen vorbeischauen.

»Nimm dich ein wenig in Acht mit deinen Liebschaften«, gab mir Marc noch als letzten guten Rat mit auf den Weg.

»Wieso sollte ich mich in Acht nehmen? Ich weiß sehr gut, was ich tue.«

Was er eigentlich sagen wollte, war, dass ich versuchen sollte, endlich mal aus einer Sache etwas zu machen.

»Aber das tue ich doch?« Ich fragte es so, dass es irgendwie aufrichtig klang.

Marc schaute mich ernst an und sagte: »Viktor, irgendwie schaffst du es immer wieder, Leute mit aller Macht an dich zu ziehen, um sie danach ebenso fest wieder von dir zu stoßen.«

Ich war erstaunt, dass er das sagte. Und falls ich bis zu diesem Zeitpunkt gezweifelt hatte, konnte ich mir nun sicher sein: Es war ihm ernst damit. Todernst.

»Vielleicht übertreibe ich ein wenig«, sagte Marc dann, woraufhin er mich in die Arme schloss und wir eine Weile umarmt dastanden. Marc sagte in meinen Mantelkragen, er wünsche mir wirklich das Aller-, Aller-, Allerbeste. Dasselbe wünschte auch ich ihm.

»Und vergiss mich nicht«, fügte ich noch hinzu.

Die Fahrzeit von und zu meiner Arbeit hat sich durch die Versetzung beträchtlich verlängert. Wohnte ich früher zwei Straßenbahnhaltestellen von meinem Büro entfernt, muss ich jetzt mit dem Zug vom Bahnhof Amsterdam RAI zum Flughafen fahren. Mein Mountainbike stelle ich am Bahnhof unter, nehme mit einer einzigen, einfachen Bewegung den Sattel ab, damit mir keiner das Rad stiehlt. Anschließend kaufe ich eine Fahrkarte, denn aus irgendeinem Grund habe ich es noch nicht fertiggebracht, mir Passfotos für eine Dauerkarte machen zu lassen. Dann steige ich mit dem Sattel in der Hand die Treppen zum Bahnsteig hinauf. Heute habe ich Abendschicht, was mir lieber ist, als morgens zu arbeiten. Ich hasse frühes Aufstehen, aber bis spätabends zu arbeiten macht mir nicht das Geringste aus.

Vom Bahnhof fahren stündlich vier Nahverkehrszüge zum Flughafen. Zwischendurch rast alle dreißig Minuten ein Intercity mit hoher Geschwindigkeit vorbei. Die Spitze des Zuges hat eine rechteckige, nahezu monströse Form: hoch, flach und relativ schmal. Jedes Mal, wenn ich auf dem Bahnsteig stehe und warte, meist mit den Händen in den Taschen und dem Kopfhörer meines Walkmans auf den Ohren, lasse ich meinen Gedanken freien Lauf. Besonders wenn wieder so ein Monster vorbeikommt. Die enorme Geschwindigkeit, mit der der Intercity direkt an der Bahnsteigkante vorbeirast, zwingt mich, mindestens ein, zwei Meter zurückzutreten, um nicht von dem gewaltigen Luftstrom aus dem Gleichgewicht gebracht zu werden. Eine weiße Linie auf dem Boden markiert den Bereich, wo man sicher stehen kann. Die Linie hebt sich deutlich vom grauen Bahnsteigpflaster ab.

In den letzten Monaten denke ich regelmäßig, meistens wenn ich in die Richtung blicke, aus der der Zug kommen muss, dass alle Probleme in meinem Leben mit einem Schlag vorbei sein würden, wenn ich nur einmal diese weiße Linie überschritte. Obwohl das für viele eine grauenhafte oder gar krankhafte Vorstellung sein mag, ist es für mich ein äußerst beruhigender, alles andere als angsteinflößender Gedanke. Er bietet mir Halt, dieser beständig verfügbare Ausweg: Sollte ich wirklich nicht mehr weiterwissen, brauche ich einfach nur diese weiße Linie zu überschreiten.

Immer öfter spiele ich mit dem Gedanken, sie jetzt schon zu übertreten. Aber ich tue es nicht, weil die Zeit noch nicht gekommen ist. Meist ist der Zug nach all den Überlegungen auch schon vorbeigerast, und es ist zu spät, mich noch davor zu werfen. Ich denke aber auch nicht weiter darüber nach, sondern warte auf den Nahverkehrszug, der mich zur Arbeit bringt. Der Zug ist diesmal pünktlich und erreicht in weniger als zehn Minuten Amsterdam-Schiphol.

Auf dem Flughafen herrscht ein Gewirr von angekommenen und abreisenden Fluggästen. Das ist einer den wenigen Aspekte meiner Arbeit, die mich wirklich ansprechen: Niemand bleibt. Die Leute sind fortwährend »unterwegs«, hin zu *the best is yet to come.* Die ultimative Form der Hoffnung.

Am Spätnachmittag betrete ich das Büro. Ich frage mich, ob die beiden anwesenden Kollegen mir etwas anmerken. Ich gehe an ihren Schreibtischen entlang. Sie grüßen mich kurz und arbeiten weiter. Ich komme zu meinem Schreibtisch, hole die gerade gekaufte Flasche Wasser und das abgepackte Sandwich aus meiner Tasche und lege beides auf die leere Arbeitsfläche vor mir.

Einen Augenblick lang lasse ich meine Hand über die Schreibtischplatte gleiten und denke wie von selbst an den vorigen Abend zurück, als ich meine Hand auf die gleiche Weise über den Nachttisch neben dem Bett habe gleiten lassen, um nach meiner Armbanduhr zu tasten, die ich vorher dort abgelegt hatte. Der Mann neben mir lächelte zufrieden und erfüllt. Ich nahm die Uhr, setzte mich auf die Bettkante und legte sie an. Danach stand ich auf und zog die Boxershorts an, die neben dem Bett auf dem Boden lagen. Ich ließ den Blick durch das luxuriös eingerichtete Schlafzimmer mit dem flauschigen Teppichboden und dem satinbezogenen Boxspringbett schweifen. An der Decke hingen teure Lampen. Kombiniert mit dem Ausblick auf die funkelnden Lichter der Stadt, ergab dies das Dekor für den Film, in dem ich mich gerade befand.

Genau in diesem Moment hörte ich ganz kurz eine Art von Signal in meinem Kopf, etwas wie einen Pfeifton, der gewissermaßen in die Gedanken vorstoßen wollte, die mir mit hoher Geschwindigkeit durch den Kopf schossen. Einer dieser Gedanken war das Bewusstsein, dass ich eine Rolle spielte. Ein anderer die Vermutung, dass ich vielleicht zu weit gegangen war. Und noch ein anderer Gedanke war, dass ich mich jetzt endgültig von meinem selbst entworfenen Rettungsplan verabschiedet hatte. Hatte ich das alles so gewollt? Wollte ich diese angebliche Racheaktion? Fühlte ich mich jetzt denn so viel besser? Was in aller Welt tat ich hier eigentlich?

Trotz des Chaos in meinem Kopf ging ich äußerst sorgfältig und ganz bewusst vor, damit ich keine Kleidungsstücke vergaß, die ich früher am Abend ausgezogen hatte, oder Sachen, die ich anderswo in dem Appartement hingelegt hatte. Und sobald ich mich darauf konzentrierte, wie ich wegkommen wollte von dort, war das Signal verschwunden.

Ich schließe kurz die Augen, öffne sie wieder und schüttele den Kopf, so leicht, dass es meinen Kollegen nicht auffällt. Ich stelle mir vor, wie es sich wie ein Lauffeuer im Büro verbreiten würde, wenn ich meinen Kollegen von dem Abenteuer am gestrigen Abend erzählte. Eigentlich brennt es mir auf den Lippen, meine Geheimaktion mit jemandem zu teilen – ich weiß, dass es Kollegen gibt, die vergleichbare Erfahrungen haben. Aber etwas hält mich zurück, und ich beschließe, die Sache für mich zu behalten.

»Möchtest du einen Kaffee, Vik?«, fragt meine Kollegin Lianne, und es ist, als würde ich aufwachen.

Ich drehe mich um und sage, eine Tasse Kaffee wäre jetzt gut. Lianne holt mir eine, und ich gehe zum Kleiderständer in der Ecke des Büros. Als ich meinen Fahrradsattel unter den Kleiderständer lege und meine Jacke ausziehe, bemerke ich, wie angespannt meine Armmuskeln noch vom heutigen Fitnesstraining sind. Ich bin in Form, das jedenfalls steht fest.

An diesem Abend kann ich mich nur schwer konzentrieren, und ausnahmsweise freue ich mich, dass die Arbeit, die mich erwartet, simpel und einfach ist. In mir tobt noch immer die Wut, wobei ich diese Wut manchmal mit Trauer verwechsle. Oder vielleicht auch mit Enttäuschung. Jedenfalls ist es der Mix aus Wut, Trauer und Enttäuschung, der mich kürzlich zu dem Entschluss gebracht hat, das zu tun, was ich dann getan habe. Wie ein gefallener Engel habe ich das Paradies verlassen und es aufgegeben, länger meinen Idealen nachzueifern.

Immun

Wenn ich mich recht erinnere, war Gerard so um die fünfundfünfzig«, sage ich. Ich senke den Blick auf den durch das Neonlicht grell aufleuchtenden Linoleumfußboden. Ein schriller Kontrast zu der warmen, gedämpften Beleuchtung in Gerards Penthouse-Wohnung, denke ich unwillkürlich.

»Vielleicht war er auch schon etwas älter als Mitte fünfzig, womöglich schon über sechzig. Er war Arzt in einem Amsterdamer Krankenhaus.«

Bei ihm litt ich nicht unter Panikattacken. Von dem Moment an, wenn ich diese bestimmte Jeans und dieses bestimme T-Shirt anzog und die eigens dazu ausgesuchten Schuhe, zusammen mit dieser bestimmten Jacke, schien ich gegen Angstattacken gefeit zu sein. Ich war nicht länger, wer ich vorher war. Wieder einmal war ich in die Haut eines anderen geschlüpft. Ich hatte das Schauspielern noch nicht verlernt.

Ich konnte in ein Taxi steigen und ohne Angst sitzen bleiben, bis ich mein Ziel erreicht hatte. Ich konnte hineingehen, egal ob in Gerards Wohnung oder ein Hotel oder sonst wo: Ich konnte mich jemandem vorstellen, konnte Jacke und Schuhe ausziehen, ein Gespräch in Gang bringen und am Laufen halten, konnte die Initiative ergreifen.

»Es klingt wahrscheinlich unglaublich, aber ich hatte alles unter Kontrolle«, sage ich. Das ist etwas, das mich bis heute erstaunt.

»Haben Sie sich damals geschämt?«

Mir wird plötzlich klar, dass die Psychiaterin, die mich, jedenfalls für mein Empfinden, reichlich prüfend anschaut, nicht feststellen kann, ob ich die Wahrheit sage. Ich kann die ganze Geschichte ebenso gut erfunden haben. Gerade weil ich etwas preisgebe, was ich nicht vielen Menschen erzähle, hoffe ich, dass sie mir glaubt und nicht meint, ich würde mir hier etwas zusammenreimen. Warum denke ich das überhaupt? Ich erfinde hier doch nichts? Ich merke, dass ich auf einmal meine eigenen Erinnerungen anzweifle, und versuche, diesen Gedanken abzublocken. Bestimmt kommt das von den Schmerzmitteln.

»Nein, geschämt habe ich mich deswegen nicht. Das glaube ich jedenfalls.«

»Sie wissen, dass manche Menschen Prostitution als eine Form von Rache betrachten?«

Ich höre, was sie sagt, und ich verstehe ihre Worte, reagiere jedoch nicht darauf. Von Anfang an ist genau das mein Leitmotiv gewesen. Es ging darum, mich an einer Welt zu rächen, die mich hinausgeworfen hatte, indem ich mich ebendieser Welt möglichst teuer verkaufte.

»Ich glaube, dass ich mit der Arbeit als Escort auch versuchte, Macht über die Angstattacken zu gewinnen.«

Die Psychiaterin nickt. »Das ist möglich«, sagt sie, »in manchen Fällen.«

Ich denke kurz über das hinzugefügte »in manchen Fällen« nach, allerdings ohne laut zu fragen, was sie damit meint.

»Wissen Sie, ich erwartete auch nichts mehr, jedenfalls nicht, dass ich jetzt plötzlich doch noch ein Zuhause finde oder dergleichen. Stattdessen wollte ich mit der Welt abrechnen. Buchstäblich abrechnen.«

Die Psychiaterin scheint eine Weile in Gedanken versunken zu sein. »Meinen Sie, dass es geholfen hat? Das Rachenehmen an der Welt, wie Sie es sich vorgestellt hatten?«

Ich schaue sie an und lache zynisch. »Ich denke, wenn es geholfen hätte, dann säße ich jetzt nicht hier.«

So endgültig

Lizzy Schildermans liegt da und schläft. Sie schnarcht, und davon bin ich aufgewacht. Ich schließe für einen Moment die Augen, dann werfe ich einen Blick auf die Uhr in der Umbauung über meinem Bett. Diese Uhr ist mir als Erstes aufgefallen, als ich in dieses Krankenzimmer gefahren wurde. Vielleicht deshalb, überlege ich mir jetzt, weil in meinem vorherigen Zimmer die Uhr über dem Bett gefehlt hatte. Für mich ist sie ein Sinnbild für die Zeit, die nicht stillsteht. Aber auch für die Zeit, die mich nicht alleinlässt. Die Zeit, die bei mir bleibt.

Die Uhr zeigt an, dass es Viertel nach ein Uhr nachts ist. Eine der Krankenschwestern hat mir gerade ein großes Glas Tee gebracht, ohne dass ich darum gebeten habe. Ich war zwar wach, lag jedoch auf der Seite und hörte Musik, weshalb ich nicht mitbekommen habe, wer es war. Ich vermute, es ist Linda gewesen. Sie muss den Tee gebracht haben, bevor oder kurz nachdem sie ihren Dienst anfing.

Linda ist eine der Schwestern, zu denen ich einen guten Draht entwickelt habe. Mit ihr habe ich mich öfter als einmal über das Wie und Warum meines Selbstmordversuchs unterhalten. Durch unsere meist nächtlichen Gespräche kommt es mir vor, als könnte sie sogar einiges Verständnis für meine Tat aufbringen. Unsere Vorstellungen und Gefühle liegen anscheinend nicht so weit auseinander. Nach mehreren gescheiterten Beziehungen wohnt sie jetzt allein in einem Amsterdamer Außenbezirk. Sie hat mir erzählt, dass sie am liebsten die Nachtschichten übernimmt und morgens gegen acht Uhr, wenn sie nach Hause kommt, erst einmal zwei Whiskys zum Abschalten braucht. Aber von allem, was wir besprochen haben, hat mich noch am meisten ihre Bemerkung beeindruckt, dass es wohl sehr viel

Mut brauchte, sich vor einen heranstürmenden Zug zu werfen. Ich erwiderte ernsthaft, ich selbst hätte das nie so gesehen.

Die Pflaster unter dem Verband, der meine Beinstümpfe umgibt, dürfen nicht verrutschen, weil sie die Wunden abdecken. Einer der Ärzte hat mir gesagt, es sei wichtig, diesen Verband immer straff um meine Beinstümpfe gewickelt zu halten, damit ich später weniger Phantomschmerzen bekäme.

Ich drücke auf den Schwesternruf, und kurz darauf öffnet jemand die Tür. Flüsternd, weil Frau Schildermans schläft, begrüßt mich Linda. Ich danke ihr für den Tee.

»Du hast so schön geschlafen, als ich damit ankam«, sagt sie, während sie den locker gewordenen Verband professionell und rasch aufrollt, um ihn wieder zum Einwickeln meiner Beinstümpfe zu verwenden. »Ich wollte dich nicht aufwecken.«

Ich danke ihr dafür.

»Entschuldige, dass ich dich habe stören müssen«, sage ich hinterher.

»Ich kann immer nur wiederholen, dass es nicht schlimm ist und dass ich dazu da bin, dir zu helfen, aber das scheint vergebliche Liebesmüh zu sein.« Sie klingt freundlich, sie meint es gut.

Ohne mich dabei anzuschauen, hebt sie meinen rechten Beinstumpf an und erneuert den Verband. Ich sage, ich wüsste, dass sie dazu da sei, mir zu helfen, aber dennoch sei das alles neu für mich und es falle mir jedes Mal wieder schwer, um Hilfe zu bitten.

»Schon etwas eigenartig, wenn man bedenkt, dass dir *das* jetzt eigentlich vollkommen egal sein müsste.«

»Es ist mir auch tatsächlich egal. Ich meine, was geschehen ist, ist geschehen und fertig. Und ich bin froh, dass es geschehen ist, dass ich den Schritt gewagt habe, Selbstmord zu begehen. Obwohl ich das hier natürlich nicht erwartet habe. Aber auch das ist mir mittlerweile eigentlich egal.«

Linda ist mit meinem rechten Beinstumpf fertig und hebt jetzt vorsichtig den linken an.

»Es ist so endgültig«, sagt sie dann leise. Sie zeigt auf meine Beinstümpfe. »Es ist so für immer!«

»Ach«, sage ich lässig, »für mich kann es gar nicht endgültig genug sein!« Ich weiß, dass ich das zu Linda sagen kann.

Sie verbindet auch meinen linken Beinstumpf neu und legt ihn anschließend wieder ab. Danach breitet sie die Bettdecke über mich. Sie sieht das mittlerweile fast leere Teeglas und fragt, ob ich noch mehr will. Ich nicke. Sie lächelt und nimmt meine Hand, während sie neben mir steht. Ich weiß einen Moment lang nicht genau, was geschieht. Soll ich etwas tun? Ich verstehe ihre tröstliche Absicht, aber ich weiß auch, dass mir das nichts bringt. Sie kann mir nicht helfen, das heißt, sie kann mich nicht töten, mich auch nicht mit Morphium vollpumpen oder mir auf andere Art die Schmerzen nehmen. Sie kann mir auch meine Beine nicht wiedergeben.

Sie lässt meine Hand los, nimmt das Teeglas und geht, ohne etwas zu sagen, aus dem Zimmer. Wie es kommt, weiß ich nicht, aber ich muss auf einmal fürchterlich weinen. Als Linda kurz darauf mit dem frischen Tee wiederkommt, findet sie mich im Bett sitzend und heftig schluchzend vor. Es ist mir egal, dass sie mich so sieht. Vielleicht haben ihre Worte, hat ihr Trost, dem gegenüber ich mich so sehr zu verschließen suchte, mich doch mehr bewegt, als ich mir eingestehen wollte.

Schweigend setzt sie sich zu mir aufs Bett und drückt mich fest an sich. Ich spüre ihren warmen Körper. Ich schließe die Augen, und in dem Moment möchte ich mich nur noch von der Trauer mitnehmen lassen, in der Absicht, tief darin zu versinken, am liebsten so tief, dass ich darin ertrinke.

Phantomschmerzen und Phantomfreunde

Seit ungefähr drei Wochen leide ich unter Phantomschmerzen. Angefangen hat es mit der Empfindung eingeschlafener Beine: ein starkes Kribbeln, das von meinen »Füßen« bis zu meinen »Waden« reicht. Dieses Kribbeln ist stärker geworden und langsam in ein Druckgefühl übergegangen, so als würde ich Schuhe tragen, die einige Nummern zu klein sind. Es macht sich gleich beim Aufwachen bemerkbar und verschlimmert sich im Lauf des Tages. Irgendwann ist es eine Kombination von viel zu engen Schuhen und einer Art dünnem, straff über den Rist meiner Füße gespanntem Draht. Es ist sogar, als würde der Draht meine Füße durchschneiden.

Direkt nach der Operation hatte ich keine Schmerzen. Ich erinnere mich noch an die entsprechende Frage eines Krankenpflegers. Ich hatte kurz darüber nachdenken müssen, denn ich spürte nichts. Zu diesem Zeitpunkt wusste ich nicht, dass ich an eine Pumpe angeschlossen war, die mich fortwährend mit Schmerzmitteln versorgte. Der Pfleger hatte wissen wollen, ob die Dosis ausreichte.

Wenige Tage nachdem ich von der Intensivüberwachung in die Trauma-Abteilung verlegt worden war, erhielt ich Besuch von einem Arzt. Er fragte nachdrücklich, ob ich keine Schmerzen in den Beinen hätte. Als ich erwiderte, es sei halb so schlimm, reagierte er eher düster.

»Das ist eigentlich kein gutes Zeichen.«

»Aber wenn ich jetzt nur wenig Schmerzen habe, obwohl ich nur noch ein bis zwei Mal am Tag Morphium bekomme, dann wird es so arg nicht sein«, vermutete ich optimistisch. Aber so verhielt es sich offenbar nicht.

»Wir sehen oft«, erläuterte er mir, »dass diejenigen, die anfangs keine Schmerzen haben, später durchaus Phantomschmerzen bekommen.«

Ich hatte bis dahin noch nie von Phantomschmerzen gehört, sie aber trotzdem schon erlebt. In der ersten Woche nach der Operation hatte ich ganz deutlich das Gefühl gehabt, meine Unterschenkel wären noch da. Aber das war nicht schmerzhaft gewesen, ich hatte sie lediglich gespürt. Wenn ich auf der rechten Seite lag, war es, als würden meine beiden Beine durch die Matratze hindurch nach unten ragen. Lag ich auf der linken Seite, dann war es, als würden sie durch Laken und Bettdecke hindurch schräg nach oben zeigen. Nach wenigen Wochen verschwand diese merkwürdige Sinneswahrnehmung jedoch, und meine Beine wurden für mein Gefühl immer kürzer. Meine Unterschenkel schienen zu schrumpfen, und meine Füße, die ihre Größe behielten, fühlten sich an, als ob sie den Enden meiner Beinstümpfe immer näher kämen.

Der Arzt hatte meine Beine »amputiert«. Das Wort weckte in mir das Bild von Beinen, die noch »dran« waren, als ich ins Krankenhaus kam – was nicht stimmte –, und dass meine Beine erst hier aus welchem Grund auch immer entfernt worden wären, amputiert eben. Meinem Gefühl nach hatte ich meine Beine schon nicht mehr, als ich ins Krankenhaus gebracht wurde. Ich hatte sie selbst verloren, unterwegs, irgendwo. Und vor allem: ohne Betäubung. Es hatte also nichts zu amputieren gegeben. Allenfalls musste eine Wunde genäht werden. Emotional war das für mich ein großer Unterschied.

»Der Phantomschmerz ist meist stärker und zudem chronisch, wenn er sich erst in einem späteren Stadium ankündigt«, sagte der Arzt.

Ich verstand, was er meinte, aber ob es nun daran lag, dass ich kurz zuvor Morphium bekommen hatte oder nicht, so negativ wollte ich es nicht sehen. Tatsache sei, dass ich kaum Schmerzen hatte, und ob sie zunehmen, werde ich dann schon sehen, sagte ich zu dem Arzt. Mir fiel auf, dass er einen verschämten, eher übervorsichtigen Eindruck machte, so als wage er es kaum, mit mir darüber zu sprechen. Später erzählte mir eine Pflegekraft, wie beeindruckt er von mir gewesen sei, weil ich so ruhig war und alles unter Kontrolle zu haben schien. Hätte ich denn weinen, schreien oder um mich schlagen sollen? Ich konnte mir zu diesem Zeitpunkt nicht vorstellen, je Phantomschmerzen zu bekommen. Aber das sollte sich als furchtbarer Irrtum herausstellen.

Kaum eine Woche später fing es an: Aus »eingeschlafenen Füßen« wurde ein eingezwängtes Gefühl, dem recht bald Stiche und Pikser folgten, abwechselnd mit kleinen Stromschlägen in den »Füßen«.

Zum Glück kann ich Morphium bekommen, dessen Gebrauch ich schon eine Zeitlang nicht mehr auf den Abend beschränke. Morphium gibt einem das angenehme Gefühl, in ein warmes Bad einzutauchen, was kurz vor dem Einschlafen sehr schön ist. Morphium ist für mich eine bittere Notwendigkeit geworden. Selbst nach der Verabreichung von zwanzig Milligramm, einer Standarddosis für jemanden meines Alters, fühle ich noch die drückenden Schuhe und ein heftiges Kribbeln in den Waden. Auch ist mir manchmal, als würde mir jemand mit einer Gabel in die Fersen stechen, während der Draht noch immer dabei ist, den Rist meiner Füße zu durchschneiden.

Ich sehe keine andere Möglichkeit, als tagsüber zu schlafen. Das sind die Momente, in denen meine Füße Ruhe geben, wie ich es nenne. Dann spüre ich nur die zu engen Schuhe; Schuhe, die ich nie mehr ausziehen kann. Gerade das erleichternde Gefühl, wenn man die Dinger nach einem langen Tag des Gehens, Stehens oder Unterwegsseins ausziehen kann, vermisse ich. Stattdessen trage ich jetzt dauerhaft zu kleines Schuhwerk.

Leidensgenossen

In den letzten Jahren vermutete ich schon, meine Angstattacken könnten mit depressiven Gefühlen zu tun haben, die wiederum offenbar im Zusammenhang mit einem Borderline-Syndrom standen. So hatte ich es in den Psychologiebüchern aus der Bibliothek gelesen. Die Symptome kamen mir beängstigend bekannt vor. Auch im damals noch jungen Internet suchte ich hauptsächlich nach einer Lösung für die Probleme, die mich zunehmend oft und heftig zu überfallen schienen. In dieser Zeit beschränkte sich die Online-Welt auf eine augenscheinlich sehr überschaubare Zahl von Webseiten und Postings in Newsgroups, die später zu Onlineforen heranwachsen sollten.

Im Internet hatte ich ebenfalls einige Informationen gefunden. Die vorgeschlagenen Lösungen waren hauptsächlich Beruhigungsmittel, wie sie weltweit für Leiden wie »Angst« und »Panikattacken« verschrieben werden. Einige wenige Medikamente kannte ich namentlich, darunter Xanax, das ich von meiner Hausärztin bekommen hatte. Einen großen Nutzen brachte es mir nicht, denn neben einer gewissen Entspannung führte es auch zu Müdigkeit, was mich wiederum in meinem Alltag einschränkte. Vor einem Training im Fitness-Studio beispielsweise konnte ich keinen Tranquilizer nehmen. Da ich nirgendwo eine klare, strukturelle Lösung finden konnte, verwendete ich allmählich mehr Zeit darauf, Leidensgenossen in Newsgroups zu suchen. Ich konnte schließlich nicht der Einzige auf der Welt sein, dem es so ging.

Die Newsgroup alt.suicide.holiday, der ich mich angeschlossen hatte, bestand aus einer Reihe mehr oder weniger regelmäßiger Besucher, die sich hauptsächlich über die Schwierigkeiten austauschten, die sie mit ihrem Leben hatten.

Sie schrieben über die Qualen des Alltags, von frühmorgens bis spätabends. Schlafen legten sie sich oft in der Hoffnung, am nächsten Morgen nicht mehr aufzuwachen. Das faszinierte mich enorm. Anstatt schwammige Beiträge in halbwissenschaftlichen Büchern zu lesen, konnte ich mich einem Klub anschließen, der den Willen zum Selbstmord fast zur Voraussetzung für die virtuelle Mitgliedschaft machte.

Nachdem ich eine Weile wie eine Art Spanner nur mitgelesen hatte, beschloss ich, eine erste Nachricht zu posten. Ich erinnere mich, wie ich darüber in der Bahn von der Arbeit nach Hause herumgegrübelt hatte. Zu Hause setzte ich mich sofort daran. Wie fast alle, legte ich mir zunächst einen Nickname zu. Allerdings gab ich mein tatsächliches Alter an und hinterlegte in meinem Profil auch eine Kurzbeschreibung von mir: Junggeselle, Arbeitnehmer, wohnhaft in einer Großstadt, mit Sport, Kino und Lesen als Hobbys. Ich erwähnte auch, dass ich zu der Schlussfolgerung gekommen sei, dass das Leben nicht für mich bestimmt war. Ich gehörte nicht dazu, fände nirgendwo Anschluss, würde nie irgendwohin eingeladen. Manchmal scheine das Leben mich von sich abzustoßen und hier, im Internet, in dieser Newsgroup hätte ich nun, so schrieb ich, endlich andere gefunden, die wüssten, wovon ich sprach. Nach meiner ersten Nachricht erhielt ich eine Reihe von »Begrüßungen«, wie ich sie auch bei anderen Neumitgliedern gesehen hatte.

Ich denke wieder an damals zurück und daran, wie ich in dieser Newsgroup immer mehr von mir erzählte. Beispielsweise dass ich als Mittelschüler regelmäßig an Selbstmord gedacht und dieser Gedanke mich eigentlich nie mehr gänzlich losgelassen habe. Ich berichtete von meinen weniger guten Erfahrungen mit Beruhigungstabletten und davon, dass ich lieber laufen oder schwimmen ging und dass die Ärztin offenbar nicht verstand, was ich meinte. Ich beschrieb den Kampf, den ich führte, und auch das immer stärkere Gefühl in mir, diesen Kampf allmählich zu verlieren. Ich schrieb von den alles beherrschenden Angstattacken, die mir die Teilnahme an sozialen Aktivitäten unmöglich machten. Dass ich nach all den Jahren keine Lösung mehr sah und dass ich erst einschlafen konnte, nachdem ich mir eine imaginäre Pistole an die Schläfe gesetzt und abgedrückt hatte. Sollte ich es am nächsten Tag wirklich nicht mehr aushalten, konnte ich immer noch Selbstmord begehen und den Ausweg nehmen, der mir schon lange vor Augen stand: auf dem Bahnsteig die weiße Linie überschreiten. Eine andere Art, aus dem Leben zu gehen, hatte ich nie in Erwägung gezogen.

Manchmal reagierte ich auch auf Nachrichten von anderen. Daraus ergaben sich persönliche Kontakte mit einer kleinen Zahl von »Klubmitgliedern«. Oft hielt ein solcher Kontakt nur wenige E-Mails lang, manchmal auch einige Wochen. Mit zwei Mitgliedern entwickelte ich unabhängig voneinander einen E-Mail-Kontakt, der länger als ein Jahr andauerte und nur deshalb abriss, weil ich mich nach dem Tag meines Sprungs nicht mehr gemeldet hatte. Genauer gesagt: Ich hatte nichts mehr von mir hören lassen, weil mir im Krankenhaus kein Internet zur Verfügung stand.

Ich habe getan, was für die meisten anderen, die Selbstmord begehen wollen, ein Wunsch bleibt, weil ihnen die Courage fehlt, es wirklich zu tun. Es erfordert Mut – alle in der Gruppe waren sich in diesem Punkt einig – sich umzubringen, obwohl mir das erst so richtig klarwerden sollte, nachdem Linda mich darauf hingewiesen hatte. Will man aus dem Leben gehen, ist es nicht damit getan, ein paar Schlaftabletten einzunehmen und sich hinzulegen. Dazu gehört schon ein wenig mehr. Es erfordert eine gewisse Vorbereitung und eine gehörige Portion Willensstärke. Außerdem gibt es keinerlei Erfolgsgarantie. Das wussten die Leute in der Newsgroup, und obwohl es einen lebhaften Austausch von Do-it-yourself-Tipps gab, war klar, dass keine Methode einen hundertprozentigen Erfolg garantierte. Schlimmer noch, und auch das wussten alle: Ein Scheitern konnte dramatische Folgen haben.

Lange Zeit ging ich davon aus, dass ich mit Menschen kommunizierte, die weit weg waren. Ich hielt es für unmöglich, dass unter ihnen jemand aus meinem Freundes- oder Bekanntenkreis sein könnte. Obwohl ich meinen richtigen Namen nicht preisgab, war ich mir durchaus bewusst, dass die Beschreibung meiner Lebensumstände dermaßen klar und detailliert war, dass jemand, der mich im *real life* kannte, bewusst werden konnte, dass es sich um mich handelte. Was zählte, war, dass ich hier eine kleine Gruppe von Freunden gefunden hatte, denen ich alles anvertrauen konnte, und die zugleich so weit entfernt wohnten, dass ich ihnen nie über den Weg laufen würde.

Eines Tages antwortete einer von ihnen mir auf Niederländisch, obwohl wir schon sehr lange auf Englisch korrespondiert hatten. Meine IP-Adresse, die individuelle Zahlenkombination, die einen Computer im Internet identifizierbar macht, hatte mich verraten. Ich wusste zu diesem Zeitpunkt zu wenig vom Internet, um zu ahnen, dass diese Adresse mit jeder Mail mitverschickt wird und man aus ihr auch ersehen kann, in welchem Land der Computer steht.

Durch die Kommunikation auf Niederländisch rückte alles plötzlich ein Stück näher. Anfangs fand ich es schwierig, meine Empfindungen in meiner Muttersprache auszudrücken. Aber nach einer Weile gelang es mir ganz gut zu verdeutlichen, was ich fühlte und dachte und was ich eigentlich wollte. Mein *partner-in-death* hieß Thijs. Er arbeitete in der IT-Abteilung eines Multinationals irgendwo im Norden des Landes, nur ein paar hundert Kilometer entfernt: für Cyberspace-Maßstäbe praktisch um die Ecke. Thijs war fast genauso alt wie ich. Was ihn davon abhalte, den letzten Schritt zu tun, sei das Leid, das er seinen Eltern und seinem Bruder damit zufügen würde, schrieb er.

Unser beider Leben wies auf den ersten Blick deutliche Unterschiede auf. Meine Berichte aus dem großstädtischen Nachtleben hatten ihn erschreckt. Leute zu schockieren war nie meine Absicht gewesen, obwohl ich das im richtigen Leben mitunter als Taktik einsetzte. Mich interessierte, wie die Leute reagierten, wenn ich ihnen erzählte, was für spannende Dinge ich erlebt hatte. In den Newsgroups dagegen hatte ich nicht das geringste Bedürfnis, mich anders zu geben, als ich war. Ich fühlte mich frei, zu sagen und zu schreiben, was ich wollte. Ich wusste, dass ich nicht be- oder verurteilt würde, und ich urteilte selbst auch nicht. Was uns verband, war das gleiche Gefühl der Einsamkeit und der verlorenen Hoffnung, die Sehnsucht nach einem Entkommen, *to catch the bus* – was so viel bedeutet, wie Selbstmord zu begehen.

Thijs und ich schrieben uns regelmäßig lange E-Mails. In einer verglich er die Art und Weise, in der er und ich unsere Lebenserfahrungen austauschten, damit, wie sich völlig Fremde zum Beispiel auf einer langen Flugreise einander öffnen. Plötzlich unterhält man sich mit einem Unbekannten und verwickelt sich in ein Gespräch, das in ein Bekenntnis über verdrängte Gefühle oder Sehnsüchte mündet. Und wenn man aus dem Flieger steigt, verabschiedet man sich auf Nimmerwiedersehen.

Die zweite Person aus der Newsgroup, mit der ich nahezu täglich E-Mails austauschte, war Fotomodell und lebte und arbeitete in New York. Er hieß Brian, und mit ihm besprach ich hauptsächlich Beziehungsfragen. Sein Freund hatte ihn verlassen, weil er seine depressiven Stimmungen nicht länger ertragen konnte. Nach einer Weile machten auch wir den großen Schritt und enthüllten gegenseitig unsere Identität, etwas, das ich bis dahin nur mit Thijs getan hatte.

So kam es, dass ich zwei neue, gute Freunde gefunden hatte, mit denen ich alles besprechen konnte, was mir widerfuhr oder wonach ich mich sehnte.

Ich habe Brian und Thijs nicht mehr gemailt, seit ich mich vor den Zug geworfen habe. Ich verspüre auch nicht das Bedürfnis. Ich kann kaum die Energie aufbringen, Kollegen oder Bekannten unter die Augen zu treten, geschweige denn, eine E-Mail an Thijs und Brian zu schreiben – Phantomfreunde eigentlich, denn ich habe sie nie gesehen. Das ist noch viel schwieriger. Ich kann es nicht. Obwohl ich vermute, dass sie sich fragen, wo ich abgeblieben bin. Auch das gehört zu den Ungewissheiten des Internetkontakts. Wir wussten sehr genau um die Möglichkeit, dass einer von uns als Erster »den Bus nehmen« und die anderen zurücklassen würde.

Es ist vielleicht auch besser so. Aus und vorbei.

Phantomschmerzen und Phantomfreunde II

Ich liege im Bett und sehe fern, als das Telefon läutet. Frau Schildermans liest die *Privé,* und es ist ein paar Wochen nach der Operation. Ich habe gerade Morphium bekommen. Ich bin daher so entspannt, dass mich nichts aus der Bahn werfen kann. Ich hebe ab. Meine Mutter sagt fast sofort: »Ich habe gerade eine Stunde lang mit Thijs gesprochen.«

Der Tag hatte ohnehin schon so schlecht angefangen. Am Morgen hatte mir der Arzt mit seinem Team bei der Morgenvisite erzählt, dass ich noch einmal operiert werden müsse. Ein sogenannter korrektiver Eingriff. Dank etwas zu begeisterter Übungen des Physiotherapeuten war die Naht an meinem linken Bein vor einiger Zeit wieder aufgegangen. Übungen, die dafür sorgen sollten, dass meine Beine nicht zu viel an Muskelmasse verlören. Für eine ordentliche Naht war zu wenig Haut da gewesen. Der Chirurg hatte gehofft, dass seine provisorische Lösung halten würde. Er hatte meine Kniescheibe retten wollen und deshalb die verbliebene Haut über das Knie gezogen und die Wunde vernäht. Die Wunde wurde bis dato konservativ behandelt, das heißt gut sauber gehalten und immer wieder neu verbunden. Aber dass die Haut an dieser Stelle zuwächst und so die Wunde schließt, hält man für unmöglich.

Bei dem Eingriff würde die zweite Kniescheibe doch noch entfernt und der linke Beinstumpf dadurch ebenso kurz wie der rechte – von meinem rechten Bein fehlte die Kniescheibe bereits bei meiner Ankunft im Krankenhaus. Nach der Entfernung der Kniescheibe müsste mehr als genug Haut übrig sein, um die Wunde ordentlich zuzunähen, hatte der Arzt gesagt. Ohne dass ich auf diese Mitteilung hätte reagieren können, wünschte mir das Team einen angenehmen Tag und verließ das Zimmer. Ich hatte kaum realisiert, was da gerade passiert war, als Frau Schildermans trocken kommentierte: »Eine äußerst feinfühlige Weise, Ihnen das am frühen Morgen mitzuteilen!«

Verdutzt hatte ich sie angeschaut. Frau Schildermans löffelte gerade einen Joghurt und lächelte. Im Fernsehen lief eine Wiederholung von *Reich und Schön.* Plötzlich störte es mich, durch die Ärztevisite einen Großteil der Folge verpasst zu haben. Ich musste auch gar nicht lange über den Vorschlag des Chirurgen nachdenken. Ich hatte nicht vor, auch nur einen weiteren Zentimeter meines Körpers herzugeben. Keinen Millimeter wollte ich mehr missen; ich ging also einfach davon aus, dass sich die Wunde von selbst schließen würde.

Es dauerte lange, bis ich den morgendlichen Vorfall vergessen konnte, aber es gelang mir. Ich hatte fast den gesamten Tag in den imaginären Ordner »Unwichtig« gepackt. Und genau in diesem Moment rief meine Mutter an und erschreckte mich mit der Mitteilung, sie habe mit Thijs gesprochen.

Ich sitze senkrecht in meinem Bett. »Du hast mit Thijs telefoniert?«, frage ich ungläubig.

Das ist eine gnadenlose Übertretung sämtlicher ungeschriebenen Cyberspace-Gesetze: Meine Mutter hat mit Thijs gesprochen!

»Ja, und ich habe ihm von dem Moment erzählt, als ich dich daliegen sah und so fürchterlich weinen musste. Und dass ich erst nicht gewagt habe, dich zu berühren.«

Ich höre ihr an, wie aufgewühlt sie ist.

»Ich habe geweint, als ich es Thijs erzählte. Ich sagte, es täte mir leid, ihm so schlechte Nachrichten von dir überbringen zu müssen, aber er sagte, er fände es nicht schlimm.«

Thijs hat jetzt also alles über mich erfahren, und das nicht von mir selbst. Ein Schuldgefühl übermannt mich. Ich vergegenwärtige mir, was geschehen sein muss. Nachdem mehrere Wochen lang jede Reaktion meinerseits auf seine wahrscheinlich unzähligen E-Mails ausblieb, wird Thijs vermutet haben, dass etwas nicht stimmte. Was das war, konnte er sich natürlich denken.

Ich finde es gut zu hören, dass Thijs sich so sehr bemüht hat, mich zu finden oder wenigstens etwas über mich herauszubekommen. Nie hätte ich geglaubt, dass er sich solche Sorgen um mich machen würde; um jemanden, der faktisch nicht mehr war als ein Haufen Wörter auf einem Bildschirm. Wie ist er eigentlich an die Telefonnummer meiner Eltern gekommen?

Ich habe weder meinen Eltern noch sonst irgendwem je von meinen Internetkontakten erzählt. Allenfalls habe ich einmal zwischendurch erwähnt, im Internet Personen gefunden zu haben, die an vergleichbaren Angst- und Panikattacken litten, und dass es mir guttue, mich darüber mit ihnen auszutauschen. Weitere Einzelheiten hatte ich nicht preisgegeben, erst recht keine Namen.

Trotzdem hat meine Mutter erstaunlich rasch begriffen, in welcher Beziehung Thijs und ich zueinander stehen. Er selbst hat wohl versucht, in wenigen Sätzen zu erklären, wie wir miteinander in Kontakt gekommen sind, und er hat ihr erzählt, dass wir uns öfter E-Mails geschrieben haben. Vom Inhalt hat er meiner Mutter offenbar nichts erzählt, sondern bald angesprochen, er mache sich Sorgen, denn er habe schon seit Wochen nichts mehr von mir gehört. Daraus hat meine Mutter den Schluss gezogen, dass wir recht regelmäßig Kontakt hatten. Sie erinnerte sich, dass ich tatsächlich irgendwann einmal von irgendwelchen »Leuten im Internet« gesprochen hatte. Nachdem sie Thijs das erzählt hatte, hatte seine bis dahin düstere, dunkle Stimme etwas heller geklungen. Nach einem kurzen Lachen habe er gemeint, er selbst sei einer davon: einer der »Leute im Internet«. Ich könnte Thijs als einen virtuellen Freund bezeichnen, der aus einem Paralleluniversum heraus plötzlich zum Leben erwacht ist. Ich schätze die Mühe sehr, die er sich gemacht hat, mich zu finden, bin allerdings unsicher, ob ich mich darüber freuen soll oder nicht.

Teil 2

Niemandsland

Abschied

Es ist zwei Tage vor Weihnachten, und die längste Zeit im Krankenhaus liegt hinter mir. Ich muss zur Rehabilitation in eine Klinik am Overtoom in Amsterdam. Ich wäre gern bis nach Neujahr im Krankenhaus geblieben, denn in Anbetracht der Feiertage komme ich mir doch etwas verloren vor, aber die Ärzte sind unerbittlich. Jahrtausendwechsel oder nicht, ich muss am 28. Dezember das Krankenhaus verlassen. Seit ich in einem Rollstuhl sitze, ist für mich ein neues Jahr nicht mehr gleichbedeutend mit neuer Hoffnung: Der 1. Januar wird nicht mehr sein als der Tag nach dem 31. Dezember. Und ein neues Millennium hat für mich erst recht keine Bedeutung.

Vor dem Jahreswechsel verlassen noch zwei weitere Patienten die Trauma-Abteilung das Krankenhaus. Ich vermute, beide sind glücklich darüber, denn sie kommen nicht in eine Reha-Klinik, sondern heim zu ihren Partnern und Verwandten. Eine der beiden ist Marlies, ein Frau knapp über vierzig, die in einem Zimmer weiter den Gang runter liegt. Sie ist vom Pferd gefallen und unglücklich gelandet. Die Folge war, dass sie einige Tage liegen musste und sich nicht bewegen durfte. Ihren Mann, der zehn Jahre jünger aussieht als sie, habe ich ein paarmal im Flur gesprochen. Beide sind natürlich sehr froh, dass Marlies keine Lähmung davongetragen hat. »Ich darf gar nicht daran denken, dass sie im Rollstuhl gelandet wäre.« Er sage es mir nur ungern und nicht, ohne gleich hinzuzufügen, wie sehr er mich bewundert, dafür, wie ich »das alles mache«. Mir lag schon als Entgegnung auf den Lippen, dass mir keine Wahl bleibe und ich ganz gewiss vorhabe, dieses Leben bald zu verlassen, womit auch das Problem mit dem Rollstuhl gleich mitgelöst sei. Aber warum sollte ich fremde Leute damit belasten?

Heute, am Entlassungstag seiner Frau, kommt er in mein Zimmer spaziert, während ich im Bett liege und fernsehe. Ich nehme den Kopfhörer ab und begrüße ihn. In der Hand hält er einen kleinen Plastikweihnachtsbaum mit Beleuchtung. Der Baum habe bis jetzt auf Marlies' Nachtschrank gestanden, meint er nur, stellt das Ding auf meinen Nachtschrank und steckt den Stecker in die Steckdose. Die bunten Lämpchen bescheinen sacht die grünen Plastikzweige.

»So, dann hast du wenigstens auch noch ein bisschen Weihnachten«, sagt er.

»Toll, vielen Dank! Das ist super!« Ich frage ihn noch, ob seine Frau das Bäumchen nicht mit nach Hause nehmen wolle, aber er schüttelt den Kopf. Dann sagt er, er müsse jetzt gehen, Marlies sitze schon im Auto.

»Ich soll dich lieb von ihr grüßen.«

Ich gebe ihm die Hand und drücke sie kräftig, um damit nochmals meinen Dank auszudrücken, und er wünscht mir sehr viel Kraft. Seine Miene jedoch verrät gewisse Zweifel daran, ob das mit mir noch mal was werden wird.

Abends im Bett betrachte ich die kleinen Lichter des Weihnachtsbaums. So geräuschlos und dazu in einer Welt, die mir dunkler vorkommt denn je, sind sie für mich ein Zeichen der Hoffnung. Das ist Weihnachten: die Rückkehr des Lichts. Ich liege jetzt auf der Seite und habe meinen nach wie vor eingegipsten rechten Arm behutsam neben mir abgelegt. Ich bin müde, kann jedoch nicht schlafen. Sorgen mache ich mir deswegen aber nicht, sondern ziehe mich in meine Phantasiewelt zurück. Ich stelle mir vor, ich sei ein Soldat, der auf dem Schlachtfeld verwundet wurde und jetzt irgendwo in einem Feldlazarett liegt, um sich von seinen Verletzungen zu erholen. Es ist ein Bild, das sich vielleicht gar nicht mal so sehr von meiner Wirklichkeit unterscheidet. Denn schließlich wurde ich im Kampf mit dem unsichtbaren Feind verwundet.

Am nächsten Morgen wache ich davon auf, dass jemand mein Zimmer betritt. Es ist Frans, der andere Mitpatient, der in der Weihnachtswoche das Krankenhaus verlassen darf. Er ist in meinem Alter und hatte einen Arbeitsunfall mit einem Mäher, wobei sein linkes Bein in die Maschine geraten ist. Dadurch hat er nicht nur das linke Bein, sondern auch einen großen Teil seiner linken Hüfte verloren und braucht einen Katheter. Der Unfall liegt schon einige Jahre zurück, und jetzt kommt er ungefähr einmal im Jahr zur Kontrolle und Nachbehandlung ins Krankenhaus.

Als ich seine Geschichte zum ersten Mal hörte, begriff ich, dass es also noch schlimmer geht. Ich habe »nur« meine Beine verloren, doch alles andere kann ich noch selbst und brauche erst recht keinen Katheter. Ich bin auch nicht gelähmt wie mehrere Patienten der Trauma-Abteilung.

Frans sitzt in einem Rollstuhl, den seine Frau Connie vor sich herschiebt. Sie ist gekommen, um ihn abzuholen, und gleich wollen sie losfahren. Aber vorher wollen sie sich noch kurz von mir verabschieden. Mit Frans habe ich noch nie zuvor gesprochen, aber er weiß von den Ärzten, dass ich meine Beine erst kürzlich verloren habe. Connie, die ein Stück hinter dem Rollstuhl stehen bleibt, beugt sich vor, um mir die Hand zu geben. Ich sage, wie nett ich es finde, dass sie noch kurz vorbeischauen. Connie ist in der letzten Woche öfter bei mir gewesen, immer wenn sie Frans besuchen kam.

»Hast du Schmerzen oder hast du große Schmerzen?«, fragt Frans.

»Geht schon«, versuche ich meine Situation herunterzuspielen, aber er scheint mitzubekommen, dass ich im Augenblick große Schmerzen habe.

»Es gibt wenig, was wirklich hilft«, sagt Frans.

Ich lache und schüttele verzweifelt den Kopf. »Na, wie schön!«

Connie schenkt mir ein Lächeln und zuckt quasi zum Zeichen der Ohnmacht mit den Schultern.

»Ich habe eine Menge Sachen ausprobiert. Schmerzmittel – erst viele und dann wieder weniger –, ein TENS-Gerät, das Schmerzen durch leichte Stromstöße lindern soll«, berichtet Frans.

Einer der Pfleger hat mir auch schon mal davon erzählt. Ich konnte mir damals nicht vorstellen, dass die Verabreichung leichter Stromstöße die Schmerzen reduzieren kann.

»Weißt du, was gut hilft?« Er schaut mich an. »Schlafen. Gut schlafen. Das hilft!«

Wie soll das denn gehen, denke ich. Die Schmerzen in meinen Beinen sind so schlimm und so heftig, dass ich kaum einschlafen kann. Wie soll da Schlafen helfen, wenn man nicht schlafen kann?

»Du wirst sehen, dass die Schmerzen nachlassen, sobald du erst einmal schläfst.«

Was er sagt, erinnert mich an etwas, das ich schon mehrmals beim Aufwachen bemerkt habe, allerdings in umgekehrter Reihenfolge. Wenn ich die Augen gerade erst geöffnet habe, scheine ich keine Schmerzen in den Beinen zu haben. Nach wenigen Sekunden jedoch schießt der Schmerz auf beiden Seiten hinein und verschwindet den ganzen Tag über nicht.

»Wir lassen dich jetzt allein«, sagt Frans und macht Anstalten, den Rollstuhl zu wenden.

»Ja, wir haben es noch weit bis nach Hause«, ergänzt Connie. »Wir sind immer ein paar Stunden unterwegs.« Sie wohnen im Süden des Landes, und ich kann mir vorstellen, dass die Fahrt an sich schon eine Belastung für ihn darstellt. Ich danke den beiden herzlich für ihre Hilfe und Unterstützung.

»Nichts zu danken«, sagt Connie und küsst mich unerwartet auf beide Wangen. Danach streicht sie mir rasch mit der Hand über den Kopf, ehe sie sich umdreht und das Zimmer verlässt, Frans im Rollstuhl vor sich herschiebend. In der Tür dreht er sich noch einmal um. »Also, halt die Ohren steif!«, ruft er und streckt den Daumen in die Höhe.

In die Welt hinaus

Das Zimmer von Frau Schildermans und mir ähnelte zunehmend einem Karten- und Blumengeschäft. Ich kann unmöglich alle Blumen mitnehmen und beschließe, sie dort zu lassen. Die Karten habe ich in eine Schachtel gepackt. Ich schätze die guten Wünsche, und doch tut jede Karte auch ein bisschen weh. Von »guter Besserung« kann schließlich keine Rede sein.

Die Ärzte haben mir eine letzte Visite abgestattet. Ihr Abschlussbericht lautet: »Patient verweigert korrektive Chirurgie; Wunde am Bein muss weiterbehandelt werden.« Ich hätte lieber etwas gelesen wie: »Viktor ist ein netter und guter Kerl, sein Schicksal geht uns allen sehr nahe, und wir wünschen ihm ganz viel Kraft«, aber dann muss ich selbst lachen über die Absurdität meiner Gedanken. Es ist vorbei, mache ich mir klar. Meine Zeit im Krankenhaus ist um, und damit sind auch die Ärzte und ihre Visiten und Vorschläge für chirurgische Korrekturen Vergangenheit.

Ich bin nach unten gefahren, um in dem Shop im Erdgeschoss etwas für Frau Schildermans zu kaufen. Ich will ihr etwas schenken, eine Kleinigkeit zum Abschied, nachdem ich so viele Wochen das Zimmer mit ihr geteilt habe. Ich habe einen kleinen Gedichtband gekauft, in den ich meinen Namen schreibe und mich dann für ihre Unterstützung in der dunkelsten Zeit des Jahres bedanke.

Ich stehe an der Kasse, als ich jemanden rufen höre.

»Viktor, die Psychiaterin ist da!« Ich drehe mich um und sehe Schwester Doris.

»Ich komme!«, sage ich. »Ich habe ein Geschenk für Frau Schildermans gekauft und bin gleich wieder oben.«

Weil die Ärztevisite an diesem Morgen leicht verspätet war, bin ich vermutlich nicht rechtzeitig nach unten gefahren und deswegen auch zu spät für meinen letzten Termin mit der Psychiaterin. Mir ist es nicht aufgefallen, weil ich keine Armbanduhr mehr trage, und zwar aus stillem Protest dagegen, dass ich noch lebe. Ich will nicht wissen, dass die Zeit vergeht. Ich will überhaupt nichts mehr mit »Zeit« zu schaffen haben. Einmal oben, verrät mir die Uhr im Stationsflur, dass bereits eine Viertelstunde von unserem Termin um ist. Als ich in mein Zimmer komme, auf dem Schoß den schön eingepackten Gedichtband, sitzt die Psychiaterin neben meinem Bett. Dem Bett, in dem ich nie mehr schlafen werde, wie mir jetzt erstmals bewusst wird.

»Entschuldigung«, sage ich sofort, »aber ein Geschenk für Frau Schildermans war mir sehr wichtig.«

Ich hoffe, die Psychiaterin wertet das als einen gültigen Grund für mein Zuspätkommen. Und wenn nicht, kann es mir letztlich auch egal sein. In einer Stunde bin ich ohnehin hier weg, dann muss sich die Psychiaterin für ihren Abschlussbericht unser letztes Gespräch halt selbst ausdenken. Was gibt es eigentlich noch zu besprechen, frage ich mich.

Die Psychiaterin will wissen, was ich mir von der Reha-Klinik erwarte. Und auch, ob ich schon weiß, was ich anschließend machen will. Ich denke nur kurz über ihre Frage nach und beschließe, an diesem letzten Tag, in diesem letzten Moment keine tiefgehenden Gespräche mehr zu führen.

»Ach, ich lasse das alles auf mich zukommen. Ich kann ohnehin nichts anderes tun, als ruhig zu bleiben. Und wenn es mir zu viel wird, trinke ich eine Tasse Tee und versuche, zur Ruhe zu kommen, ehe ich weitermache.«

Sie nickt. Ich finde meine Antwort ziemlich nichtssagend, vielleicht sogar unglaubwürdig. Ich bin froh, dass sie sich damit begnügt. Sie steht auf, gibt mir die Hand und sagt, sie werde ihren Abschlussbericht meiner Hausärztin zuschicken.

Frau Schildermans freut sich sehr über mein Geschenk. Ich umarme sie zum Abschied. Weil ich schon bald abgeholt und mit einem Kleinbus zur Reha-Klinik gefahren werden soll, bleibt mir kaum Zeit, noch bei allen anderen vorbeizuschauen. Von den meisten Mitarbeitern habe ich mich bei ihrem letzten Dienst vor meiner Abreise verabschiedet. Der junge Mann, der mich in dem Kleinbus zur Reha-Klinik fahren wird, nimmt die Sporttaschen und hängt sie sich über die Schulter. Er sagt, wir könnten los. Mit meinem Teddybär und dem CD-Spieler auf dem Schoß winke ich Frau Schildermans zu, während mich der junge Mann aus dem Zimmer hinaus auf den Flur schiebt.

Heute, beim Verlassen des Krankenhauses, geht es mir kaum weniger schlecht als zum Zeitpunkt meiner Einlieferung hier. Die Wunden an meinen Beinen sind zwar etwas abgeheilt – obgleich die an meinem linken Bein sich nach wie vor nicht bessern will –, aber psychisch fühle ich mich mindestens so elend wie damals.

Auf dem Weg zum Ausgang präge ich mir nochmals die Umgebung ein, in der ich mich fast zwei Monate lang aufgehalten habe. In dieser Zeit ist mir erstmals richtig klargeworden, dass ich tatsächlich meine Beine verloren habe und für den Rest meines Lebens im Rollstuhl sitzen werde. Meine Abreise fühlt sich auch nicht wie ein Abschied an. Ich frage mich, ob das vielleicht daher rührt, dass ich mich von Anfang an dagegen widersetzt habe, hier überhaupt irgendeine Beziehung zu meiner Umgebung aufzubauen.

Mein Blick schweift seitwärts, als wir an dem Restaurant in der Empfangshalle vorbeikommen, über die Tische und Stühle, an denen ich mit meinen Eltern, Kollegen, Freunden und Bekannten saß, von denen mich manche regelmäßig und andere nur ein einziges Mal besucht haben. Es ist der Ort, an dem ich Tee getrunken und die Würstchen in Blätterteig gegessen habe, die mir mein Vater gebracht hat, und wo die Frau mit den Spielen ihre Spielenachmittage abhält. Hier habe ich auch mit meiner Mutter gesessen. Ich denke an das eine Mal, als ich in äußerster Verzweiflung den Kopf auf den Tisch gelegt hatte und mich nie wieder aufrichten wollte. Von diesem Ort aus habe ich mit unterschiedlichen Empfindungen auf die Welt »da draußen« hinter den automatischen Schiebetüren geblickt. Jetzt kehre ich zurück in diese Welt, die so unerreichbar weit weg schien. Ganz unbewusst habe ich die letzten Wochen regelrecht behütet gelebt. So gut wie abgeschirmt von der Außenwelt. Draußen wird alles anders sein, oder besser gesagt: *Ich* werde anders sein.

Plötzlich werde ich nervös. Bekomme Angst vor dem Draußen. In meinem Kopf höre ich den Song »As If We Never Said Goodbye«, aus dem Musical *Sunset Boulevard.* So wird es sein, stelle ich mir vor:

»I don't know why I'm frightened,
I know my way around here (...)
a world to rediscover
but I am not in any hurry
and I need a moment (...)
yet everything's as if we never said goodbye.«

Nur noch ein paar Meter über den Krankenhausflur und ein Zeitabschnitt ist beendet, den ich am liebsten vergessen möchte, der mich jedoch für den Rest meines Lebens täglich verfolgen wird. Kurz bevor wir durch den gläsernen Haupteingang fahren, bitte ich den jungen Mann, der mich schiebt, ob ich mich noch einmal ganz kurz umdrehen darf. Er versteht mich nicht richtig und meint, ich wolle umkehren, weil ich etwas vergessen hätte.

»Nein, ich will nur noch mal einen Blick zurückwerfen. Nur zwei Sekunden.«

Ich lasse meinen Blick durch die Runde wandern und denke wieder an das, was geschehen ist. Hier sind meine Eltern hereingekommen, an jenem Herbstabend. Es war ein stürmischer Tag, und nachmittags gab es Regen. An den Sturm kann ich mich noch erinnern; dass es regnete, weiß ich nur, weil andere es mir erzählt haben. Ich erinnere mich, wie ich auf dem Fahrrad zum Bahnhof den Wind im Rücken spürte. Obwohl ich nicht abergläubisch bin, meinte ich darin ein positives Zeichen zu sehen. Es schien, als würde ich aus dem Leben weggepustet. Es fühlte sich an wie eine Befreiung. Wenn dies mein Weg zum Ende war, dann nahm ich ihn mühelos. Wie von selbst.

Meine Eltern waren erst spät am Nachmittag vom Einkaufen nach Hause gekommen. Entgegen unserer Gewohnheit hatten wir an diesem Tag also noch nicht miteinander telefoniert – da ich schon etwa zwei Wochen krankgemeldet war, sprachen wir uns in dieser Zeit täglich. Mein Vater war sofort in sein Büro gegangen; er war schon den ganzen Tag lang eigenartig unruhig gewesen. Als er auf seinem Anrufbeantworter gleich sieben Nachrichten entdeckte, beschlich ihn die starke Vorahnung, dass etwas geschehen sein musste. Sie wurde zur Gewissheit, als er die erste Nachricht aus dem Krankenhaus abhörte.

»Deine Mutter stand neben mir«, erzählte er mir später. »Wir waren noch in Hut und Mantel, als ich die Nummer des Krankenhauses wählte.«

Sofort wurde er mit der Notaufnahme verbunden und bekam die diensthabende Stationsschwester an den Apparat.

»Ihr Sohn hat sich heute Nachmittag vor den Zug geworfen«, erzählte sie. »Er wird im Augenblick operiert. Ich kann Ihnen in jedem Fall sagen, dass sein Zustand stabil ist.«

Sie hatte meinem Vater ihren Namen genannt, Lucinda, und ihm gesagt, er könne, wenn sie angekommen seien, an der Rezeption nach ihr fragen.

»Ich komme dann und hole Sie ab.«

Mein Vater erinnerte sich, wie äußerst korrekt und höflich

sie am Telefon gewesen war. Er sprach darüber, als hätte er das nicht erwartet.

»Ich muss Ihnen leider mitteilen, dass Ihr Sohn beide Beine verloren hat.«

Mein Vater, der das Telefon laut gestellt hatte, damit meine Mutter mithören konnte, musste sich an seinem Schreibtisch festhalten, weil ihm spontan übel wurde. Meine Mutter, die sich erst noch an einem Stuhl festgehalten hatte, brach zusammen, die Beine versagten ihr den Dienst, und sie sank weinend zu Boden.

»Lasst ihn gehen! Lasst ihn doch gehen!«, rief sie unter Tränen, jedes Wort ein einziger Schmerz. Mein Vater musste die Lippen zusammenpressen und schloss eine Sekunde lang die Augen, dann holte er tief Luft und sagte der Krankenschwester, sie würden sich möglichst schnell auf den Weg machen. Auf die Frage, ob es eventuell jemand anderen gebe, der sie zum Krankenhaus bringen könne, antwortete er, er sei selbst imstande zu fahren.

»Versuchen Sie bitte, ruhig zu bleiben«, sagte Lucinda am anderen Ende der Leitung noch. Mein Vater verstand, dass die Krankenschwester ihm mit ihren Worten zu helfen versuchte. Er sagte, sie würden in etwa anderthalb Stunden ankommen, und beendete das Gespräch. Erst später erzählte er, wie sehr seine Hand in diesem Moment gezittert habe.

Meine Mutter, die seitlich an den Schreibtisch gelehnt auf dem Boden saß, fast wie ein Kind in sich zusammengekauert, den Kopf hinter den Armen versteckt, weinte leise. Mein Vater versuchte sie, so gut es ging, zu trösten, aber sie schob ihn schluchzend von sich. Sie war untröstlich. Einen Moment lang wusste mein Vater nicht, was er tun sollte. Es hatte den Anschein, als wollte meine Mutter einfach nicht aufstehen. Von Trauer überwältigt, duckte sie sich in der schmalen Ecke zwischen Schreibtisch und Zimmerwand noch mehr zusammen. Er hockte sich neben sie, legte seinen Arm um sie und seine Hand an ihren Kopf. Er fühlte, wie ihr Körper vor Weinen erschüttert wurde, und musste an sich halten, um den auch hinter seinen Augen brennenden Tränen nicht freien Lauf zu lassen. Nicht jetzt. Wenn er sich jetzt gehenließ, würden sie das Krankenhaus an diesem Abend nicht mehr erreichen. Und er wusste, dass sie ins Krankenhaus mussten, dass sie – wie auch immer – dorthin fahren würden, noch an diesem Abend, durch das stürmische Herbstwetter.

Mit trockenem Mund brachte er mühsam hervor: »Komm, Liebes, lass uns jetzt losfahren. Lass uns jetzt zusammen zu ihm fahren.«

Wie lange sie so zu zweit neben dem Schreibtisch auf dem Boden gehockt hatten, konnte er später nicht mehr sagen. Mehr als einige Minuten wird es nicht gewesen sein, obwohl es ihm in der Erinnerung viel länger vorkommt. Meiner Mutter hatte er beim Aufstehen helfen müssen, dann waren sie zusammen langsam und bedächtig aus seinem Büro gegangen, durch den Flur in den Eingangsbereich des Hauses.

Wortlos hatten sie das Haus verlassen. Meine Mutter war danach als Erste ins Auto gestiegen. Kurz bevor mein Vater ihre Tür schließen wollte, hatte sie gesagt: »Wir müssen den Nachbarn Bescheid geben. Sie müssen wissen, dass wir nicht da sind.«

Typisch meine Mutter, aufgewühlt, wie sie war, verlor sie trotzdem die Realität nicht aus dem Blick.

»Was soll ich tun?«, fragte mein Vater. Es war, als wartete er auf eine Anweisung. »Möchtest du, dass ich ihnen eine Nachricht in den Briefkasten werfe? Oder soll ich jetzt hingehen? Wir können sie auch anrufen.«

Meine Mutter schüttelte den Kopf und stieg aus dem Auto. »Ich gehe schon und sage ihnen Bescheid. Auch, dass wir vielleicht erst in ein, zwei Tagen wiederkommen.«

Mein Vater schaute sie an, die Wimperntusche war vom

Weinen verlaufen und hatte dünne, schwarze Streifen auf ihrem Gesicht hinterlassen.

»Warte.« Er hielt sie am Arm zurück, zog ein Taschentuch aus der Jacke und wischte ihr damit die Tränen und die Wimperntusche, so gut es ging, weg.

»So«, sagte er und ließ ihren Arm wieder los. »Möchtest du, dass ich mitkomme?«

Das wollte meine Mutter nicht. »Ich bin gleich wieder da.«

Während er auf sie wartete, betrachtete er den von der Dämmerung verfärbten Himmel. Sein Magen machte ihm zu schaffen seit dem Augenblick, als er die Nummer des Krankenhauses gewählt hatte, und auf einmal musste er sich übergeben. Er tat es direkt über dem Beet mit den jetzt welken Bartnelken, die meine Mutter im Frühjahr gepflanzt hatte.

»Unterwegs haben wir nicht miteinander gesprochen«, erzählte mir meine Mutter später. »Wir hatten kein Radio an, nichts.«

»Kein Wort?«, hatte ich gefragt, weil ich mir das für die anderthalbstündige Fahrt kaum vorstellen konnte.

»Dein Vater hat die ganze Zeit über meine Hand gehalten«, sagte sie. »Wir haben nur geweint und leise vor uns hin geschluchzt. Mehr nicht.«

Erst viel später wurde mir klar, dass ich mir nicht vorstellen kann, wie es ist, wenn man eine solche Nachricht erhält. Darum kann ich mir auch nicht vorstellen, wie es an diesem Abend für meine Eltern gewesen sein muss, im Auto zum Krankenhaus, unterwegs zu ihrem Kind, das durch einen Selbstmordversuch seine Beine verloren hat.

Das erste Mal, als meine Mutter mir davon erzählte, bekam ich kaum etwas mit, so benommen war ich von meinen Schmerzmitteln. Zu diesem Zeitpunkt schützten sie mich davor, die Tragweite zu erfassen. Vieles von dem Strom an Ereignissen, den mein Sprung ausgelöst hat, habe ich nicht bewusst erlebt, sondern erst im Nachhinein aus den Berichten anderer erfahren. Ganz an mir vorbeigegangen waren etwa die Leute auf dem Bahnsteig, die es mit angesehen haben und anschließend schreiend die Treppe hinuntergerannt sein müssen. Es hat eine Reihe von Alarmmeldungen gegeben, denn gleich mehrere Augenzeugen haben wohl sofort mit ihrem Handy die Polizei gerufen. Auch von der Ankunft eines Krankenwagens und den herbeigeeilten Rettungskräften habe ich nichts wahrgenommen. Und dass die Fahrgäste in dem Zug, der langsam zum Stehen gekommen war, diesen nicht sofort verlassen durften, sondern erst die Ankunft der Polizei abwarten mussten, erfuhr ich ebenfalls erst später. Ebenso wenig habe ich davon mitbekommen, dass neben dem Bahnhof ein Hubschrauber gelandet war, um mich schnellstmöglich ins Krankenhaus zu schaffen. Selbst von allem, was dann im Krankenhaus geschah, weiß ich bis zum Aufwachen auf der Intensivstation nichts.

Es war schon dunkel geworden, als meine Eltern im Krankenhaus ankamen. Mein Vater hatte meine Mutter erst am Eingang abgesetzt und war mit ihr hineingegangen. Auf seinen Vorschlag, sie solle direkt am Empfang nach Lucinda fragen, erwiderte sie, sie wolle lieber auf ihn warten. Sie wollte nicht allein sein in dem Moment, wenn jemand auf sie zukommen oder etwas über meinen derzeitigen Zustand sagen würde.

Mein Vater verstand das und parkte rasch den Wagen, nachdem er sie auf einer Bank in der Eingangshalle des Krankenhauses zurückgelassen hatte. Meine Mutter erzählte später, sie habe viele Leute ein und aus gehen sehen. Es war ein Freitagabend, und die Besuchszeit war kurz davor zu Ende gegangen. Sie hatte Menschen gesehen, die auf Krücken gingen oder im Rollstuhl saßen, andere bewegten sich dem Anschein nach problemlos fort. Für sie war die ganze Situation irgendwie irreal, so als sei sie gar nicht dabei gewesen. Sie hat nicht einmal bemerkt, dass mein Vater einen Mann am Empfang gebeten hatte, sie bis zu seiner Rückkehr vom Parkplatz ein wenig im Auge zu behalten. Ohne sich nach dem Grund zu erkundigen, hatte er meinem Vater verständnisvoll zugenickt.

Als mein Vater zurückkam, dankte er dem Mann, aber seine Sorge war überflüssig gewesen. Mittlerweile stand meine Mutter im Gespräch mit einer Frau da, die höchstens einige Jahre jünger war als meine Eltern. Meine Mutter hob den Kopf, als mein Vater auf sie zukam.

»Da ist mein Mann«, hörte er sie zu der Frau sagen, die einen auffällig sanften Ausdruck in den Augen hatte. Sie kam meinem Vater sofort entgegen und gab ihm die Hand.

»Ich bin Lucinda«, sagte sie, »und ich werde Sie gleich zu Ihrem Sohn bringen. Er ist gerade aus dem OP gekommen.«

Mein Vater ging neben meiner Mutter her, hielt ihre Hand fest. Erst mussten sie durch die ganze Eingangshalle, dann durch eine schmale Tür, die etwas versteckt hinter einer großen Treppe lag. Danach befanden sie sich in einem dämmerigen, fast dunklen Gang. Dort brannte zwar eine Lampe, aber die verbreitete nur wenig Helligkeit. Etwas mehr Licht drang noch durch die Kuppeln über ihren Köpfen. Große Kunststoffkuppeln, gegen die Baumäste peitschten. Zuletzt verließen sie den dämmerigen Gang und gelangten in einen anderen, grell erleuchteten Flur. Hier liefen mehr Menschen herum, hauptsächlich Krankenhauspersonal. Niemand schien sie zu beachten, alle schauten nur geradeaus oder blätterten im Gehen in ihren Unterlagen.

»Ich habe für Sie unsere Schlafgelegenheit vorbereitet«, sagte Lucinda, öffnete die Tür zu einem Zimmer und knipste das Licht an. Meine Eltern sahen zwei hohe, frisch bezogene Betten mit einem niedrigen Nachttisch und einer Leselampe dazwischen. Am anderen Ende des Zimmers stand ein weiterer niedriger Tisch mit einem kleinen Fernseher darauf. Daneben ordentlich aufgestapelt einige Zeitschriften.

Zu meinen Eltern gewandt, sagte Lucinda: »Das hier ist unser sogenanntes Gästezimmer: Es ist nichts Besonderes, aber Sie können es so lange umsonst nutzen, wie Sie wollen.«

Meine Mutter schaute zu meinem Vater, der nickte.

»Das ist sehr freundlich«, sagte er. »Vielen Dank.«

»Gut«, erwiderte Lucinda, »dann würde ich vorschlagen, Sie warten hier kurz auf mich, und ich gehe und schaue nach, ob Ihr Sohn schon auf der Intensivstation eingetroffen ist.«

Sie sprach langsam, so als kalkuliere sie die Möglichkeit mit ein, dass es meinen Eltern schwerfiele, all das nachzuvollziehen – überrumpelt, wie sie von den Ereignissen sein mussten. Als Lucinda fragte, ob sie etwas zu trinken oder zu essen holen solle, schaute meine Mutter erst meinen Vater und danach die Schwester an und nickte: »Ja, gern. Eine Tasse Kaffee täte mir jetzt gut.«

Mein Vater sagte später, er sei froh gewesen, dass sie die Kraft wiedergefunden hatte, zumindest eine Tasse Kaffee zu trinken. Es würde gleich noch schwer genug für sie werden, habe er damals gedacht. Mein Vater hatte um einen Tee gebeten.

»Ich denke, wir haben eine Viertelstunde, vielleicht dreißig Minuten gewartet, ehe sie uns holen kam«, erzählte mir meine Mutter später. »Ich habe meinen Mantel ausgezogen und mich auf das Bett gelegt, nur um ein wenig auszuruhen. Schlafen konnte ich nicht, ich meine: Wie hätte ich schlafen können? Ich war auch nicht müde, aber Lucinda hatte gesagt, sie würde uns holen kommen, und ich wollte nur einen Moment daliegen. Dein Vater saß neben mir auf dem Bett und hielt meine Hand. Ich glaube nicht, dass wir viel zueinander gesagt haben. Wir wussten, dass wir nichts tun konnten, wir haben nur darauf gewartet, dass man uns abholte.«

Lucinda hatte leise an die Tür geklopft, bevor sie hereingekommen war. »Ihr Sohn ist stabil, Sie können jetzt zu ihm.«

Ich habe meine Mutter später gefragt, woran sie in dem Moment gedacht hatte, als sie Lucinda in dem Wissen hinterherging, zu mir gebracht zu werden.

»An nichts«, lautete ihre Antwort. »Ich habe an überhaupt nichts gedacht. Man kann in einem solchen Augenblick an nichts denken.« Danach hatte sie kurz innegehalten, ehe sie hinzufügte: »Man denkt nur an die Trauer und meint, dass das nie mehr aufhört.«

Ihre Mäntel hatten sie im Gästezimmer zurückgelassen. Meine Mutter hatte nur ihre Handtasche mitgenommen, mein Vater sein Portemonnaie. Auf dem Weg zur Intensivstation meinte die Schwester noch, sie sollten sich nicht erschrecken.

»Ihr Sohn ist von einer Menge Apparate umgeben, aber die dienen lediglich dazu, alles zu beobachten.«

Meine Mutter erzählte mir: »Aber es gibt nichts, einfach nichts, was jemand dir in einem solchen Moment sagen oder für dich tun kann, um dich auf so etwas vorzubereiten.«

Sie mussten durch zwei weitere Türen und standen dann vor der Intensivstation. Lucinda öffnete die Tür mit ihrer Ausweiskarte. Meine Mutter sagte, ihr habe in diesem Moment das Herz bis zum Hals geklopft. Mein Vater, erzählte sie, habe die ganze Zeit über nichts gesagt. »Aber ich konnte ihm ansehen, wie völlig fertig er war.«

Da lag ich, unter einem weißen Betttuch, umgeben von sehr vielen Apparaturen. Meine Augen waren geschlossen. Zwei Pfleger gingen um mein Bett, machten ihre Einträge in die Unterlagen, drückten auf Knöpfe, änderten Einstellungen. Über meinem Bauch- und Beinbereich erhob sich ein Gestell, das verhinderte, dass das Bettlaken meine Beine berührte.

»Dein Gesicht und dein Oberkörper waren vollkommen unversehrt, ohne Blut, ohne jede Schramme«, erzählte meine Mutter. »Aber seitlich vom Bett, am Fußende … da hingen große Drainagebeutel.«

Plötzlich spüre ich eine Hand auf meiner Schulter und schrecke hoch aus meinen Erinnerungen.

»Wollen wir?«, fragt der junge Mann.

Ich nicke. Er wendet den Rollstuhl und schiebt mich durch die automatischen Türen nach draußen, in die Welt hinaus.

Neue Sinnlosigkeit

Meine Sporttasche soll zuerst in den Bus. Dann gebe ich dem jungen Fahrer den CD-Spieler und meinen Teddy. »Nicht an den Ohren ziehen, bitte!«

Ich muss selbst darüber lachen: ein erwachsener Mann, der sich Sorgen um seinen Teddy macht. Aber ich meine es ernst, denn der Teddybär ist mir heilig. Ich darf gar nicht daran denken, dass ihm eines oder mehrere Gliedmaßen fehlen könnten. Der junge Mann packt die Tasche und meinen Teddy sorgsam ins Auto.

Der Sonne gelingt es an diesem Morgen einfach nicht, durch die Wolken zu brechen, außerdem stürmt es heftig. Als ich meine Hände in die Taschen stecke, spüre ich in meiner linken Jackentasche ein Stück Papier. Es ist die Telefonnummer von Thijs.

Der junge Mann zieht eine Rampe heraus und schiebt mich in den Bus. Er zieht die Rollstuhlbremse kräftig an und verankert ihn anschließend am Boden, damit ich während der Fahrt nicht hin und her geworfen werde oder gar umkippe. Ich habe das Gefühl, festgekettet zu werden. Weil ich mit dem Kopf fast das Dach des Kleintransporters berühre, kann ich durch die niedrigen Fenster lediglich den Straßenbelag und einen kleinen Teil des Gehwegs sehen. Es ist, als würde ich ein oben abgeschnittenes Foto betrachten. Das Wichtigste sehe ich nicht.

Unterwegs kann ich den Gedankenfluss über die Zeit direkt nach der Operation nicht stoppen. Meine Mutter erzählte mir, sie sei, als sie mich zum ersten Mal in dem Krankenhausbett liegen sah, beinahe zusammengebrochen. Scheinbar aus dem Nichts sei ein Pfleger aufgetaucht und habe sie aufgefangen und einen Sturz verhindert.

»Er muss gesehen haben, dass ich weinte, und bestimmt

hat er damit gerechnet, dass ich ohnmächtig werden könnte.«

Sie erzählte, sie habe wissen wollen, wie »es« aussah, und deswegen das Bettlaken, das über dem Gestell oberhalb meiner Beine lag, ein kleines Stück angehoben. Unter dem Laken habe sie meine verbundenen Beinstümpfe gesehen, die noch so empfindlich waren, dass selbst der Druck einer dünnen Baumwollschicht schon zu viel gewesen wäre. Sie habe einfach nur weinen können. Eine Krankenschwester, die zu diesem Zeitpunkt an der anderen Seite des Bettes stand, habe ihr verständnisvoll zugenickt.

»Sie dürfen ihn ruhig anfassen«, sagte sie, woraufhin meine Mutter mich vorsichtig auf die Stirn küsste.

Währenddessen hatte die Schwester einen Stuhl für sie neben das Bett gerückt, damit sie sich setzen konnte. Vorsichtig nahm meine Mutter meine Hand in die ihre und betrachtete mein unter einer Sauerstoffmaske verstecktes Gesicht. Mein Vater stand neben ihr. Sein Blick glitt über die Apparate, die mein Bett umgaben. Ein Herzfrequenz- und Sauerstoffmessgerät und eine Medikamentenpumpe, die meinen Körper permanent mit Schmerzmitteln versorgte.

»Ich hoffe, dass er schnell wieder selbständig wird atmen können«, sagte der behandelnde Arzt, der nahezu unbemerkt ins Zimmer gekommen war und sich neben meinen Vater stellte. Er trug noch sein grünes OP-Hemd und hielt den Mundschutz noch in den Händen. Mein Vater sah ihn an und schüttelte ihm die Hand.

»Doktor Brand ist mein Name. Ich habe Ihren Sohn operiert.«

Meine Mutter, die neben mir auf dem Stuhl gesessen hatte, achtete nicht auf den Arzt, sondern blickte nur auf mich und darauf, wie sich mein Brustkorb ruhig und kontrolliert hob und senkte. Meine Augen waren immer noch geschlossen.

»Es tut mir leid, was geschehen ist«, sagte der Arzt. »Ich

habe jedenfalls versucht, noch möglichst viel von seinen Beinen zu retten.«

Mein Vater reagierte nicht, sondern schaute nur auf das weiße Laken, das meine Beinstümpfe verdeckte. Im Gegensatz zu meiner Mutter hatte er nicht gewagt darunterzuschauen.

»Ich habe seinen rechten Arm operieren müssen und eine Stahlplatte in seinem Ellbogen angebracht. Außerdem ist sein Unterarm gebrochen und eingegipst.«

Mein Vater schaute den Arzt an. »Wird er seinen Arm wieder gebrauchen können?«, fragte er.

Der Arzt nickte. »Später sollte er seinen Arm wieder normal gebrauchen können«, sagte er.

Danach trat eine Stille ein, in der nur die Geräusche der Apparate zu hören waren. Dann sagte der Arzt: »Was ich im Augenblick nicht garantieren kann, ist, dass sich nicht doch noch Wasser in seiner Lunge sammelt. Ich muss Ihnen ehrlich sagen, dass das für die kommenden vierundzwanzig Stunden ein kritischer Punkt ist.«

Meine Mutter stieß einen leisen Entsetzensschrei aus. Doch mein Vater schüttelte den Kopf.

»Deswegen mache ich mir keine Sorgen …« Seine Stimme klang klarer und überzeugender als kurz zuvor. »Ich bin mir sicher, dass er das schafft. Er ist viel zu stark, um an dem hier zu sterben.« Bei seinen Worten rollte ihm eine Träne übers Gesicht, die er sofort wegwischte.

Meine Mutter drehte sich um und schaute den Arzt aus verweinten Augen an.

»Entschuldigen Sie, dass ich Ihnen noch nicht die Hand gegeben habe«, sagte er.

Aber meine Mutter bedeutete ihm mit einem Kopfschütteln, dass eine Entschuldigung nicht nötig sei. Unter diesen Umständen war für Formalitäten kein Platz. »Warum haben Sie ihn gerettet?«, fragte sie dann.

Der Arzt hatte daraufhin erst mich und dann sie angeschaut, so als müsse er nach einer Antwort suchen. »Ich habe einen Eid abgelegt, ich kann nicht anders.«

»Was hat er noch von so einem Leben?«

»Ich kann nicht anders«, wiederholte er.

In dem Augenblick war ein weiterer Arzt hereingekommen. Die Mediziner begrüßten sich kurz und geschäftig, woraufhin auch der neu Hinzugekommene meinen Eltern die Hand gab.

Dann sagte er: »Ich habe ungefähr dreißig Röntgenaufnahmen von Ihrem Sohn gemacht, kurz nachdem er hier eingeliefert wurde. Ich habe auch einen Scan von seinem Gehirn gemacht. Ohne jeden Befund.«

Es war, als ob auch er sich für die Tatsache entschuldigen wollte, nichts zur Verbesserung der Lage beitragen zu können. Als ob er damit sagen wollte, er habe zwar nach einer Möglichkeit gesucht, den Schaden rückgängig zu machen, allerdings ohne Erfolg.

Eine anwesende Polizistin, die in meine Wohnung in der Stadt fahren wollte, fragte meine Mutter, ob sie noch etwas für mich oder die beiden tun könne. Schon vorher am Tag waren Beamte bei mir zu Hause gewesen. Nachdem ich auf dem Bahnhof Amsterdam-RAI von den Schienen geholt worden war, hatte die Polizei versucht, meine Identität festzustellen, und meine Adresse gefunden. Meine Mutter brauchte nicht lange nachzudenken und bat die Polizistin, ob sie meinen Teddybären mitbringen könne.

»Eigentlich müsste der neben seinem Bett auf dem Fußboden sitzen.«

Und so kam es, dass frühmorgens mein Teddy namens Bär im Krankenhaus eintraf, zusammen mit einem weiteren Plüschbären namens Bob, den ich mir Jahre später selbst gekauft hatte. Die Polizistin hatte nicht gewusst, welchen Bär meine Mutter genau gemeint hatte, und zur Sicherheit beide mitgebracht. Meine Mutter hatte dankbar sowohl Bär als auch Bob in Empfang genommen und gesagt, die Polizistin habe mir damit eine große Freude gemacht.

»Auch wenn er das jetzt nicht selbst sagen kann: Ich bin sicher, dass er sich sehr darüber freuen wird.«

Bär ist ein paar Monate älter als ich und hat schon kurz vor meiner Geburt auf mich gewartet. Bär hat mich immer begleitet, seit ich mein Elternhaus verließ und auch bei jedem weiteren Umzug. Bär gehört zu mir. Er hat eigentlich alles erlebt, was ich auch erlebt habe.

Der Kleinbus fährt los, und ich schrecke hoch aus meinen Gedanken. Den Zettel mit Thijs' Telefonnummer halte ich immer noch in der Hand. Ich muss daran denken, dass meine Mutter am Telefon sagte, sie habe Thijs die Geschichte haargenau so erzählt. Er habe ihr zugehört und eigentlich nicht reagiert, dann aber doch noch gesagt, er würde mich gern einmal anrufen, nachdem er über das alles nachgedacht habe.

Gerade das konnte ich mir nur schwerlich vorstellen: Thijs, der Zeit zum Nachdenken brauchte? Wie konnte es sein, dass jemand Zeit brauchte, wenn es um das ging, was mir widerfahren war? Mich fragte auch keiner, ob ich vielleicht Zeit brauchte. Im Gegenteil: Von mir wurde, kaum ein Woche nachdem ich im Krankenhaus aufgewacht war, schon erwartet, Physiotherapie-Übungen zu machen. Um acht Uhr morgens, kurz nach dem Aufwachen. Und das nannten sie Rehabilitation: ein Wort, das in meinem Fall doch wohl kaum mehr beinhalten konnte, als aus dem Bett zu steigen und mich in einen Rollstuhl zu setzen.

Niemand fragte mich, ob ich hatte gerettet werden wollen. Welcher Chirurg hatte es sich in den Kopf gesetzt, mich am Leben zu erhalten? Was gab es da zu retten? Welcher Egomane glaubte, mich dazu benutzen zu können, sich mit einer medizinischen Glanzleistung hervorzutun? War ich für die

Wissenschaft interessant gewesen? Dank des medizinischen Wissens war ich mit zwei zugenähten Beinstümpfen und einem unbrauchbaren rechten Arm aufgewacht, von dem niemand wusste, ob ich ihn je wieder gebrauchen konnte, von meinen Beinen ganz zu schweigen. Die Hauptsache war offenbar, dass ich noch lebte, dass ich noch atmete, dass das Blut noch durch meine Adern floss. Die Operation war »gelungen«, aber ich konnte sehen, wo ich mit alledem blieb.

Während ich durch das Busfenster den Straßenbelag gleichsam unter mir vorbeihuschen sehe, überlege ich, wie die Straße beim Laufen in etwa derselben Weise unter meinen Füßen hinweggehuscht war. Wann bin ich das letzte Mal gelaufen? Nicht am letzten Tag vor dem Sprung und auch nicht am Tag zuvor. Ich muss am Montag meine Laufschuhe zum letzten Mal angehabt haben. So kurz davor habe ich das also noch fertiggebracht. Ich erinnere mich plötzlich, wie geschmeidig und entspannt ich an dem betreffenden Montagmorgen gelaufen war. Merkwürdig, aber wahr: Es war eine meiner besten Runden überhaupt gewesen. Hatte ich in meinem Unbewusstsein geahnt, dass es ein Abschied war oder werden könnte? Und dass ich mich diesmal, beim letzten Mal, ausnahmsweise nicht völlig erschöpft die letzten paar hundert Meter über durchkämpfen musste, sondern diese quasi zum Abschiedsgeschenk wie von unsichtbarer Hand vorwärtsgeschoben durchzog?

Das letzte Mal im Fitness-Studio, das muss in derselben Woche gewesen sein, höchstens ein, zwei Tage nach dem Laufen. An das letzte Mal im Schwimmbad kann ich mich nicht mehr erinnern, sosehr ich es auch versuche. Vielleicht ist es weniger als 24 Stunden davor gewesen. Der Gedanke lässt mich frösteln.

Ich bin unterwegs in eine Zukunft, von der ich erwarte, ja hoffe, dass sie nicht mehr lange dauern wird. Wie in aller Welt soll ich ohne Beine, zusammengefaltet in einem Rollstuhl, leben können? Ich brauche keine Sekunde darüber nachzudenken, dass ich mich rasch von diesem Leiden erlösen werde. Aber diesmal ohne Fehleinschätzungen, ohne Dramen im Krankenhaus und ohne Bekannte, Kollegen, Freunde und Verwandte, die auf mich zukommen und mit denen ich plötzlich über das Geschehene reden soll.

Für mich ist das Zeitalter der »neuen Sinnlosigkeit« angebrochen, wie ich es nenne. Es folgt auf das Zeitalter der »Sinnlosigkeit«, der Zeit vor dem Sprung. Laufen oder Schwimmen geht nicht mehr, und im Bett liege ich eigentlich sowieso den ganzen Tag, ob ich schlafe oder nicht. Letztlich kann ich nur noch versuchen, meine Gedanken und Gefühle zu betäuben.

Morphium

Die Klinik entspricht in keiner Weise dem Bild, das ich mir von ihr gemacht hatte. Meine Vorstellung beruhte eigentlich auch nur auf den Aussagen einiger Patienten im Krankenhaus, die dort schon mal eine kurze oder längere Zeit verbracht hatten. Ihren Beschreibungen habe ich entnommen, dass man dort über mehr Freiheiten verfügt, dass alles auf mehr Eigenständigkeit ausgerichtet ist und man auf seine Rückkehr nach Hause vorbereitet wird. Ich weiß, dass ich nicht mehr nach Hause kann. In Ermangelung einer Alternative habe ich mir trotzdem überlegt, dass mehr Freiheit und Eigenständigkeit in jedem Fall eine Verbesserung gegenüber der Situation im Krankenhaus bedeuten. Wie es nach der Zeit in der Reha-Klinik mit mir weitergehen soll, darüber denke ich besser gar nicht erst nach.

Mir ein Zimmer mit Frau Schildermans teilen zu müssen war natürlich alles andere als perfekt gewesen. Aber jetzt kommt es mir fast paradiesisch vor. Mein Bett in der Reha-Klinik steht in einem schlecht beleuchteten Schlafsaal für sechs Patienten, mit drei Betten an jeder Längswand. Betten, die so schmal sind, dass man schon herausfallen kann, wenn man sich nur darin umdreht. Und dann dieser Geruch, der ganz anders ist als im Krankenhaus. Was mir hier zugemutet wird, ist eine Summe von Gerüchen. Nach zu lang getragenen Schlafanzügen und nach dem Essen, das hier serviert wird, aber auch nach nassen Duschkabinen, in denen es nach billiger Seife müffelt. Hinzu kommt der alte Fußboden, der einen so durchdringenden Geruch verströmt, dass es mir in der Nase schmerzt, sobald ich auf dem Bauch liege und mich über die Bettkante beuge, um etwas vom Boden aufzuheben. Wenn Trübseligkeit einen Geruch hat, dann ist es das, was ich rieche. Dabei hatte ich erwartet, hier einen Duft von Hoffnung einfangen zu können, egal ob ich mich davon anstecken lassen würde oder nicht.

Ich frage mich oft, ob das Pflegepersonal hier meine Geschichte kennt. Im Krankenhaus waren alle darüber informiert. Hier aber wurde ich als Patient mit einer doppelten Oberschenkelamputation aufgenommen, zur Reha nach dem Krankenhausaufenthalt. Gespräche mit einem Psychiater oder Psychologen sind nicht eingeplant, was mich sehr verwundert.

Ich drehe mich vorsichtig auf die Seite und werfe einen Blick auf den Wecker auf meinem Nachttisch. Es ist nach ein Uhr nachts. Ich kann mich nicht erinnern, schon geschlafen zu haben. Während sich mein Nachbar irgendeinen Actionfilm anschaut, suche ich nach der Strippe, die neben meinem Bett hängen muss. Ich drücke einmal auf den Knopf, und über mir leuchtet ein Lämpchen auf. Genau wie in einem Flugzeug.

Es dauert einige Minuten, ehe Marion hereinkommt. Marion ist eine untersetzte, leicht genervt wirkende Frau um die dreißig. »Genervt« leite ich aus der Tatsache ab, dass sie mürrisch dreinschaut und dass alles eine Riesenaufgabe für sie zu sein scheint. Ich habe nur ein paarmal mit ihr gesprochen, und dabei kam sie mir reichlich spröde vor, wobei sie nach einigen Minuten allerdings etwas auftaute. Wie erleichtert war ich, als das zah verlaufende Gespräch mit ihr an meinem ersten Abend schließlich doch ein gutes Ende fand!

Ich hatte mich aus dem Bett gehievt und war zum Stationszimmer gefahren, um nach einem Tee zu fragen. Ich wusste damals noch nicht, dass in einem anderen Zimmer, dem sogenannten Gemeinschaftsraum, vierundzwanzig Stunden am Tag ein Wagen mit Teebeuteln und heißem Wasser stand. Marion schaute sich gerade zusammen mit einer Kollegin eine DVD an – *Ein wahres Verbrechen* mit Clint Eastwood in der

Hauptrolle; ich erkannte die Musik. Nachdem ich meine Bitte geäußert hatte, hatte sie mit einem tiefen, deutlich hörbaren Seufzer den DVD-Pausenknopf gedrückt, um mir den Raum mit dem Tee- und Kaffeewagen zu zeigen.

Jedenfalls kommt Marion herein. »Was ist, Viktor?«, fragt sie und knipst dabei die Lampe über meinem Bett wie eine Art Stewardess aus.

»Ich kann vor Schmerzen in den Beinen nicht schlafen«, antworte ich. Das ist streng genommen keine Lüge, aber doch etwas anderes als das, was ich tatsächlich meine. Was ich nämlich zu sagen versuche, ist: Ich will Morphium haben. Aber wenn ich sage, dass ich Schmerzen in den Beinen habe, klingt das, als würde ich auch eine Möglichkeit für etwas anderes als Morphium offenhalten, obwohl ich weiß, dass es die nicht gibt. Noch nie hat man mir ein anderes Schmerzmittel dagegen verabreicht.

»Wenn Sie Morphium haben wollen, ist das ein schlechter Zeitpunkt, denn der Doktor ist gerade nach Hause gegangen.« Marion schaut mich mit verschlossener Miene an. »Kann ich Ihnen nicht etwas anderes geben?«

Ich zucke mit den Schultern. Was könnte das wohl sein? Meiner Meinung nach hat nichts eine solche Wirkung wie Morphium.

»Ist es wirklich nicht mehr auszuhalten?«

Ich schüttele den Kopf und versuche, möglichst gequält auszusehen. »Ich habe ganz schön Schmerzen«, stelle ich wahrheitsgemäß fest, »und kann deswegen nicht schlafen. Und wenn ich nicht schlafe, wird es morgen nur noch schlimmer und macht mich völlig fertig.«

Weil Phantomschmerzen zu den stärksten Schmerzen gehören, die es gibt, ist es allgemein akzeptiert, dass Patienten mit amputierten Gliedmaßen diese Qualen mit starken Mitteln wie Morphium bekämpfen.

Marion nickt. »Na ja«, seufzt sie, »ich will sehen, ob ich den Arzt erreichen kann.«

Ich bin unendlich erleichtert. Natürlich weiß ich, dass ich mich noch etwas gedulden muss, denn die Flüssigkeit muss erst aufgewärmt werden, und das dauert einige Minuten. Während ich warte, setzt die Aussicht auf die alsbald zu erwartende Erlösung in mir einen Gedankenfluss in Gang, der sich großenteils um die Art und Weise dreht, wie Marion auf meine Bitte nach einem Schmerzmittel reagiert hat. Zorn kocht in mir hoch, ein Zorn, dessen Ausmaß dem Vorfall in keiner Weise angemessen ist. Ich weiß, dass ich mich nicht so darüber aufregen soll. Was kümmert es mich, dass Marion den Arzt anrufen muss, wo sie doch vorhin noch Kaffee mit ihm getrunken hat und ihn doch auch da um sein Namenskürzel in meiner Krankenakte hätte bitten können? Ist es nicht ihre Aufgabe, während des Nachtdiensts dafür zu sorgen, dass es den Patienten gutgeht, oder doch so gut wie möglich? Und galt das für den auf Abruf zur Verfügung stehenden Arzt nicht ebenso? Warum hat er nicht gleich von vornherein gesagt, dass Marion mir Morphium geben darf? Haben sie wirklich geglaubt, eine Dosis Morphium würde mich umbringen? Wenn es nur so wäre!

Ich frage mich, ob die freigesetzte Wut nur ein Teil des in mir aufgestauten Unmuts ist. An sich ist es vielleicht gut, dass die Wut rauskommt, aber wie viel Zorn steckt in mir?

Etwas später kommt Marion mit einer Injektionsspritze. Sie zieht meine Bettdecke beiseite und gibt mir die Spritze, ohne mir dabei weiter weh zu tun. Danach breitet sie die Decke wieder über mich und wünscht mir eine gute Nacht.

»Entschuldigung wegen der Umstände«, murmele ich.

»Ach, schon in Ordnung«, sagt sie, und ihre Stimme verrät mir, dass sie das auch so meint. »Schlafen Sie gut.«

Nachdem sie das Licht ausgeknipst hat, schlurft sie aus dem Zimmer. Die Tür zum Flur lässt sie einen Spalt weit offen. Ich lege mich auf die rechte Seite und ziehe die Bettdecke straff über mich. Ich bin froh, dass sie mir nicht böse ist. Gleichzeitig könnte ich mir vor den Kopf schlagen, dass ich ständig daran denke. Ich scheine es nicht lassen zu können, diesen ach so eingefleischten Wunsch, diese Besessenheit, bei allen beliebt zu sein. Selbst jetzt nicht, nach allem, was geschehen ist, nach allem, was ich getan habe, obwohl es mir doch vollkommen einerlei sein müsste. Ich schließe die Augen und hoffe, dass ich in meinen Träumen wieder gehen kann.

Von den kühlen Wassern des Todes

Es ist Nachmittag. Mein Nachbar zwei Betten weiter liest ein Buch. Ich will mit meinem Rollstuhl aus dem Saal, hinaus auf den Flur. Als ich vor seinem Bett stehe, halte ich den Kopf etwas schräg, um den Buchtitel zu lesen: *Van de koele meren des doods* von Frederik van Eeden.

Van de koele meren des doods, »Von den kühlen Wassern des Todes«. Der Bettnachbar heißt Didier, und ich schätze ihn auf um die fünfzig. Von einem anderen Patienten habe ich gehört, dass er nicht zum ersten Mal hier ist. Er leidet an einer Form der Schizophrenie und ist deshalb schon mehrmals von seinem Balkon gesprungen, und zwar im Auftrag der Stimmen in seinem Kopf. Stimmen, die in einer so extremen Weise gegen ihn wüten, hat er mir erzählt, dass er ihren Befehlen irgendwann einfach nachgeben muss. Auch wenn das für ihn bedeutet, vom Balkon zu springen.

Frederik van Eedens Roman erinnert mich an meine Schulzeit, in der wir für den Niederländisch-Unterricht eine Reihe von Klassikern durchgenommen haben. Obwohl ich das Buch also bereits gelesen habe, fallen mir hauptsächlich Szenen aus der späteren Verfilmung ein. Didier hebt den Kopf und wirkt überrascht von der unerwarteten Aufmerksamkeit, die ihm, oder besser gesagt seiner Lektüre, zuteilwird. Ich frage ihn, ob er den Roman zum ersten Mal liest, was er verneint. Daraufhin erzähle ich ihm von meinem Niederländisch-Referat am Gymnasium, für das ich mich nicht nur mit dem Werk des Autors, sondern auch mit dessen biographischem Hintergrund auseinandergesetzt habe. Van Eeden war ein für seine Zeit fortschrittlicher Psychiater, der an die Wirksamkeit der Psychoanalyse glaubte.

»Eigentlich schade, dass man in der Schule mehr oder weniger gezwungen wird, so ein großartiges Werk zu lesen«, sage ich, »obwohl für die meisten Leute gilt, dass sie zu diesem Zeitpunkt ihres Lebens wenig bis gar nichts davon begreifen.«

»Aber wenn man es in der Schule nicht vorgelegt bekommt, liest man es vielleicht nie«, erwidert Didier.

»Jedenfalls verstehe ich den Roman heute, wo ich fünfzehn Jahre älter bin, viel besser«, stimme ich ihm zu. Ich verstehe jetzt, wie jemand wie Hedwig Marga de Fontayne, die Hauptfigur des Romans, komplett durchdrehen kann und gleichzeitig nicht imstande ist, die Situation irgendwie zu verbessern. Mehr noch: Stattdessen entsteht in ihr ein Drang zur Selbstzerstörung, der alles nur noch schlimmer macht. Die Hoffnung liegt dabei im Ausgang der Geschichte: Dem Autor zufolge ist es möglich, Zwänge zu überwinden und selbst Einsicht in das zu erlangen, was zu dieser Zwanghaftigkeit geführt hat. Was folgt, ist ein ruhigeres Leben, gelassener, ausgeglichener.

Ich habe das Gefühl, Didier würde mich verstehen, wenn ich ihm erzählte, warum ich getan habe, was ich getan habe. Oder wenn ich ihm von der Angst erzählen würde, vom Druck der Angst und wie das mein Leben beherrscht, und auch, dass ich mich vor dem unsichtbaren Feind fürchte.

Didier liest mir einen Abschnitt vor: »Aber zu sterben erschien ihr immer noch viel besser, noch begehrenswerter. Das würde Ruhe bedeuten, wie sie den Getreuen im Psalm versprochen wird, würde bedeuten, zu stillen Wassern geleitet zu werden und großen, kühlen Seen, das würde Trost sein, wie eine Mutter tröstet.«

Es ist angenehm, seiner Stimme zuzuhören.

Ich erröte, weil es ist, als wären in diesem Abschnitt meine eigenen Empfindungen zusammengefasst.

»Der Titel ist ein Hinweis auf Psalm 23«, sagt Didier. Woraufhin er auswendig zitiert: »Der Herr ist mein Hirte, mir wird nichts mangeln. Er weidet mich auf grünen Auen und geleitet mich zu stillen Wassern. Und wenn ich auch wanderte durchs Tal der Todesschatten, so fürchte ich kein Unglück.«

Ich wundere mich darüber, das alles so völlig vergessen zu haben. Eigentlich müsste ich mich doch daran erinnern können! Hat das Morphium mein Gehirn angegriffen? Ich schließe die Augen und versuche, meine Gedanken abzustellen.

Didier drückt sich intelligent und mit Sachkenntnis aus. Ich betrachte meinen Zimmerkameraden und erinnere mich, dass »Intelligenz« und »Wahnsinn« häufig als enge Verwandte gelten: Es ist eine dünne Linie, die zwischen außergewöhnlich gescheit und völlig meschugge verläuft. Trotzdem kommt mir Didier keineswegs völlig meschugge vor, auch nicht, wenn er von den Stimmen in seinem Kopf berichtet, die ihn zwingen, sich vom Balkon zu stürzen. Ich höre ihm aufmerksam zu.

»Es kann lange Zeit gutgehen. Ich kann lesen, ich kann sogar arbeiten, ich kann mich auf alles konzentrieren, was ich will, kann Musik hören. Ich kann rausgehen, und dann auf einmal fängt es an. Ich höre dann, wie sie anfangen.«

»Du hörst, wie sie in deinem Kopf anfangen?«

Didier nickt.

»Vielleicht eine dumme Frage, aber ist es laut? Ich meine, schreien sie laut, die Stimmen?«

Didier nickt, und als er mich anschaut, meine ich eine Art Erleichterung bei ihm zu entdecken, als freue er sich über unser Gespräch. Womöglich kommt es daher, weil ich mich ernsthaft mit ihm unterhalte. »Sie schreien so laut, dass es mich vollkommen verrückt macht.« Bei dem Wort »verrückt« lacht er kurz auf.

»Du kannst es nicht, sagen wir mal: überschreien? Mit lauter Musik beispielsweise, oder indem du den Fernseher lauter drehst …?«

Didier schüttelt den Kopf. »Ich weiß, es klingt seltsam, aber ich kann nichts dagegen tun. Ich kann nur versuchen, es auszuhalten. Das geht eine ganze Zeit gut. Ich kann versuchen, nicht hinzuhören, andere Sachen machen, aber irgendwann wird es zu viel. Ich muss dann tun, was sie sagen.«

Sein bleiches, etwas aufgedunsenes Gesicht wirkt ernst. Er sitzt im sandfarbenen Pyjama auf dem Bett, die Beine baumeln über den Rand, seine Füße stecken in schwarzen Pantoffeln.

Ich zögere kurz, aber das Gefühl der Verbundenheit gibt mir den Mut, weiter zu fragen. »Das heißt, obwohl du weißt, was dir alles schon passiert ist ... früher? Ich meine – ich habe gehört, du bist hier nicht zum ersten Mal ...«

Didier nickt, und sein offener Blick verrät mir, dass es in Ordnung ist, wenn ich das anschneide.

»In der Tat. Man sollte meinen, es würde nach zwei Malen nicht wieder passieren, aber es ...« Er beendet seinen Satz nicht und wechselt das Thema. »Was mir hier fehlt, sind meine Bücher und meine Musik.«

»Aber du liest doch gerade ein Buch?«, erwidere ich lachend.

»Ja, ja, du hast recht, das Buch hier hat mir ein Freund aus meiner Wohnung mitgebracht. Aber ich würde auch gern andere Bücher lesen und Musik hören.« Und dann fragt er plötzlich: »Darf ich fragen, was dir passiert ist?«

Ich merke, dass es für mich kein Problem ist, ihm die Wahrheit zu erzählen. Ganz im Gegensatz zu vielen anderen Gelegenheiten, bei denen ich mich entschieden habe, gegenüber einer mir unbekannten Person einen Verkehrsunfall vorzuschützen.

»Ja, ich will es dir sagen«, beginne ich, so als brauchte ich einen Anlauf. »Ich habe mich vor den Zug geworfen.«

Ich sage es in relativ ruhigem Ton und, besonders wichtig, ohne Scham. Didier schlägt sich augenblicklich die Hände vors Gesicht und stößt ein lautes »Ach!« aus. Seine Reaktion erschreckt mich. Ihm laufen Tränen übers Gesicht. Habe ich ihm womöglich Angst gemacht, oder schlimmer: Habe ich durch mein Bekenntnis am Ende die Stimmen in seinem Kopf aufgeweckt?

»Nein, wie *furchtbar* ...«, stammelt er kaum hörbar.

Ich mache eine Art wegwerfende Handbewegung, als ob ich sagen wollte, alles sei nur halb so schlimm, und hoffe, den Schock dadurch einigermaßen lindern zu können. Dabei ist es mir gleich, dass ich mein eigenes Schicksal gewissermaßen bagatellisiere.

»Eigentlich sind die Schmerzen in meinen Beinen das größte Problem«, versuche ich ihn abzulenken. »Dass ich im Rollstuhl sitze, weißt du, das geht ja noch. Ich kann immerhin noch alles bewegen, alles funktioniert noch.« Ich deute mit der Hand direkt unter meine Gürtellinie.

Didier entspannt sich und grinst sogar kurz.

»Aber die Schmerzen in meinen Beinen sind ganz schön heftig und rauben mir manchmal wirklich den Schlaf«, fahre ich fort. »Im Krankenhaus haben die Ärzte mir gesagt, dass sich dagegen nichts tun lässt, außer Morphium und andere Opiate zu nehmen.«

Didier schaut ernst, er hält den Blick einige Sekunden lang auf das gerichtet, was noch von meinen Beinen übrig ist. »Beinstümpfe nennt man das, oder?«

Ich nicke und meine dem Klang seiner Stimme zu entnehmen, dass er, so wie ich, die Abwertung missbilligt, die der Begriff »Stümpfe« beinhaltet. »Aber es sind und bleiben meine Beine!«

»Aber ja, gewiss doch, es sind und bleiben deine Beine! Deine Beine, die du nicht mehr hast, die amputiert sind. Wo sind die jetzt?«

»Weg, vermute ich.«

»Genau. Weg. Die liegen jetzt in ihrem Grab.«

Meiner Meinung nach wurden meine Beine – oder was davon übrig war – vernichtet. Ganz sicher sind sie nicht irgendwo begraben, wie er meint.

»Die müssen irgendwo in einem Grab liegen, und da warten sie auf den Rest des Körpers. Sie rufen nach deinem Körper, nach dem Teil deiner Beine, den du noch hast.«

Es fasziniert mich schon, seine Erklärung.

»Erst dann, wenn alles wieder komplett ist, werden die Schmerzen aufhören.«

Ewig schlafen

Das andauernde Läuten des Telefons neben meinem Bett weckt mich schließlich. Ich weiß nicht, wie spät es ist, und noch benommen vom künstlichen Schlaf frage ich mich, wer in aller Welt mich jetzt wohl anruft. Ich nehme den Hörer vom Apparat, bringe ihn mit viel Mühe ans Ohr und melde mich.

Ich schaue auf die Uhr. Mittags halb zwölf. Am anderen Ende höre ich eine leicht irritierte Frauenstimme.

»Viktor, hier spricht Gerda.«

Gerda, die Physiotherapeutin. Ich hatte heute früh einen Termin bei ihr.

»Entschuldige, Gerda, das habe ich völlig vergessen. Ich habe heute Nacht sehr schlecht geschlafen. Können wir den Termin verschieben, bitte?«

Ich kann kaum die Augen offen halten und denke, mich zu konzentrieren fällt mir leichter, wenn ich sie zulasse.

»Sie kennen meine Meinung, was das Schlafen tagsüber angeht«, sagt Gerda. Ihre Stimme klingt hart und entschieden.

Gerda und ich haben uns erst zwei oder drei Mal gesehen, und einmal habe ich ihr erzählt, dass ich nachts oft von den Schmerzen in meinen Beinen aufwache und dadurch tagsüber, wenn diese weniger schmerzen, noch ein, zwei Stündchen Schlaf nachhole. Sie ist sehr dagegen. Gerda arbeitet in Teilzeit, weil es auch andere, wichtigere Dinge im Leben gibt, wie sie sagt. So weiß ich mittlerweile von ihrem Garten und wie gern sie darin arbeitet, und dass sie außerdem noch malt. Ich verstehe, dass mein Widerwille gegen das Leben weit von der zügellosen Energie entfernt ist, die Gerda entfaltet. Tagsüber zu schlafen, empfindet Gerda geradezu als Sünde. Wir werden nie gute Freunde werden, diesen Schluss hatte ich für mich schon nach der ersten halben Stunde Physiotherapie gezogen.

»Ich werde einen Schwarzenegger aus Ihnen machen«, hatte sie gleich zu Anfang gesagt. Sie meinte, dass sie mich körperlich stark genug machen wollte, um optimal mit meinem Rollstuhl umzugehen. Es wäre gut, wenn ich mich behende in den und aus dem Rollstuhl hieven und auch mit den Armen einige Meter über den Boden laufen könnte. Ich vernahm es mit Entsetzen. Natürlich schätzte ich ihren Einsatz, aber es deckte sich gar zu wenig mit dem, was *ich* wollte: rein gar nichts nämlich. Abgesehen davon, besaß ich auch nicht den Ehrgeiz, ein Schwarzenegger zu werden. Sie hatte einen Trainingsplan zusammengestellt, den ich täglich absolvieren sollte.

Gerda macht kein Problem daraus, unseren Termin auf den nächsten Tag zu verlegen.

»Nochmals, es tut mir wirklich leid, dass ich es vergessen habe«, und die Lüge fällt mir leicht. Ich hätte am Morgen noch ein Schmerzmittel bekommen und darum länger geschlafen. Gerda schlägt vor, dass wir uns nachmittags um vier Uhr sehen, und ich verspreche ihr, den Termin nicht zu vergessen.

In der Klinik ist nicht viel los, und mir fehlt die Betriebsamkeit im Krankenhaus. Ich bin zwei Mal zum Essen ins Gemeinschaftszimmer gegangen. Aber die lauwarmen, geschmacklosen Mahlzeiten gebe ich schnell dran. Nicht nur das Essen schmeckt mir nicht, sondern auch die trostlose, schlichtweg deprimierende Atmosphäre ist mir zuwider. Die Betriebskantine ist eine gute Alternative. Ich frühstücke dort, und mittags bekomme ich für ein paar Gulden ein anständiges warmes Essen. Auch sorge ich dafür, dass ich abends ein paar Bananen, ein oder zwei Sandwiches und etwas Süßes bei mir im Schlafsaal habe. Ich brauche also nur ab und zu in den

Gemeinschaftsraum zu finden, um mir einen Tee zu holen; etwas, das ich schnell und unauffällig erledige. Dass das Essen in der Betriebskantine zusätzliches Geld kostet, ist mir gleich. Ich gebe gern etwas mehr für anständiges Essen aus, und wenn ich alles zusammenzähle, was ich momentan an Kinokarten, Abo-Kosten fürs Fitness-Studio und an Getränken in Diskotheken einspare, komme ich immer noch günstiger weg. Vorgestern fragte mich die diensthabende Schwester, warum ich nicht mitgegessen hätte. Ich erwiderte so neutral wie möglich, das hätte ich schon um die Ecke getan.

Den Arzt, der meine Beinwunde behandelt, habe ich gefragt, ob ich vielleicht einen Termin bei einem Psychologen oder Psychiater machen könnte. Der Arzt sah mich eigenartig an, erschien sogar etwas erschrocken, obwohl er doch durch die Krankenhausakten über meine Geschichte unterrichtet sein müsste. Auf seine Gegenfrage, ob ich denn noch immer nicht darüber hinweg sei, wagte ich kaum einzugehen. Zuletzt sagte ich unschlüssig: »Na ja, darüber hinweg bin ich schon, natürlich, aber trotzdem – ich weiß nicht, vielleicht würde es nicht schaden, wenn ich noch mal über gewisse Dinge sprechen könnte.«

Ich hatte die Absicht, eine ernsthafte Arzt-Patienten-Beziehung aufzubauen, was jedoch sogleich zunichtegemacht wurde, als ich den Psychiater einige Tage später zufällig zu einem Arztkollegen sagen hörte: »Aber nein! Viktor kann ganz normal mit Messer und Gabel essen, darin sehe ich keine Gefahr.« Wenn selbst das noch in Frage gestellt wurde, dann hatte man hier bitter wenig von mir verstanden.

Hotel

Ich bin gut eine Woche in der Klinik und habe beschlossen, das nächste Wochenende woanders zu verbringen. In der Klinik erinnern mich der Verkehr auf dem Overtoom und die Jogger im Vondelpark fortwährend daran, wie ich durch Amsterdams Straßen geradelt bin, wie ich in der Straßenbahn saß oder im Park meine Runden lief. Ich will damit nicht jeden Tag konfrontiert werden. Und zu guter Letzt will ich am liebsten irgendwo sein, wo niemand weiß, was mir passiert ist. Ich habe mir ein gutes Hotel ausgesucht, mit barrierefreien Zimmern für Rollstuhlfahrer und mit Internetanschluss. Es ist merkwürdig, nach so langer Zeit wieder unterwegs zu sein, und das erstmals allein in einem Taxi, auch wenn die Fahrt weniger als zehn Minuten dauert. Kein speziell ausgestatteter Kleinbus, keine Begleitung und als Gepäck nicht mehr als ein kleiner Rucksack für zwei Übernachtungen.

Als ich an diesem Freitagnachmittag einchecke, weiß ich nicht recht, wie ich auf die Freundlichkeit der Empfangsdame reagieren soll. Natürlich erkenne ich ihre professionelle Haltung – es ist nicht das erste Mal, dass ich damit in Berührung komme –, und doch fühlt es sich anders an. Mir fällt auf, wie normal sich alle mir gegenüber verhalten, als wäre ich ein ganz normaler Mensch auf zwei Beinen. Das Unterschreiben des Anmeldeformulars stellt ein kleines Problem dar. Ich muss es dazu erst auf den Schoß nehmen, denn der Empfangstresen ist zu hoch für mich. Ich erlebe es als eine kleine Demütigung und komme mir vor wie ein Verlierer; jemand, der armselig in seinem Rollstuhl sitzt und ständig zu der Welt um ihn her aufschauen muss. Und obwohl das Wort Angst nicht beschreibt, was in mir vorgeht, hat das Gefühl doch viel Ähnlichkeit damit. Alle um mich herum scheinen ihrer selbst so sicher zu sein; eine Sicherheit, die ich insbesondere in meiner Arbeit vor mir hertrug, die ich aber wohl endgültig verloren habe.

Ich habe zwar einigen Leuten gesagt, dass ich dieses Wochenende in einem Hotel wohne, aber niemanden gebeten vorbeizukommen. An diesem Abend will ich allein sein. Trotz der vielen Reisen und Hotelübernachtungen während meiner *walking years* ist es, als sei ich das erste Mal allein unterwegs, und ich will die Zeit haben herauszufinden, wie das geht. Ich will entdecken, was es bedeutet, auf mich allein gestellt im Rollstuhl unterwegs zu sein. Natürlich bin ich auf Widrigkeiten gefasst. Vielleicht wird sich zeigen, dass ich beispielsweise gar nicht auf die Toilette komme oder mit meinem Rollstuhl im Türrahmen steckenbleibe. Ich fühle mich ein wenig wie ein Fremder in einer neuen und zugleich doch auch bekannten Welt. Durch das breite Fenster kann ich einen großen Teil der Stadt sehen. Von der neunten Etage aus ist der Ausblick beeindruckend.

Abends sehe ich vom Bett aus fern, und nach dem Ende der Spätnachrichten ist es kurz nach Mitternacht. Ich fahre über den dicken Teppich zur Minibar, die sich unterhalb des Fernsehers befindet. Wegen des weichen Teppichbodens kostet es mich Mühe, die Räder in Bewegung zu setzen. Die Erinnerung an Füße auf einem flauschigen Teppich bringt mich fast dazu, einen Whisky zu nehmen, doch ich weiß mich zu beherrschen. Ich überlege, dass ich vorher nach unten will, zu dem Computer, der dort steht, um zu mailen und im Internet zu surfen. Früher am Abend habe ich Thijs eine E-Mail geschickt, und jetzt bin ich gespannt, ob er schon reagiert hat. Aus New York habe ich auch noch nichts gehört. Die letzte Mail, die Brian geschickt hat, datiert von Ende November, und auf meine neueren Mails habe ich noch keine Antwort erhalten.

Es ist still in der Lobby, wahrscheinlich weil es alle Touristen am Freitagabend in die Stadt zieht. Ich fühle mich mit einem Mal ganz schön allein, ja sogar einsam hier in dieser großen Halle, mehr noch als in meinem Hotelzimmer. Es gibt keine neuen Nachrichten. Thijs ist wahrscheinlich zu seinem Musikabend, wie meistens am Wochenende. Warum Brian noch immer nicht geschrieben hat, bleibt mir ein Rätsel. Ich schließe das E-Mail-Programm und werfe einen Blick auf die Bildschirmuhr. Es ist Viertel vor eins, und ich bin hellwach. Ich schaue mich ein wenig um. Hinter dem Empfang stehen zwei junge Frauen, beide Mitte zwanzig. Während ich sie beobachte, fängt eine von ihnen ungewollt meinen Blick auf. Ich nicke kurz und lächele. Sie erwidert mein Lächeln und winkt sogar kurz. Ich spüre, wie ich rot werde, drehe mich um, wieder dem Bildschirm zu, und klicke den Internetbrowser an. Ich schaue mir die Wettervorhersage für dieses Wochenende an und frage mich, ob ich trotz der vorgerückten Stunde noch jemanden anrufen kann. Aber was soll ich sagen? Und warum der Anruf? Was habe ich zu erzählen? Oder will ich einfach nur sagen, dass ich in einem Hotel bin und nichts zu tun habe und mich zum ersten Mal, seit ich im Krankenhaus aufgewacht bin, wirklich allein fühle?

Vielleicht rührt mein Gefühl des Alleinseins ja daher: Wochenlang habe ich immer nur Menschen um mich herum gehabt. Nur die erste Zeit im Krankenhaus lag ich in einem Einzelzimmer, danach habe ich keine Nacht mehr allein geschlafen, und plötzlich bin ich zurück in der Welt, aus der ich komme. Ich muss fast lachen über die reichlich absurde Situation, in der ich mich befinde. Hätte ich mir bloß ein Buch mitgenommen, ich habe doch so viele geschenkt bekommen! Der Kiosk im Hotel hat schon zu.

Eine Stimme hinter mir lässt mich zusammenzucken.

»Möchten Sie noch etwas trinken, bevor die Bar schließt?«

Ich schaue hoch und komme mir vor wie ertappt. Neben

mir steht der junge Mann, der in der Hotelbar arbeitet. Er sagt mir, die Bar habe bis ein Uhr geöffnet.

»Könnte ich einen Whisky bekommen und ein Kännchen grünen Tee?«

Der Barkeeper runzelt die Stirn, als er die Bestellung notiert. Er heißt Carlos, sehe ich auf seinem Namensschild.

»Einen Whisky und ein Kännchen grünen Tee«, wiederholt Carlos. »Aber doch wohl getrennt serviert, nehme ich an?«

Ich schaue ihn an.

»Oder soll der Whisky in den Tee?«

Ich lache und sage, dass ich den Whisky und den Tee tatsächlich lieber getrennt trinke. Carlos verstaut seinen Bestellblock wieder in der Brusttasche seines Hemdes. Danach räumt er zwei leere Longdrink-Gläser von dem Tisch neben mir.

»Ich habe schon alle möglichen Cocktails gemacht, also falls Sie Tee mit Whisky gewollt hätten …« Carlos lächelt, dreht sich um und entfernt sich. Vielleicht findet er die Kombination von Whisky und grünen Tee merkwürdig, aber für mich ist der Whisky eher eine Beigabe zu dem Tee und nicht umgekehrt. Ich habe aus Notwendigkeit zu trinken angefangen, um den körperlichen und geistigen Unbilden die Stirn zu bieten.

Ich schaue Carlos hinterher, und plötzlich wird mir klar, dass ich tatsächlich in einem Hotel hinter dem Computer sitze und soeben eine Bestellung aufgegeben habe. Das mag die normalste Sache der Welt sein, aber diese erste Bestellung nach meinem Selbstmordversuch ist für mich denkwürdiger als jede andere zuvor.

Während ich auf den Tee und den Whisky warte, gebe ich als Suchwort »Phantomschmerzen« ein, in der Hoffnung, ein anderes Mittel zu finden, die Schmerzen zu bekämpfen, als das Morphium, das ich bisher dagegen bekommen habe. Obwohl ich mich mit der Einnahme von Schmerzmitteln nicht schwertue, weiß ich, dass der Augenblick kommen wird, an dem ich eine Entscheidung treffen muss. Wahrscheinlich tritt eine Gewöhnung ein, die mich zwingen wird, immer mehr davon zu nehmen. Ich kann versuchen, eine Alternative zu finden, damit ich meine verbleibenden Tage ein wenig mehr Energie empfinden kann, denn die Schmerzmittel machen mich doch sehr müde. Zum Glück brauche ich diese Entscheidung nicht gleich zu treffen, ich habe genügend Zeit. Ich bin Anfang dreißig und habe mein Leben vollkommen clean gelebt. Ein paar Monate dieser »harten Drogen« mehr oder weniger werden mir nicht schaden.

Carlos kommt mit dem Whisky und dem Kännchen Tee. Ich lächele, weil er mir deutlich mehr als nur die Standardmenge Whisky eingeschenkt hat. Ich danke ihm, und während er zur Bar zurückgeht, setze ich meine Internetsuche fort. Viele Alternativen zur Eindämmung von Phantomschmerzen gibt es nicht. In den schlechtesten Momenten kann ich kaum mehr stillsitzen, so kräftig durchzucken mich die »Stromstöße« in den Beinen, dass es mir fast den Atem verschlägt. Der Schmerz ist in meinem rechten Beinstumpf, dem kürzeren, schlimmer. Je kürzer der Beinstumpf, desto stärker die Schmerzen, hat mir der Arzt im Krankenhaus gesagt.

Ein heißes Bad scheint zu helfen, aber auch das Bewegen der Phantomgliedmaßen, lese ich. Es gibt eine lange Liste von Heilkräutern, von denen ich mir übrigens wenig erwarte. Ich habe gemerkt, dass Massage gut funktioniert. Beim Drücken auf die Stellen, von denen der Schmerz herzukommen scheint, und beim Massieren meiner restlichen Oberschenkel verringern sich die Schmerzen beträchtlich. Die Erleichterung endet jedoch sofort, wenn die Massage aufhört.

Ich ziehe ein dunkelbraunes Fläschchen Valoron aus der Hosentasche, auf dessen Etikett mein Name und die vorgeschriebene Dosis von viermal täglich zwanzig Tropfen vermerkt sind. Vorsichtig schraube ich die weiße Verschlusskappe ab, halte das Fläschchen umgedreht über das Whiskyglas. Der Inhalt kommt langsam und kontrolliert heraus, Tropfen für Tropfen. Ich zähle leise mit und halte die Flasche nach genau zwanzig wieder aufrecht. Ich sehe, wie sich die Flüssigkeit mit dem Whisky vermischt. Einen Moment lang zweifle ich, aber dann halte ich die Flasche nochmals über das Glas. Ich zähle zehn Tropfen und drehe sie dann schnell wieder aufrecht. Ich schraube den Verschluss zu und stecke die Flasche zurück in meine Hosentasche.

Jeden Schluck Whisky spüle ich mit heißem Tee weg und spüre, wie der warme, betäubende Mix meinen Körper flutet.

Nach einigen Schlucken wende ich meine Aufmerksamkeit dem Computer zu und beschließe, die mir vertraute Newsgroup anzuklicken. Seit ich im Krankenhaus zu mir gekommen bin, habe ich nicht mehr daran gedacht, einen neuen Diskussions*thread* in alt.suicide.holiday zu eröffnen. Aber kürzlich kam mir die Idee, mich auf die Suche nach einer tödlichen Medikamentendosis zu machen, und jetzt scheint die Zeit gekommen, meinen Klubgenossen von dem zu berichten, was mir widerfahren ist. Etwa drei Jahre lang habe ich zu einer kleinen Gruppe regelmäßiger *Poster* oder Schreiber gehört, und so finde ich es nur allzu normal, dass ich ihnen von meinem fehlgeschlagenen Selbstmordversuch berichte. Das soll der Titel werden: »Selbstmord fehlgeschlagen«. Ich öffne das Textfenster, und nach einem Schluck von dem Mix aus Whisky und Valoron fange ich an zu schreiben.

Selbstmord fehlgeschlagen

Vielleicht erinnern sich manche von Euch noch an mich: Vor einigen Monaten habe ich hier regelmäßig von meinem Entschluss erzählt, Selbstmord zu begehen. Nun, ich habe es getan. Das heißt, ich habe mich vor den Zug geworfen, und jetzt sitze ich im

Rollstuhl, weil es (natürlich) fehlgeschlagen ist. Meine beiden Beine sind ab, der Zug ist drübergefahren, und ich vergehe vor Schmerzen, aber eins hat sich nicht geändert: Ich will immer noch tot sein. Jetzt mehr denn je. Ich will raus aus diesem Mist hier, weg aus diesem Elend und vor allem: weg von den Schmerzen. Mich als Rollstuhlfahrer vor den Zug zu werfen halte ich für keine gute Idee, und im Krankenhaus aufwachen will ich auch nicht mehr. Ich bin also auf der Suche nach Substanzen, die mir helfen können, und bin bereit, dafür zu bezahlen. Ich hoffe, Ihr nehmt meinen Aufruf ernst. Danke! Julian

Ich klicke auf Senden, und das Fenster der Newsgroup schließt sich. Ich lasse mir noch einmal durch den Kopf gehen, wozu ich mich gerade entschlossen habe: Hier, in diesem Hotel, werde ich meine Überdosis an Medikamenten nehmen, sobald ich sie habe. Hier werde ich in einem Sarg abgeholt werden. *Hier.* Ich drehe mich um, und in dem Augenblick verabschiedet sich eine der Frauen vom Empfang von ihrer Kollegin. Sie wendet sich auch noch mal kurz zu mir, und unsere Blicke treffen sich. Quasi zum Gruß hebe ich das Glas Whisky in die Höhe. Sie lächelt mir zu.

»Noch einen angenehmen Abend!«, ruft sie.

»Gleichfalls«, rufe ich zurück. Ich schließe die Augen und trinke den Rest des Whiskygemischs in einem Zug aus. Zum letzten Mal checke ich meine Mails und entdecke eine Nachricht von Thijs. Ich freue mich, dass er zurückgeschrieben hat, aber das positive Gefühl schwindet schnell, als sich herausstellt, dass es nur die kurze Mitteilung ist, er habe wenig Zeit und werde mir später am Wochenende ausführlicher schreiben. Wie ich schon vermutet hatte, ist er auf einem Konzert seiner Band gewesen. Der letzte Satz seiner Nachricht wundert mich etwas, aber nach mehrmaligem Lesen glaube ich, seine Worte richtig zu verstehen: »Viktor, ich muss dir ehrlich sagen, dass ich nicht weiß, ob ich mich für dich freuen soll, dass du noch da bist, oder nicht.«

Ich schließe meine Mail und fahre mit dem Aufzug nach oben. Ehe ich mich schlafen legen kann, muss ich noch mein Abendritual vollziehen und die Wunde an meinem linken Beinstumpf versorgen. Diese offene Stelle will einfach nicht zuheilen. Bisher haben sich die Schwestern und Pfleger darum gekümmert, heute Abend werde ich es zum ersten Mal ganz allein tun müssen. Ich komme mir ziemlich ungeschickt vor, als ich im Bad im Rollstuhl sitzend mein Bein ein kleines Stück über die Kante der Sitzfläche schiebe. Jetzt kann ich das Wasser der Dusche so über meinen Beinstumpf laufen lassen, dass es sofort im Abfluss verschwindet. Als ich das Licht ausmachen will, sehe ich hinter mir die Schmutzspuren, die die Räder meines Rollstuhls auf dem Boden hinterlassen haben. Ich bin durch das Wasser gefahren, das beim Spülen meiner Wunde auf dem Boden gelandet ist. Es müsste ein Anfängerhandbuch für Invaliden geben. Ich überlege, den Fußboden mit einem Handtuch sauber zu wischen, beschließe dann aber, es nicht zu tun. Ich sitze schließlich im Rollstuhl, was kann ich dafür, wenn ich Streifen auf dem Badezimmerfußboden hinterlasse?

Bevor ich zu Bett gehe, schließe ich die Vorhänge. Auch jetzt geht es mir wieder durch den Kopf: Du bist ganz und gar auf dich allein gestellt! Aber das dazugehörige Gefühl des Stolzes bleibt aus. Oder gönne ich mir den Triumph nicht? Ich lege mich hin und ziehe die Bettdecke über mich. Es ist lange her, dass ich in einem so guten Bett gelegen habe, und ich drehe mich vorsichtig auf die Seite. Hier brauche ich kein Herausfallen zu befürchten. Die Kissen habe ich unter meinen Kopf gestapelt, und ich lausche dem leisen Summen der Klimaanlage. Mittlerweile bin ich von den Schmerzmitteln und dem Whisky reichlich betäubt, merke aber noch, dass ich mich womöglich zum ersten Mal seit Monaten einigermaßen gut fühle. Meine Zukunftspläne werden sich dadurch gewiss nicht ändern, aber jetzt, in dem Augenblick, fühle ich mich sicher. Sicher unter dieser behaglichen Bettdecke, den Kopf auf den Kissen und die Arme vor mir ausgestreckt, in einem kühlen, sauberen Zimmer. Auch wenn es nur vorübergehend ist.

Bekanntes Terrain

Als ich die Augen öffne, ist es schon kurz vor ein Uhr mittags. Viel zu spät, um noch zu frühstücken. Selbst die Möglichkeit, mir ein Frühstück aufs Zimmer bringen zu lassen, habe ich verschlafen. Und an einen warmen Lunch, wie er jetzt serviert wird, darf ich gar nicht denken. Ich drehe mich nochmals um, kann aber nicht wieder einschlafen. Ich fühle, wie die Schmerzen in meinen Beinen langsam anfangen und sich immer weiter steigern. Ich überlege, den ganzen Tag im Bett zu bleiben, vielleicht auch das ganze Wochenende. Ich habe mich mit niemandem verabredet, und so hindert mich nichts daran, es einfach zu tun. Aber eigentlich will ich etwas unternehmen. Soll ich mir unten Kaffee und ein Stück Kuchen besorgen? Vielleicht sind sie bereit, mir eine Schale Joghurt oder einen Apfel zu bringen. In dem kleinen Laden kann ich mir eine Zeitung oder Zeitschrift kaufen, aber damit werde ich sicher nicht den ganzen Tag totschlagen können. Ich könnte wieder meine E-Mails checken und noch etwas ins Internet gehen, aber auch danach steht mir nicht wirklich der Sinn. Oder … ich könnte in der Stadt frühstücken. Ich kenne einen Ort, wo man am Wochenende bis vier Uhr nachmittags ein Frühstück bekommt. Ich bin da schon mal mit einem Freund gewesen und auch öfter allein. Es gibt dort keine Treppen, der Laden ist großzügig angelegt. Ja, dort werde ich frühstücken.

Beim Duschen benutze ich den Klappsitz. Es ist erstaunlich einfach, allein im Bad zurechtzukommen, stelle ich fest. Nachdem ich mich angezogen habe, fahre ich hinunter. Dem Hotelportier mache ich klar, dass ich kein Behindertentaxi brauche, sondern mich einfach vorn neben den Fahrer setzen kann, weil der Rollstuhl in den Kofferraum passt. Anschließend darf ich Zeuge sein, wie der Portier genau das wiederum dem Taxifahrer erklärt, der anschließend vorgefahren kommt. Der Fahrer nickt, als er auf mich zukommt. Ich grüße den kräftigen, irgendwie vierschrötigen Mann mit breitem Kinn und kahlrasiertem Kopf. Offenbar ist es ungewohnt für ihn, wie ich mich aus dem Rollstuhl auf den Beifahrerstuhl setze und dann den Rollstuhl zusammenklappe.

»Gut«, sagt er, als er den Rollstuhl nimmt und hinten im Kofferraum verstaut. Ehe er einsteigt, fragt er den Portier, wohin ich will. Glaubt er, ich sei zu behindert, das selbst zu beantworten? Der Taxifahrer steigt ein, und ich sage: »Ich habe zwar keine Beine mehr, aber sprechen kann ich noch.« Ich überlege, ihm zu erzählen, dass ich in der Stadt gewohnt habe und offiziell immer noch dort wohne, aber nicht mehr in meine Wohnung kann, entscheide mich jedoch, den Mund zu halten. Wir fahren los, und ich bitte ihn, das Radio einzuschalten. Er tut es wortlos und wieder ohne mich anzuschauen. Ich blicke aus dem Fenster und spiele kurz mit dem Gedanken, das Taxi einen Schlenker durch die Straße machen zu lassen, in der meine Wohnung liegt. Aber obwohl es nur ein kleiner Umweg wäre und kaum Fahrzeit beanspruchte, kann ich nicht einschätzen, wie sich das auf mein Gefühlsleben auswirken würde. Dieser kleine Ausflug ist emotional schon schwer genug.

Nach knapp zehn Minuten schaut der Taxifahrer einige Male seitwärts auf meine Beine. Dann fragt er: »Sag, warum haste deine Prothesen nicht angezogen?«

Er spricht mit einem unverfälschten Amsterdamer Zungenschlag, und dadurch klingt seine Frage eher komisch als schockierend, obwohl ich doch überrascht bin. Ich antworte wahrheitsgemäß.

»Weil ich keine habe.«

»Wieso das denn nicht?«

Er schaut mich nicht an, sondern hält den Blick starr auf die Straße gerichtet. Ich frage mich, warum er den direkten

Augenkontakt vermeidet. So stark ist der Verkehr nämlich nicht. So robust wie der Mann wirkt – mit seiner Statur könnte er auch Rausschmeißer in einem Klub oder einer Disko sein –, so merkwürdig unsicher erscheint er mir andererseits. Er wartet meine Antwort nicht ab. »Ich weiß von einem Freund einer Kollegin, der hat auch keine Beine mehr und läuft schon mehr als zwanzig Jahre mit Prothesen rum.« Dann schaut er mich doch noch kurz an und erzählt weiter von diesem Freund, der dick sei und saufe »wie ein Loch«, dafür aber »wie ein Kiebitz« zu laufen scheine.

»Also ich meine: Du bist jung, du bist sportlich, denke ich, also solltest du das auch können.«

Ich erzähle ihm, dass noch Prothesen für mich angefertigt werden sollen, wenn ich die Physiotherapeutin richtig verstanden hätte. Aber dass es noch zu früh sei, weil ich meine Beine erst kürzlich verloren habe. Es dauere ungefähr ein halbes Jahr, hätten mir die Ärzte erklärt, ehe die Beinstümpfe ihre endgültige Form hätten – sie würden kleiner und schmaler, was mit einem Flüssigkeitsverlust zusammenhänge. Um zu verhindern, dass eine Prothese schon bald nicht mehr passe, sei es besser, diese Wartezeit einzuhalten.

»Außerdem habe ich keine eigenen Knie mehr, und man sagte mir, dass es dann sehr schwierig wird, mit Prothesen zu gehen«, erläutere ich ihm.

Gerda hat gesagt, Prothesen seien bei mir möglich, aber in der Praxis würde es darauf hinauslaufen, dass ich damit lediglich einige wenige Schritte machen könnte, vorzugshalber in einer sicheren Umgebung wie zu Hause und nicht ohne zwei Krücken als zusätzliche Stütze. Um längere Zeit stabil auf zwei Prothesen gehen zu können, sei zumindest ein funktionierendes Kniegelenk als Voraussetzung eigentlich unerlässlich. Mit zwei Oberschenkelprothesen, wie in meinem Fall, würde es sehr schwer, das Gleichgewicht zu halten.

Der Taxifahrer nickt und fragt: »Es ist also gerade erst passiert?«

»Ja, vor gut zwei Monaten.«

In dem Augenblick merke ich, dass ich längst nicht mehr die Tage zähle. Jetzt muss ich sogar kurz nachdenken, wie lange genau es schon her ist.

»Was ist passiert?«

»Ich hatte einen Unfall«, sage ich in neutralem Ton. Ich mache eine Pause und blicke vor mich, starre auf die Autos, die Leute und die Häuser in der Straße, die ich gut kenne. Einen Moment lang überlege ich, dem Fahrer meine wahre Geschichte zu erzählen. Seine direkte Art zu fragen und zu reden verführen mich dazu, aber letzten Endes entscheide ich mich doch für die leichter zu verdauende Ausflucht.

»Ich wurde überfahren.«

Das ist nicht wirklich gelogen; der Zug ist wirklich über mich hinweggerollt.

»Und, ham'se ihn gekriegt?«, fragt der Fahrer.

Ich spüre langsam, aber sicher die ersten Schweißperlen auf der Stirn; es ist die altbekannte Angst. Ich fühle mich gar nicht mehr wohl und hoffe, dass wir bald da sind. Dann antworte ich: »Ja, zum Glück schon. Aber um das alles kümmert sich mein Vater. Ich will damit nichts zu tun haben.«

Ich hoffe, dass ihm das reicht und dass nicht noch mehr Fragen kommen.

»Die fahren wie die Idioten«, sagt der Fahrer kopfschüttelnd.

Auf diese simple Taxifahrt hatte ich mich so gut wie möglich vorbereitet. Dass ich die Straßen und Gassen sehen würde, durch die ich so oft geradelt oder gegangen war, hatte ich gewusst. Ebenso, dass ich eventuell sogar das Haus sehen würde, in dem sich meine Wohnung befand, in der alle meine Sachen noch so dastanden, als ob ich sie jeden Moment wieder betreten könnte. Aber mit den Fragen des Taxifahrers hatte ich nicht gerechnet. Zum Glück erreichen wir nach wenigen Minuten endlich das Restaurant.

»Ich hoffe, der wird bluten, Junge, für das, was er dir angetan hat«, sagt der Fahrer, während er die Handbremse anzieht. Danach öffnet er die Tür und steigt aus, ohne meine Reaktion abzuwarten, um meinen Rollstuhl zu holen. Ich sage nichts, sondern fühle mich dermaßen schlecht, dass ich überlege, sofort ins Hotel zurückzukehren. Aber wenn ich mit diesem Taxi zurückfahren müsste, würde das nur noch mehr Fragen bedeuten. Ich sollte besser erst aussteigen und warten, bis das Taxi außer Sichtweite ist. Ich schließe kurz die Augen und versuche, mein Gleichgewicht wiederzufinden. In dem Moment öffnet der Fahrer die Tür an meiner Seite, und der Straßenlärm dringt zu mir herein. Das unterbricht meine negativen Gedanken schlagartig, und ich muss sogar kurz lachen, weil der Taxifahrer den Rollstuhl etwas ungeschickt auseinanderzieht. Aber er schafft es und stellt den Stuhl mit einer gespielt galanten Geste neben der Autotür auf den Gehweg.

»Bitte auszusteigen, der Herr!«

Sein Humor lässt mich nicht unberührt, und die Angst ebbt sofort ab. Die frische Luft tut ein Übriges; ein kühler Wind weht mir ins Gesicht und vertreibt auch die letzte Angst. Als ich mich umblicke, wird mir klar: Ich bin wieder da, wo ich herkomme. Die Straßen, die Radler, die Straßenbahn, die Autos, die Passanten. Es ist eine Tatsache: Ich bin wieder da. Nachdem ich bezahlt habe, hält mir der Taxifahrer die Hand hin. Ich spüre einen kräftigen Händedruck.

»Sieh zu, Mann, dass du ein phantastisches Leben hast!«

Überrascht von seinen Worten, kann ich bloß »vielen Dank« sagen, aber ich weiß nicht, ob er das noch mitbekommt, denn er geht schon wieder um sein Taxi herum und steigt ein. Danach legt er einen Kavalierstart hin und ist fort. Ich ziehe den Reißverschluss meiner Jacke zu und drehe den

Rollstuhl vorsichtig, weil einige Gehwegplatten locker sind. Am Eingang des Restaurants gibt es eine Schwelle, an die ich mich zwar erinnere, die aber in meiner Erinnerung niedriger war. Ich betrachte sie und versuche einzuschätzen, wie ich sie überwinden könnte, etwa indem ich den Rollstuhl etwas nach hinten kippe. Dabei muss ich natürlich achtgeben, nicht hinterrücks umzufallen. Ich beschließe, es zu versuchen, doch im selben Moment fragt mich eine Passantin, ob sie mir helfen könne. Ich blicke in das freundliche Gesicht einer jungen Frau.

»Ich denke, das wäre ganz praktisch …«

Sie stellt ihre Einkaufstasche ab. »Wenn ich mich hinter Sie stelle und Sie sich kurz festhalten, kommen wir leicht drüber hinweg, denke ich.«

»Ich muss gestehen, ich sitze erst seit kurzem im Rollstuhl und weiß ehrlich gesagt überhaupt nicht, was am praktischsten ist.«

Unversehens hat die Frau meinen Rollstuhl etwas nach hinten abgekippt und zieht mich so rückwärts über die Schwelle. Dann stellt sie mich wieder gerade hin. Ich freue mich über ihre spontane Hilfe und schüttele ihr die Hand.

»Ach, keine Ursache«, meint sie lachend. »Gern geschehen!«

Sie nimmt ihre Einkaufstasche und geht weiter. Ich hole tief Luft und mache meine ersten Schritte in die neue Welt, indem ich in das Restaurant rolle.

Illegal

Außer einem Kännchen Grüntee, einer Tasse mit Untertasse und einem Glas Whisky stellt Carlos jetzt auch eine Schale mit Nüssen und Oliven vor mir auf den Computertisch.

»Gestern habe ich aber keine Snacks dazu bekommen!«, bemerke ich lachend.

»Gestern war gestern, und heute ist ein neuer Tag«, erwidert er mit einem Lächeln, ehe er sich umdreht und wieder entfernt. Ich kann nicht anders, als ihm recht zu geben, heute ist ein neuer Tag. Ich schenke mir erst eine Tasse Tee ein, bevor ich an meiner E-Mail für Thijs weiterschreibe. Ich erzähle ihm von meinem Frühstücksabenteuer: dem Fahrer, der Taxifahrt und der netten Frau, die mir beim Hineinkommen geholfen hat. Alle laufen natürlich über vor Mitleid und helfen augenblicklich, schreibe ich, füge dem aber gleich drei Smileys hinzu. Was ich nicht erzähle, ist, dass es letztlich doch wieder schiefgegangen ist. Nur wenige Minuten nachdem ich im Restaurant etwas bestellt hatte, ging ich abermals buchstäblich baden. Mir brach der kalte Schweiß aus, und ich konnte nicht anders, als ohne Frühstück zurück ins Hotel zu fahren.

Ich sende die Nachricht ab, und im selben Moment kommt eine E-Mail herein. Sofort denke ich an Brian. Aber es ist eine Reaktion auf meine gestrige Bitte. Mir schlägt das Herz bis zum Hals. Ein guter Grund, den Rest des Whiskys in einem Zug auszutrinken. Der Schluck ist sehr groß, und ich halte den Atem an, als die Flüssigkeit meine Speiseröhre abfackelt. Danach klicke ich mit zittriger Hand auf »Nachricht lesen«.

»Hallo – habe deinen Aufruf gelesen – weiß nicht, ob es ernst gemeint ist – was willst du haben? – Tschüs! – Kees.«

Die Worte »weiß nicht, ob es ernst gemeint ist« veranlassen mich, sofort auf »Antworten« zu klicken und unverzüglich eine Erwiderung zu schreiben.

»Hallo Kees, danke für Deine Reaktion! Es ist mir sehr ernst damit: Ich sitze jetzt im Rollstuhl, nachdem ich mich letztes Jahr vor den Zug geworfen habe. Ich wollte sterben, und jetzt habe ich keine Beine mehr, dafür aber für den Rest meines Lebens chronische Schmerzen, gefesselt an einen Rollstuhl. Ich will hier raus! Ich kann ungefähr 3000 Gulden erübrigen. Gib mir Bescheid, ob Du etwas für mich tun kannst. Diskretion ist selbstverständlich und garantiert! Danke! Julian«

Obwohl es mir schwerfällt, mich zu konzentrieren, lese ich den Text noch mindestens drei Mal durch, ehe ich auf »Senden« klicke. Mein Herz schlägt wieder einigermaßen normal, als mich eine Ruhe überfällt, wie ich sie nie zuvor verspürt habe. Kommt das vom Alkohol und vom Valoron? Nein, es ist eine Ruhe anderer Art: Es ist so weit, ich habe gefunden, wonach ich die ganze Zeit gesucht habe!

Sollte es mit diesem Kees nichts werden, egal, es werden sich gewiss noch andere melden. Aber warum sollte Kees, der wahrscheinlich nicht Kees heißt, es nicht sein? Natürlich verstehe ich, dass er vorsichtig sein muss, denn ich bitte hier um etwas absolut Illegales! Natürlich kann er nicht auf der Stelle sagen: Gib mir deine Adresse, und ich stehe morgen bei dir vor der Tür. Es ist vollkommen logisch, dass so etwas Zeit braucht, aber sehr lange wird es bestimmt nicht dauern.

Das Gefühl der Ruhe geht mit einer euphorischen Stimmung einher. Das muss gefeiert werden! Ich lege meine Hände auf die Stuhllehne, stütze mich ab und drücke mich erst hoch und dann etwas seitwärts. So kann ich an dem Computer neben mir vorbeischauen und gerade so die Bar sehen.

Carlos kommt mit einem leeren Tablett in der Hand in meine Richtung. Ich rufe leise seinen Namen. Ich will meine Stimme nicht zu sehr erheben, obwohl ich es am liebsten von den Dächern schreien würde.

Carlos hat mich gehört und schaut herüber.

»Haben Sie noch einen Whisky für mich?«

Auf Bestellung

Das Wochenende darauf verbringe ich wieder in dem Hotel. Seit ich Kees kennengelernt habe, online jedenfalls, weiß ich, dass alles nicht mehr lange dauern wird. Das Gefühl von Ruhe und Gelassenheit infolge dieses Wissens ist geblieben, selbst an den Tagen, an denen ich keine Mail von ihm erhalten habe.

Mit meinem früheren Kollegen Marc bin ich diesmal in einem Restaurant irgendwo im Zentrum verabredet. Aber es ist kein Erfolg, denn bald kommen mir wieder die Schweißperlen. Marc ist verständnisvoll, aber für mich ist alles verdorben. Ich trinke nacheinander zwei Gläser Rotwein in der Hoffnung, die schnelle Alkoholaufnahme könnte mir so etwas wie Ruhe bringen. Dadurch verbringe ich den restlichen Abend leicht berauscht.

Ich fahre mit dem Taxi zurück zum Hotel. In meinem Zimmer angekommen, werfe ich meine Jacke auf das aufgeschlagene Bett und ziehe mein Oberhemd aus. Dann schiebe ich die Vorhänge beiseite, um den Ausblick auf die nächtliche Stadt zu haben. Ich nehme mir eine Dose Bier aus der Minibar und schalte meinen Laptop ein, den ich diesmal aus dem Reha-Zentrum mitgebracht habe. Knappe zehn Minuten später habe ich die Telefonnummer von einer bekannten Callboy-Vermittlung gefunden und wähle sie, ohne nachzudenken. Ich nehme einen Schluck von dem kalten Bier. Das Telefon zwischen Kopf und Schulter geklemmt, warte ich darauf, dass abgehoben wird. Dann ertönt eine Stimme am anderen Ende der Leitung. Ich nenne meinen Namen und sage, weswegen ich anrufe. Ich erzähle, dass ich erst vor kurzem nach einem Motorradunfall, bei dem ich beide Beine verloren habe, aus dem Krankenhaus entlassen worden sei. Ich wolle jemanden, der mir den Rücken massiert, damit ich mich entspannen kann. Das und nichts mehr, füge ich hinzu. Der Mann sagt, er werde mich zurückrufen. Kaum eine Minute später klingelt das Telefon. Der Mann von der Callboy-Vermittlung sagt, er denke an zwei Mitarbeiter, die er jetzt anrufen werde. Das könne so etwa zwanzig Minuten dauern. Ich erwidere, ich habe keine Eile.

Als ich mir während des Wartens die Zähne putze, sehe ich im Spiegel, dass ich schon mal besser ausgesehen habe. Aber ich verstehe, dass ich nun wirklich nicht verlangen kann, jetzt perfekt auszusehen. Mein Körper wurde nicht nur mit sehr vielen Schmerzmitteln und sonstigen Medikamenten vollgepumpt, sondern ich habe auch eine ziemlich schwere Operation hinter mir. Außerdem ist mein Leben gerade vollkommen in der Hand von Fremden, während es mich in eine Art Niemandsland verschlagen hat: Ich bin nicht tot, sondern lebe, obwohl ich nicht weiß, warum. Was tust du da, Viktor? Was um Himmels willen tust du da?, flüstere ich meinem Spiegelbild zu.

In dem Moment klingelt wieder das Telefon. Ich fahre hin und gehe ran. Es ist die Callboy-Vermittlung.

»Gut, ich hatte jemanden im Auge, der mir sehr geeignet erschien, aber der hat Probleme damit, dass Sie keine Beine haben. Ich hoffe, Sie verübeln es mir nicht, dass ich Ihnen das so direkt sage. Aber«, fährt er fort, »ich habe jemand anderen für Sie gefunden, für den das kein Problem ist. Sein Name ist Dennis, und er ist sehr, sehr sympathisch.«

Eine Stunde später klopft es an der Tür. Ich seufze tief und reiße mit einem Schwung die schwere Zimmertür auf. Ich schaue in das angenehme Gesicht eines jungen Kerls mit blonden Locken, freundlichen Augen und einem breiten Grinsen, der mit einem Rucksack über der Schulter vor der Tür steht. Den Reißverschluss seiner Jacke hat er schon geöffnet. Er streckt mir seine Hand hin und sagt: »Hallo, du musst Viktor sein. Ich heiße Dennis.«

Ich nicke und gebe ihm die Hand.

»Ja, ich bin Viktor.« Es erschreckt mich, wie nervös meine Stimme klingt. Gleichzeitig versuche ich, nicht weiter darauf zu achten. Dennis geht an mir vorbei ins Zimmer. Ich lasse die Tür zufallen und bringe meine Hände zu den Rädern des Rollstuhls, um hinter Dennis über den dicken Teppichboden zu fahren. Er bewegt sich locker und nimmt, ohne etwas zu fragen, sogleich auf der Bettkante Platz. Ich frage ihn, ob er etwas trinken möchte.

»Eine Cola bitte.«

Aus der Minibar hole ich eine Cola und für mich selbst ein Bier. Aber als er mein Bier sieht, sagt er, so eins möge er auch, woraufhin ich die Cola zurückstelle und ihm eine Dose Bier gebe. Dennis wirkt freundlich und sieht gut aus. Ich schätze ihn wenige Jahre älter ein als mich. Ich bleibe in meinem Rollstuhl sitzen und öffne meine Bierdose. Ich halte sie zum Prosten in die Höhe.

»Danke, dass du hergekommen bist.«

Dennis hält seine Dose ebenfalls hoch. »Schon okay. Ich bereue es nicht.«

»Ich hoffe, dass es kein Problem für dich ist, wie ich jetzt dasitze.«

Ich stelle die Bierdose neben mich auf den Tisch.

»Du meinst deinen Rollstuhl?«

Genau das meine ich: meinen Rollstuhl. Aber als er es so sagt, treffen mich die Worte unerwartet hart.

»In der Tat«, antworte ich. Ich klinge beinahe feierlich und schaue hinab auf meine Beinstümpfe.

»Ach, so ist es nun mal«, sagt Dennis.

»Ich habe einen Motorradunfall gehabt, vor fast anderthalb Monaten«, lüge ich wieder und streife im selben Moment meine Hosenbeine hoch, eins nach dem andern, um ihm die Narben an meinen Stümpfen zu zeigen. Links ist der Verband um die nach wie vor nicht geheilte Wunde.

»Das hier ist eine Wunde, die erst noch abheilen muss«, erkläre ich, ohne zu wissen, was ich mit »erst noch« meine und was danach, nachdem die Wunde abgeheilt ist, geschehen soll. Ich lasse die aufgerollten Hosenbeine so, wie sie sind, und fahre zu meiner Sporttasche, in der mein Portemonnaie steckt. Ich hole es hervor und frage, ob wir das Geschäftliche sofort regeln können. Ich will durchschimmern lassen, dass ich mir bewusst bin, um was für eine Transaktion es sich zwischen uns handelt.

»Ja, das können wir, aber es hat keine Eile«, antwortet Dennis, während er seine Jacke auszieht und über den Stuhl hängt, der neben dem Bett steht.

»Doch, lass es uns gleich tun«, dränge ich ihn, »dann haben wir das hinter uns.«

»Gut«, antwortet Dennis. »Was genau möchtest du? Soll ich eine Stunde bleiben oder zwei, oder möchtest du das später entscheiden?«

Ohne weiter darüber nachzudenken, schlage ich vor, er solle die ganze Nacht bleiben.

»Und ich verlange weiter nichts. Es ist nur, weil ich dann nicht diesen Zeitdruck empfinde und ein bisschen plaudern kann. Ich meine, du kannst in der Zwischenzeit auch ein Buch lesen, das macht mir nichts aus, wenn du nur ab und zu etwas sagst, bin ich schon glücklich.« Ich lache, weil ich vermute, dass Dennis so etwas nicht oft zu hören bekommt.

Noch immer mit dem Portemonnaie in der Hand schlage ich vor, dass ich Dennis für die ganze Nacht bezahle. In dem Moment, als ich ihm das Geld gebe, ist es, als würde ich mir eine Auszeit kaufen, eine kurze, sehr übersichtliche Unterbrechung des anhaltenden Zustandes der Verwirrung, in dem ich mich befinde. Es ist, als könnte ich allein dadurch, dass ich ihm das Geld aushändige, zumindest bis zum nächsten

Morgen die Zeit anhalten. Durch den Erwerb dieser Auszeit mit Dennis habe ich zum ersten Mal seit meiner Einlieferung ins Krankenhaus für einen kurzen Moment wieder die Regie über mein Leben in den eigenen Händen. Für einen, wenn auch zeitlich begrenzten Zeitraum bin ich wieder für mich selbst verantwortlich. Die Zeit mit Dennis ist *geborgte Zeit.*

Konfrontation

Ich trinke Tee in der Betriebskantine der Klinik. Ich bin guter Stimmung, denn seit einigen Tagen habe ich eine Reaktion von Kees. Zwar war mir die Zeit seit diesem Samstagabend wie eine Ewigkeit vorgekommen, aber in dem Moment, als ich seine Mail in meinem Posteingang vorfand, verschwanden der Stress und der Ärger des Wartens wie Schnee in der Sonne, als hätte es sie nie gegeben. Wir haben vereinbart, dass er mich nächstes Wochenende im Hotel besuchen wird. Mit dem Ende in Sicht, genehmige ich mir eine frische Tasse Tee anstelle der lauwarme Plörre, die ich gratis in der Klinik bekommen kann. Außerdem habe ich mir die neueste Ausgabe der *Empire* gegönnt. Die Betriebskantine ist ein vorzüglicher Ort, wenn man ungestört lesen will.

Plötzlich steht Michiel vor meiner Nase.

»Was machst du denn hier?«, frage ich überrascht und schlage die Zeitschrift zu. Michiel trägt einen Regenanzug und ist klatschnass. Das Wasser tropft von seinem Anzug auf den Boden.

»Ach«, antwortet er, »ich dachte, ich schaue mal nach, ob du nicht wieder ein Vermögen für zu teures Essen ausgibst!« Er sagt es in dem für ihn typischen, zynisch-scherzhaften Ton, während er seine Jacke öffnet und auszieht. Dann fällt sein Blick auf die *Empire,* und er ergänzt: »Oder für viel zu teure Zeitschriften!«

Ich lächele und sage, ich wüsste seine Sorge zu schätzen. Schon in der ersten Woche meines Klinikaufenthalts habe ich ihm von der schlechten Qualität des Essens und der trübsinnigen Atmosphäre im Gemeinschaftsraum erzählt. Ich erkläre es ihm noch einmal.

»Aber Viktor«, sagt Michiel, während er an seiner Regenhose zerrt, die er umständlich über seine Schuhe hinweg auszieht, »das hier ist eine Reha-Klinik und kein Hotel! Das sind alles Steuergelder, die du da verfutterst.« Dann nimmt er Platz und hängt die tropfnassen Regensachen über die Stuhllehne neben sich. Ich verteidige mich, indem ich sage, das Essen im Krankenhaus sei wirklich sehr viel besser gewesen als hier, und es müsse doch möglich sein, dieses Niveau auch in dieser kleinen Klinik zu erreichen.

»Und was die Steuergelder angeht: Das hier bezahlt die Versicherung.«

»Ja, was das angeht, darfst du übrigens noch von Glück reden.«

Michiel erzählt mir, dass man in Japan selbst für die Kosten aufkommen muss, wenn man sich vor den Zug geworfen hat. Die Kosten für das Aufräumen und Saubermachen, die Kosten, die die Zugverspätung mit sich bringt, kurz: alle Kosten, die man der Gesellschaft gegenüber verursacht hat. Das ist mir vollkommen neu, und ich weiß nicht, wie ich darauf reagieren soll. Ich frage mich, ob es ein persönlicher Angriff ist oder bloß eine dumme Bemerkung.

»Ich muss dir gestehen«, antworte ich wahrheitsgemäß, »dass ich das nicht wusste. Und ich will nicht sagen, ich verstünde nicht, dass es schlimm ist oder war für die Leute auf dem Bahnsteig, die dabei waren. Und für alle diejenigen, die es gesehen haben, etwa den Schaffner. Aber ich konnte nicht anders …«

»Du meinst den Lokführer«, korrigiert mich Michiel knapp.

»Ja, Herr Oberlehrer«, antworte ich leicht irritiert. »Den Lokführer.« Ich werfe ihm einen mürrischen Blick zu, um klarzumachen, dass ich das nicht angenehm finde.

»Du hättest doch auch Schlaftabletten nehmen und dir eine Plastiktüte über den Kopf ziehen können«, sagt er und fügt im selben Atemzug hinzu: »Ich hole mir einen Tee, möchtest du auch?«

Ich bin perplex und weiß nicht, ob das hier ein aus dem Ruder gelaufener Scherz ist oder ein ernstes Gespräch.

»Oder lieber was anderes?«, fragt er.

Stille breitet sich aus. Ich schaue ihn an und frage mich, ob er alles, was er gesagt hat, tatsächlich so meint.

»Tee ...«, murmele ich. »Tee bitte.«

Die Psychiaterin im Krankenhaus hat mich einmal gefragt, wie ich denn die Reaktionen der Leute um mich herum empfände. Ich erzählte ihr von dem Lokführer, der keinen Kontakt mit mir wollte, nachdem ich ihm in einem kurzen Brief mitgeteilt hatte, dass es mir leidtue und dass ich ihm das nicht persönlich habe antun wollen, sondern damals nicht anders gekonnt habe. Auch erzählte ich ihr, dass ich nur wenige Reaktionen auf die Art und Weise meines Selbstmordversuchs bekommen habe. Daraufhin hatte die Psychiaterin gemeint, dass sich das später ändern könne. Wenn sich der erste Schock gelegt hätte, kämen womöglich mehr Reaktionen.

Jetzt frage ich mich, ob es vielleicht das ist, was die Psychiaterin damals meinte. Michiel, den ich als guten Freund bezeichnen würde, reagiert erst jetzt auf meinen Sprung vor den Zug und erzählt mir mal eben, in Japan hätte ich für den von mir verursachten Schaden zahlen müssen. Das ist also das »Später«, von dem die Psychiaterin sprach. Der erste Schock ist offenbar vorbei.

Michiel kommt zurück und stellt einen Tee vor mich hin. Ich überlege, ihn stehenzulassen und wegzufahren. Dann denke ich: Ach, was soll's. Der Gedanke an Kees gibt mir die Ruhe, dazubleiben.

»Was hält dich hier, wenn du sowieso nicht gesund werden willst?«

Ich lächele. Wieder so eine Frage. »Ich habe nicht viele

Wahlmöglichkeiten. Nach Hause zum Beispiel kann ich nicht zurück.«

»Ist natürlich schade um das ganze Geld, das man in deine Reha investiert.« Er betrachtet mich mit einem Grinsen um die Mundwinkel. Dieses Lächeln soll seiner Behauptung womöglich etwas von ihrer Schärfe nehmen, aber für mich fühlt es sich nicht so an. Ich spüre, wie sich eine große Enttäuschung in mir breitmacht. Ich räuspere mich einige Male, als Vorbereitung auf das, was ich jetzt sagen werde.

»Michiel, was soll ich deiner Meinung nach denn tun? Soll ich darum bitten, morgen mit zum Sperrmüll gestellt zu werden? Hätte es eine legale Möglichkeit gegeben, meinem Leben ein Ende zu setzen, dann hätte ich sie längst ergriffen, das weißt du. Ich habe sogar meine Hausärztin danach gefragt, aber die hat mich an eine Stiftung für Euthanasie weiterverwiesen, und dort heißt es, sie könnten nur Menschen helfen, deren Leiden aussichtslos sei.«

Meine Worte klingen, als wollte ich mich verteidigen, aber das will ich nicht. Ich will klarmachen, wie die Situation ist.

»Deine Hausärztin kann dir nicht helfen?«

Ich schüttele den Kopf. »Nein. Das hat sie so gesagt. Sie sagt, sie könne das nicht, weil es das Gesetz nicht zuließe.« Dass meine Hausärztin noch hinzugefügt hatte, ich hätte das alles nicht verdient, und sie hätte sich gewünscht, es wäre anders gekommen, lasse ich außen vor. Aber vergessen habe ich es nicht.

»Tja«, reagiert Michiel lakonisch, »dann musst du halt das Gesetz ändern, wenn du nicht damit einverstanden bist. Geh in die Politik!«

Ich merke, dass seine Worte mich nicht mehr so treffen wie noch vor einigen Minuten. Offenbar gelingt es mir, mich abzuschirmen. Ich weiß, Michiel meint es nicht schlecht und will mir vielleicht bloß helfen, indem er mich mit mir selbst konfrontiert. Ich kann mir bloß nicht vorstellen, dass er nicht begreift, dass der von ihm gewählte Zeitpunkt der falsche ist.

Ich beschließe, das hier als ein Ich-bin-wenigstens-ehrlich-zu-dir-Gespräch zu betrachten.

Gekleidet zum Selbstmord

Es ist kurz vor ein Uhr nachts. Ich trinke meinen Whisky aus und wünsche Carlos noch einen angenehmen Abend. Ich verschwinde diesmal früher auf mein Zimmer, denn ich will verhindern, dass ich am nächsten Morgen verschlafe und so womöglich Kees verpasse. Wenn ich jetzt keine zusätzlichen Schmerzmittel nehme, darf ich mir nach dem Gespräch mit Kees eine doppelte Portion gönnen.

In dieser Nacht kann ich nicht gut schlafen. Es wird wohl mit dem bevorstehenden Treffen zusammenhängen. Mir geht dabei ständig durch den Kopf, dass ich vielleicht nur diese eine Chance bekomme. Auf meinen Aufruf in der Newsgroup hat es nur drei weitere Reaktionen gegeben. Ein Mitglied bezeichnete mich als *Troll,* das ist ein Internetbegriff für eine Person, die sich als jemand anders ausgibt. Ihm oder ihr war es schlichtweg unmöglich, sich vorzustellen, dass jemand einen Sprung vor den Zug überlebt. Ich würde es wahrscheinlich im letzten Moment doch nicht gewollt oder gewagt haben, lautete die Schlussfolgerung.

Zuerst habe ich mich sehr darüber aufgeregt, ja sogar richtig geärgert. Als ob damit tatsächlich irgendeinem gedient wäre, habe ich sofort zurückgeschrieben und in wenigen Sätzen ausgedrückt, dass ich absolut *kein* Troll sei und sehr wohl im Rollstuhl sitze. Ich schrieb, dass ich enorme Schmerzen leide – nicht nur in den Beinen – und dass ich dem wirklich ein Ende machen wolle. Ich schrieb, dass ich nicht im letzten Moment davongerannt und auch keinesfalls nicht gesprungen sei. Nein, ich hätte mich entschieden, mich an einem Freitagnachmittag im November von einem Bahnsteig zu stürzen, und könne auch nichts dafür, es überlebt zu haben. Es seien genügend Zeugen vor Ort gewesen; Leute, die mit angesehen hatten, dass ich weder zur Seite gesprungen sei noch überhaupt nicht, und ... Ich hatte aufgehört zu schreiben, weil ich mich plötzlich fragte, was ich da tat.

Die beiden anderen Reaktionen waren Fragen in der Art von: Bist du dir auch wirklich sicher, dass du das willst? Bist du sicher, dass du sterben willst? Ich schrieb, das wolle ich in der Tat, jetzt sogar noch mehr. Dann fiel mir ein, dass dieser Nachsatz meine Argumentation möglicherweise schwächte. Schließlich war ich mir an jenem Nachmittag auf dem Bahnsteig, kurz bevor der Intercity vorbeikommen sollte, meiner Sache völlig sicher gewesen. Wie sollte ich mir jetzt auf einmal noch sicherer sein, dass ich sterben wollte? Das Eigenartige war, dass es sich tatsächlich so anfühlte. Womöglich ließ sich dieses Gefühl damit erklären, dass es wirklich keinen anderen Ausweg mehr gab, im Unterschied zu jenem Freitagnachmittag. Obgleich es mir damals, einmal auf dem Bahnsteig angekommen, unmöglich erschienen war, einen Weg zurückzufinden. Ich hatte noch nicht einmal mehr über einen solchen Weg zurück nachdenken wollen. Ich hatte in Gedanken schon so viele Wege beschritten, um den Problemen und Ängsten die Stirn zu bieten, als dass ich noch einen Ausweg gefunden hätte. Es hätte keinen Sinn gemacht, mich umzudrehen, die Treppe hinunterzugehen und wieder nach Hause zu fahren. Schließlich wollte ich auf keinen Fall zurück in die alte Situation, und eine dritte Option gab es nicht. Ein Weg zurück hätte nur einen Aufschub bedeutet. Ein Weg zurück wäre kein Ausweg gewesen.

Ich sehe es wieder scharf umrissen vor mir. Es muss so gegen drei Uhr nachmittags gewesen sein, als ich das Gefühl bekam: Jetzt ist es so weit. Es hatte sich nichts Besonderes ereignet, was mich beispielsweise in Panik versetzt hätte. Der Moment war einfach plötzlich da. Für mich war das keine Überraschung, im Gegenteil: Es war, als hätte ich darauf gewartet. In der Nacht zuvor war ich ja schon so gegen elf Uhr zum Bahnhof geradelt, um mir anzuschauen, wie es sein würde. Wie bei einer Generalprobe hatte ich die Treppe zum Bahnsteig genommen. Ganz kurz kam mir der Gedanke, es in dieser Nacht zu tun, aber aus irgendeinem Grund fühlte sich das nicht gut an. Ich hatte gewartet und mir die Züge angeschaut, die vorbeirasten.

Ich stellte mir vor, dass es wie bei einem Buch sein würde, das mit einem Schlag zugeklappt wird, oder einem Film, der während der Vorführung reißt, und das Bild verschwindet von der Leinwand. Es würde kaum eine Sekunde dazwischenliegen: na gut, eine oder zwei Sekunden höchstens, zwischen dem Moment des Sprungs und dem Schlag gegen den Zug. Und alles, was übrig bliebe, wäre dieses endgültig zugeschlagene Buch, das nie mehr geöffnet werden kann, oder die gerissene Filmspule, die sich noch am Rad des Projektors dreht, wobei das Ende des Films immer gegen den Apparat schlägt: tick … tick … tick …

In diesem Moment war auf der anderen Seite des Bahnsteigs ein Zug eingelaufen. Ein Nahverkehrszug. Ich hatte mich umgedreht und hingeschaut. Weil ich etwas weiter zum Ende des Bahnsteigs gelaufen war, um nicht bei den übrigen Wartenden zu stehen, sah ich den Lokführer dasitzen. Sehr gut konnte ich ihn nicht ausmachen, sondern ich sah gerade mal seinen Oberkörper und wie er auf den Bahnsteig schaute. Unsere Blicke trafen sich. Ich schaute ihm geradewegs in die Augen und er mir ebenfalls. In dem Moment versuchte ich, ganz stark an meinen Sprung zu denken, den ich für den Tag darauf plante, dort auf diesem Bahnsteig. Ich schaute ihn an, für mein Gefühl mit völlig ausdrucksloser Miene und in der Haltung eines wartenden Fahrgasts. Ich hatte mich gefragt, ob er sich an diesen Moment erinnern würde, sobald er von Kollegen erfuhr, dass sich tags darauf ein junger Mann vor den Zug geworfen hatte.

Ich schlage die Bettdecke zur Seite, setze mich auf die Bettkante und anschließend in den Rollstuhl. Über den dicken Teppichboden fahre ich zum Schreibtisch, ziehe die halbleere Sporttasche darunter hervor, öffne den Reißverschluss und hole eine Hose heraus. Ich suche in den Taschen nach den drei Tausendguldenscheinen. Ich halte die Banknoten einen Moment lang in der Hand und stecke sie danach in die Hosentasche zurück. Die Hose packe ich wieder in die Sporttasche, die ich anschließend wie gehabt unter dem Schreibtisch verstaue. Danach fahre ich zum Fenster und schiebe die geschlossenen Vorhänge beiseite. Die Stadt liegt unter mir. Ich sehe die Lichter und einige Autos und Busse. Vor dem dunklen Nachthimmel in der Ferne blinken die Lichter eines Flugzeugs. Das Fenster reicht vom Fußboden bis zur Decke, und wenn ich senkrecht hinabschaue, sehe ich das schwache Licht der Außenterrasse der Bar.

Ich schiebe mich weiter vor, bis auf die Kante meines Rollstuhls, so dass ich gerade nicht herausfalle und meine Beinstümpfe fast die Fensterscheibe berühren. Dann beuge ich mich ein wenig vor und stütze mich mit beiden Handinnenflächen an der Scheibe ab. Wäre das Glas hier so dünn wie in meiner Wohnung, würde ich einfach hindurchgekracht sein, vom neunten Stock senkrecht nach unten? Direkt auf den Schiffsanleger neben der Terrasse oder vielleicht auch ins Wasser? Die Vorstellung macht mir Angst und scheint einen Alarm in mir auszulösen, der mich von der Fensterscheibe zurückschrecken lässt. Ich muss weg von der Gefahr. Ich versuche, die plötzlich entstandene Angst zu rationalisieren, indem ich mir sage, ich könne niemals durch die Scheibe krachen, dafür sei sie zu dick. Gleichzeitig denke ich, dass es auch in Ordnung wäre, wenn ich hindurchstürzen würde.

Ich muss gelassen bleiben und tief und ruhig weiteratmen, dann wird die Wartezeit von selbst vorübergehen. Ich schließe die Augen und kneife sie ganz fest zu. Dieser Moment im Hotelzimmer, in dem ich vornübergebeugt dasitze und beide Hände gegen die Fensterscheibe drücke, ist symbolisch für meine Situation: Eingesperrt in einen Käfig, aus dem ich herauswill. Ich lege mich wieder ins Bett und versuche erneut zu schlafen.

Ich weiß nicht, wie lange ich geschlafen habe, als das Telefon läutet.

»Ich will dich nicht stören, liegst du noch im Bett und schläfst?«, fragt meine Mutter. Ihre Stimme klingt leise, leiser als sonst. Sie weiß nichts von meinen Plänen und hat in den deutschen Nachrichten gehört, dass in Amsterdam schlechtes Wetter herrscht. Aus diesem Grund vermutet sie, dass ich noch im Bett liege oder vielleicht gerade aufgewacht bin.

»Nein, ich bin schon auf und habe unten gefrühstückt«, lüge ich.

Sie klingt aufrichtig erfreut, als sie sagt: »Freut mich zu hören. Hat es dir ein wenig geschmeckt? Und war man dir behilflich?«

Ich presse die Lippen zusammen und betrachte die Tropfen, die der Regen auf dem Fenster hinterlassen hat. Ich weiß nicht recht, was ich sagen soll. Ich beschließe, den bequemeren Weg zu wählen und weiter zu lügen. »Ja, es hat mir gut geschmeckt.«

»Was hast du gegessen?«

Ich hole langsam und tief Luft und sage dann, ich wäre gerade auf dem Sprung nach unten. »Michiel kommt gleich zum Kaffeetrinken.«

Wieder höre ich eine vorsichtige Freude in ihrer Stimme. Meine Mutter kennt Michiel und freut sich, sagt sie, dass er mich besucht. »Richte ihm meine herzlichen Grüße aus!«

»Ja, wird gemacht«, verspreche ich ihr. Danach sage ich, dass ich sie später zurückrufen wolle.

»Es scheint aufzuklaren, habe ich gehört!«, ruft meine

Mutter noch, als ich schon auflegen will. »Gegen Mittag hört der Regen auf, und dann soll die Sonne durchkommen.«

»Schön«, antworte ich knapp.

»Vielleicht könnt ihr ja am Nachmittag rausgehen.«

»Wie, rausgehen?«, frage ich. Ich weiß einen Moment lang nicht, was sie meint.

»Michiel und du«, antwortet sie. »Vielleicht könnt ihr ja noch kurz zusammen vor die Tür!«

Die Anteilnahme, die in ihren Worten mitschwingt, berührt mich. Aber ich kann derartige Gefühle nicht zulassen. Jetzt kommt es darauf an, stark zu bleiben. »Okay, ich muss jetzt los.«

Meine Mutter wünscht mir nochmals viel Spaß, und ich lege auf. Ich schaue auf die Uhr auf dem Nachttisch, es ist fast Mittag. Unruhig wälze ich mich einige Male hin und her. Danach lege ich mich auf den Bauch und drehe den Kopf seitwärts, was die einzige Möglichkeit ist, meine Beine vollständig auszustrecken. Ich schaue wieder auf die Uhr, die verrät, dass ich noch gut eine Stunde Zeit habe, bevor Kees kommt. Mein Blick irrt wieder zum Fenster, wo ich die tristen, grauen Wolken sehe, aus denen der Regen fällt, der unaufhörlich kleine Wasserrinnsale auf das Fenster zeichnet. Ich kann mir absolut nicht vorstellen, dass dieses Wetter innerhalb kurzer Zeit umschlagen und anschließend die Sonne scheinen wird.

Vom Bett aus setze ich mich in den Rollstuhl und ziehe dieselben Sachen an wie am Vortag. Danach nehme ich mein Portemonnaie, das auf dem Nachttisch liegt. Ohne weiter nachzudenken, fahre ich zum Schreibtisch, greife nach der Sporttasche und hole die Hose wieder heraus. Ich nehme das Geld und stecke es in das kaum gefüllte Portemonnaie, das ich unter meinem Shirt hinten in den Hosenbund stecke. Ich schaue einen Augenblick im Spiegel auf mein T-Shirt. Es ist dunkelblau, und auf der Vorderseite ist in gelben Sandtönen ein Segelboot abgebildet. Es hat lange Ärmel, die ich hochgeschoben habe. Ist es wohl das richtige T-Shirt? Ich lächele. Macht es einen Unterschied, was ich trage? Muss ich zum Selbstmord gut gekleidet sein? Ich beschließe, nicht mehr darüber nachzudenken, nehme den Zimmerschlüssel und fahre nach unten.

Kees

Kees heiße tatsächlich Kees, sagt er. Hätte ich meinen eigenen Namen verwendet, und sei es nur den Vornamen, wenn es um ein illegales Drogengeschäft gegangen wäre? Oder ist das, was Kees tut, »Hilfe zur Selbsttötung«? Ist das eigentlich unter allen Umständen strafbar? Es ist mir alles gleich, denn Kees hat überhaupt keine Medikamente oder Drogen dabei. In seiner E-Mail hatte er das auch nicht versprochen, aber ich war immer davon ausgegangen, dass er was dabeihaben würde und wir uns gleich handelseinig werden könnten. Auch hatte ich mir immer vorgestellt, nicht wieder zurück in die Klinik zu müssen und auch meine Eltern nicht nochmals anrufen zu müssen.

Kees ist um die vierzig, von kräftiger Statur und hat kurze, schwarze Haare. Er hat Ringe unter den Augen, und sein Gesicht steht auf »trist«. Er wirkt müde, obwohl er munter und deutlich spricht. Ich war vor ihm in der Hotellounge, das hatten wir so vereinbart. Schließlich bin ich viel leichter zu erkennen. Natürlich wusste er sofort, wer ich war. Erst stand er eine kleine Weile vor mir, ehe wir gleichzeitig unsere Hand ausstreckten.

»Ich hatte nicht damit gerechnet, dich hier vorzufinden«, waren seine ersten Worte, nachdem wir uns die Hände geschüttelt hatten.

Ich ertappte mich dabei, dass ich ihn immer noch freundlich lächelnd ansah, als wäre er ein Kunde, dem ich etwas verkaufen wollte. Meine Seele? Mein Leben? Die absurden Gedanken, die mir durch den Kopf rasten, versuchte ich dadurch zu stoppen, dass ich mich auf das Gespräch konzentrierte.

Kees zieht seine Jacke aus und nimmt Platz. In dem Moment kommt eine freundlich lächelnde Kellnerin aus der Bar auf uns zu und fragt, was wir trinken wollen. Ich bestelle Tee, Kees einen Kaffee. Die Höflichkeit, mit der er spricht, erstaunt mich. Ich hatte wahrscheinlich einen anderen Typ Mensch erwartet. Was für einen eigentlich? Einen rabiaten Drogenhändler, der schnaufend und hustend oder im lauten Schnauzton ein Gespräch mit mir führen würde? Wie bizarr sind meine Gedanken eigentlich geworden?

»Warum hast du gedacht, du würdest mich hier nicht vorfinden?«, frage ich Kees, der kaum eine Sekunde still dasitzt, sondern fortwährend auf der niedrigen Couch hin und her rutscht. Kees antwortet, er sei sich nicht sicher gewesen, wie ernst er meinen Aufruf im Internet nehmen solle.

Ich schüttele den Kopf und sage, ich wisse, was er meine. Es sei vielleicht eines meiner größten Probleme, dass die Leute dächten, ich meinte es nicht ernst.

Kees schaut mich ernsthaft an.

»Außerdem ist es natürlich auch gefährlich.«

»Gefährlich?«

Ich weiß nicht, ob ich endlos naiv bin oder dumm. Oder beides. Kees bedeutet mir, dass das, worum ich bitte, natürlich nicht erlaubt sei, aber in dem Moment kommt die Bedienung mit einer Kanne heißem Wasser, einer leeren Tasse und einer Tasse Kaffee, und er hält inne.

»Ich bin in einer Reha-Klinik nicht weit von hier«, erkläre ich ihm und hänge den Teebeutel in die Kanne mit heißem Wasser. »Ich darf ab und zu am Wochenende weg, dann komme ich hierher, weil ich nicht mehr in meine eigene Wohnung kann.«

Kees nickt.

»Und ich bekomme hier einen Sonderpreis.« Ich möchte nicht, dass er mich für ein Kind reicher Leute hält.

Nervös bin ich nicht. Das Gespräch, das ich mit Kees führen werde, steht vor einer kompletten und totalen Hingabe an das Schicksal, an den unsichtbaren Feind, der, würde ich ihn personifizieren, einige Tische weiter sitzt und mich, zufrieden auf dem Stuhl zurückgelehnt, beobachtet. Der Sieg geht an ihn. Ich habe mich mit meiner Niederlage abgefunden und bin nur mehr auf der Suche nach einem würdigen Ende.

Kees erzählt, er habe auch damit gerechnet, dass ich nicht derjenige sei, für den ich mich ausgab. Womöglich sei ich ein Journalist, der sich als jemand mit Selbstmordgedanken ausgab, um festzustellen, ob und wie einfach es möglich sei, übers Internet an eine Überdosis Medikamente zu gelangen.

»Und was hättest du gemacht, wenn ich nicht echt wäre, sondern tatsächlich ein Journalist?« Aber weil ich nicht den geringsten Zweifel in ihm wecken will, dass doch noch etwas anderes hinter meinem Ansinnen stecken könnte, füge ich rasch hinzu: »Na ja, geht mich auch nichts an. Darum geht es schließlich nicht.«

»Aber das hier hätte ich auch nicht erwartet«, sagt Kees.

Ich schaue ihn fragend an. »Was hättest du nicht erwartet?«

Er zuckt mit den Schultern und spricht auf einmal sehr leise. »Dich so anzutreffen. Ich hatte mir dich eher trauriger vorgestellt. Irgendwie depressiver.«

Ich spüre, wie eine fast panische Unsicherheit in mir aufsteigt. Bedeutet das, dass ich Kees noch überzeugen muss?

»Aber ich sehe schon, dass es dir ernst ist mit dem, was du schreibst«, sagt er dann. »Dass du weißt, was du willst.«

»Es ist mir ernst damit.« Ich finde, dass ich noch zu unsicher klinge. Was ist nur in mich gefahren? Ich finde keine Worte dafür. Ein Zweifel, wie gering auch immer? Weiß ich denn, was ich will? Ich schaue Kees an und wiederhole, wie um mich selbst zu überzeugen, was ich zuvor schon gesagt habe. Kees erwidert, er könne mir Codein besorgen. Er spricht von einer gewissen Menge. Ob das ausreichend ist, weiß ich nicht, denn ich habe mich damit nicht näher beschäftigt. Kees ist der Meinung, diese Menge müsse unter normalen Umständen hinkommen. Damit lässt er die Möglichkeit offen, dass es auch nicht funktionieren kann. Das gefällt mir überhaupt nicht, aber ich kann kaum mehr tun, als zuzuhören, was er zu bieten hat. Er könne es eventuell nächste Woche haben. Das bedeutet, dass ich noch diesen Tag, diesen Abend, das weitere Wochenende und dann noch mindestens eine ganze Woche durchhalten muss. Ich versuche, meine Enttäuschung zu verbergen, indem ich das Thema Geld anschneide.

»Ich kann dir einen Teil schon jetzt geben, wenn du willst«, schlage ich vor. Ich spüre das Portemonnaie in meinem Hosenbund.

Aber Kees macht eine abwehrende Geste. »Nein, ich will von dir nichts haben. Erst wenn ich dir bieten kann, was du brauchst, kannst du mir das Geld geben. Aber nötig ist es nicht.«

Ich verstehe ihn nicht. Wir hatten doch über Geld gesprochen?

Kees bejaht das, sagt aber, ich müsse ihm dafür kein Geld geben. Das beruhigt mich irgendwie. Nicht, weil ich es umsonst bekomme, sondern weil es zeigt, wie vollkommen ernst er mich nimmt. Ich sage, für mich sei es ausgeschlossen, ihn nicht zu bezahlen. Kees nickt und erzählt mir, er werde das Geld nutzen, um seine Sucht loszuwerden. Er fixe schon seit Jahren und sei jetzt in einem Methadonprogramm, aber das helfe nicht wirklich. Er habe irgendwo gelesen, dass es eine Therapiemöglichkeit gebe, bei der man durch Hypnose von seiner Sucht befreit werden könne.

»Diese Therapie muss man selbst bezahlen, und sie kostet ziemlich viel. Und dafür könnte ich dann eventuell das Geld von dir gebrauchen«, sagt er.

Es ist ein fast unvorstellbarer Tausch: Für das Ende meines Lebens würde ich ihm die Möglichkeit bieten, weiterleben zu können. Ich kann nur hoffen, dass er mich nicht im Stich lässt, und das sage ich ihm. Kees schüttelt den Kopf und verspricht, er werde mich möglichst schnell über das Wie und Was in Kenntnis setzen.

»Bleibst du hier jetzt das ganze Wochenende?«

Ich erzähle ihm, dass ich noch eine Nacht bleiben wolle und am nächsten Tag in die Klinik zurückkehren müsse. Dass ich eigentlich damit gerechnet habe, schon dieses Wochenende sterben zu können, wage ich ihm nicht zu sagen.

»Und du bist hier ganz allein?«

»Ein paar Freunde wollen vorbeikommen.«

Das ist eine Lüge, denn ich habe mich mit niemandem verabredet. Schließlich hatte ich damit gerechnet, am nächsten Abend tot zu sein.

»Wenn du willst, können wir mal was zusammen unternehmen, wenn ich in der Nähe bin«, schlägt er plötzlich vor.

Sein Angebot überrascht mich. »Aber du wohnst doch in Schiedam?«

Kees sagt, er sei wegen seiner Arbeit regelmäßig in Amsterdam und könne dann vielleicht mal vorbeischauen, im Hotel oder sonst in der Klinik. Bei seiner Frage, ob ich in der Klinik am Overtoom bin, werde ich rot, so ertappt komme ich mir vor. Er kennt meinen derzeitigen Aufenthaltsort! Aber bald wird mir klar, wie logisch es ist, mich in Amsterdams bekanntester Reha-Klinik zu vermuten.

»Wir könnten ja vielleicht mal ins Kino gehen.«

Ich lächele, als wollte ich ihm höflich für sein Angebot danken, aber ich werde davon keinen Gebrauch machen. Ins Kino? Ich will überhaupt nicht ins Kino. Versucht er, mich von meinen Selbstmordgedanken abzubringen? Aber nein, das kann ich mir nicht vorstellen.

»Danke«, sage ich und meine es aufrichtig. »Aber im Augenblick ist ein Kinobesuch für mich nicht drin.«

Kees sagt, er verstehe das, und schickt sich an zu gehen.

»Ich könnte alles Mögliche dazu sagen, dir alles Mögliche erzählen, aber ich denke, du begreifst mich auch so«, sage ich. »Das hoffe ich jedenfalls.«

Kees nickt und steht auf. Er zieht seine Jacke an, und ich sage ihm, dass ich auf seine E-Mail warte. Ich gebe ihm die Hand und danke ihm für seine Hilfe.

»Ich bedanke mich ebenfalls«, sagt Kees. Dann verschwindet er durch die Lobby. Ich frage mich, ob er sich noch einmal umdrehen wird, ehe er ins Freie tritt. Und tatsächlich, er tut es. Ganz kurz schaut er mich an, und kaum wahrnehmbar hebt er die Hand zum Gruß. Ich nicke ihm ebenso kurz zu.

Noch am selben Tag schickt mir Kees eine Mail mit der Mitteilung, es tue ihm leid, aber er könne es nicht über sich bringen, mir zu helfen.

Teil 3

Siegen

Grüß Gott!

Es ist Anfang März, und seit einigen Wochen wohne ich bei meinen Eltern. Das noch winterliche Wetter passt genau zu meiner Stimmung. Ich fühle mich mutlos, bin nach wie vor zu Tode erschöpft und kann meine Gedanken kaum steuern. Die Tage verbringe ich hauptsächlich mit Fernsehen und Surfen im Internet.

Meine Eltern haben mir Ende Januar vorgeschlagen, die Reha-Klinik am Overtoom zu verlassen. Genau wie ich, fanden sie die Umgebung alles andere als anregend. Sie waren nicht zufrieden mit der Physiotherapie, ganz zu schweigen von der mäßigen psychologischen Betreuung. Außerdem hatte meine Mutter gehört, dass in der Klinik mit Drogen gedealt würde und die Patienten auch Prostituierte empfingen. Ich hatte selbst bemerkt, dass sich mein Zustand nicht besserte, und freute mich über die Möglichkeit, eine Zeitlang zu meinen Eltern zu können. Ihr Haus in Deutschland ist weit weg von Amsterdam mit seinen vielen Erinnerungen. Zu vielen, um dort auch nur ansatzweise etwas Abstand von allem zu gewinnen. Das Haus ist prima für einen Rollstuhlfahrer geeignet. Im Erdgeschoss habe ich ein Schlafzimmer – endlich wieder ein Zimmer für mich – mit einer Toilette.

An einem der ersten Tage haben wir das Restaurant besucht, das ich schon von früheren Aufenthalten bei meinen Eltern kannte. Das Besitzerpaar wusste zwar schon, was mir zugestoßen war, aber beim Betreten des Restaurants war ich dennoch nervös. Es war das erste Mal seit den Ereignissen, dass die beiden mich wiedersehen würden. Was sie wohl über mich dachten? Meine Angst erwies sich als unbegründet: Mit offenen Armen und einem freundlichen Lächeln kamen sie auf mich zu. Sie umarmten und küssten mich. Wirklich eine Erleichterung, dass sie so reagierten!

Einige Tage später war ich mit meiner Mutter einkaufen. Für mich war es eine völlig neue Erfahrung, im Supermarkt zwischen den Regalen hindurchzufahren, statt zu gehen, und ich tat es mit einer ziemlichen Geschwindigkeit! Meine Mutter sah sofort die Vorteile des Rollstuhls und packte mir gleich mehrere Produkte auf den Schoß, bis ich protestierte und meinte, ich sei doch kein Einkaufswagen. Darüber mussten wir zum Glück beide lachen. Es war das erste Mal, dass ich mit meiner Mutter über meine Behinderung lachen konnte, wenn auch noch etwas verschämt.

Auf dem Rückweg mussten wir an einer Ampel stehenbleiben. Auf der gegenüberliegenden Straßenseite wartete eine junge Mutter mit einem Buggy, in dem ein schlafendes Kind lag. Sobald die Ampel auf Grün sprang, schob mich meine Mutter auf den Zebrastreifen. In der Mitte kamen wir an der Frau mit dem Buggy vorbei. Hinterher sagte mir meine Mutter, für sie sei das ein sehr schwieriger Augenblick gewesen, mit dieser Vergleichbarkeit der Situation konfrontiert zu werden: eine Mutter hinter einem Kinderwagen und eine, die den Rollstuhl ihres erwachsenen Sohnes schiebt.

Wir wissen alle drei, dass ich hier nicht auf Dauer wohnen kann. Klar ist, dass ich professionelle Hilfe benötige und zusehen muss, irgendwie wieder »auf eigenen Beinen« zu stehen, danach kann ich immer noch sehen, was ich mit meinem Leben tun will. Ich überlasse die Suche nach einer Alternative meinem Vater, auch weil ich nicht weiß, wo ich anfangen soll. Er hat schon einige Male Kontakt zu meiner Hausärztin aufgenommen, der es nicht so recht gefällt, mich nicht mehr in der Reha-Klinik zu wissen, die für uns aber auch keine Alternative parat hat. Letztlich haben wir uns selbst auf die Suche nach einem Reha-Zentrum gemacht, am liebsten etwas mehr in der Nähe. Kurz darauf statteten wir der St. Maartens-Klinik in Nijmegen einen Besuch ab. Die kurze Entfernung war natürlich sehr praktisch, und die Klinik machte einen guten Eindruck. Wir hatten dort ein Gespräch mit einem Arzt. Obwohl er die Papiere mit allen Fakten vor sich liegen hatte, fragte er nochmals, ob ich auch wirklich nicht drogensüchtig sei, nicht rauche und in der Amsterdamer Klinik oder im Krankenhaus keinen Krach geschlagen oder sonstigen Ärger gemacht hätte. Ich konnte alle Fragen wahrheitsgemäß mit nein beantworten.

Ich selbst hatte auch eine Frage: »Meinen Sie, ich kann wieder schwimmen?« Er zog eine bedenkliche Miene und ließ sich Zeit mit der Antwort.

»Das halte ich wirklich nicht für möglich«, sagte er nach einigem Nachdenken.

Ich musste mir große Mühe geben, meine Enttäuschung zu verbergen. Ich mochte zwar keine Lust auf gar nichts mehr haben, aber die Vorstellung, nie mehr schwimmen zu können, enttäuschte mich zutiefst. Einige Tage später rief der Arzt meinen Vater an und teilte ihm mit, die Klinik habe sich gegen meine Aufnahme entschieden. Er sagte, man sei nicht davon überzeugt, dass ich mich hundertprozentig für meine Rehabilitation einsetzen würde. Ich bin zwar nicht gerade glücksstrahlend dort angekommen – ich gebe zu, dass ich nicht vor Begeisterung überschäumte –, aber wen wundert das? Und ich hatte gesagt, dass ich bereit sei mitzuarbeiten. Aber vielleicht liegen sie ja auch richtig. So große Lust auf Reha habe ich nicht.

Ein tägliches Ritual ist die Pflege der offenen Wunde an meinem linken Bein, die allabendlich in der Küche stattfindet. Meine Mutter und ich sitzen uns dann gegenüber, wobei sie eine kleine Schüssel mit warmem Wasser hält und ich den Verband von meinem linken Bein entferne. Danach nimmt meine Mutter einen Becher und spült die Wunde mit lauwarmem Wasser sauber. Anschließend verbinden wir sie neu.

»Ist das Wasser nicht zu heiß?«, fragt sie dann oft. Dieser Moment des Tages ist nahezu meditativ. Er vollzieht sich in völliger Ruhe. Das einzige Geräusch ist das des Wassers, das aus dem Becher über mein Bein in die Schüssel läuft.

Auch heute Abend gegen neun fragt sie, ob wir »das Bein jetzt kurz machen sollen«. Nachdem sie die Wunde ausgespült hat, betrachtet sie die Größe der offenen Stelle genauer. Sie hofft zu erkennen, ob die Wunde zugeheilt ist oder nicht. Obwohl es mich eigentlich nicht interessiert, beobachte auch ich die Wunde regelmäßig, um zu sehen, ob sich etwas verändert hat. Trotz der mäßigen Voraussichten, überkommt mich während unseres abendlichen Rituals immer eine friedliche Ruhe. Dass sie mich jeden Tag unterstützt und dass wir zusammen sind, hat vielleicht auch einen heilenden Effekt.

Den restlichen Abend verbringe ich hinter meinem Laptop im Wohnzimmer. Es muss gegen zehn Uhr sein, als mein Vater mit einer Zeitung in der Hand aus seinem Büro zu mir kommt. Er zeigt mir einen Artikel über eine auf junge Patienten spezialisierte Einrichtung, die Enzensbergklinik im bayerischen Allgäu, unweit der österreichischen Grenze. Er erzählt, er habe bereits mit jemandem von der orthopädischen Abteilung telefoniert, der sich mit Patienten mit amputierten Gliedmaßen auskenne. Die große, professionelle Klinik habe mehrere Schwimmbäder, ein komplett ausgestattetes Fitness-Studio, ein Restaurant und ein Café. Mir stünden dort von frühmorgens bis spätabends die verschiedensten Therapieformen zur Verfügung, nicht nur Physiotherapien. Ich könnte dort wieder schwimmen lernen, und man könnte auch ein Trainingsprogramm im Fitness-Studio für mich zusammenstellen. Mich wundert, dass er sagt, ich könne offenbar wieder schwimmen lernen. Der Arzt in Nijmegen hat das immerhin für unmöglich gehalten. Es gebe auch eine Psychologin, die mit mir an meiner mentalen Verfassung arbeiten könne.

Die Beschreibung meines Vaters vermittelt mir eher das Gefühl von einem Urlaubsresort als von einer Klinik. Das weckt meine Neugierde, trotz aller Mutlosigkeit. Und weil die Neugier auch einen Tag später nicht verschwunden ist, frage ich meinen Vater, ob wir uns die Einrichtung nicht einmal anschauen könnten. Wir vereinbaren, eine Woche später zu dritt zu einem unverbindlichen Besuch hinzufahren. Das Unverbindliche gefällt mir: So stehen mir noch alle Wege offen.

Die Reise nach Bayern verläuft glücklich, aber nicht emotionslos. Ich protestiere und drohe, unterwegs sogar die Autotür aufzureißen, wenn wir nicht umkehren. Mir wird plötzlich klar, wie groß meine Angst ist, die Kontrolle über meine Situation zu verlieren, indem ich mich in eine Klinik außerhalb meines Heimatlandes begebe. Ich kenne dort niemanden und spreche auch längst nicht genug Deutsch. Das mit den Schwimmbädern, den Heubädern und dem Fitness-Studio klingt zwar gut, und der Prospekt sieht großartig aus, aber jetzt, unterwegs an einen fast tausend Kilometer weit entfernten Ort, an dem ich mutterseelenallein sein werde, frage ich mich, ob ich das will. Doch mein Vater weiß mich zu überzeugen, mir tags darauf die Klinik wenigstens anzuschauen.

Den Empfang durch die Klinikmitarbeiter am nächsten Tag erlebe ich in einem Zustand der Verwirrung. Mir ist gar nicht wohl, obwohl mich die Leute äußerst freundlich willkommen heißen. Ich habe Angst, Angst wie ein kleiner Junge, der zum ersten Mal in den Kindergarten geht. Mein Vater redet auf mich ein und sagt, ich müsse doch irgendwas tun, und bei ihnen bleiben könne ich nun wirklich nicht. Ich erwidere, ich verstünde das, bezweifele aber, in der Klinik zurechtzukommen, so weit entfernt von allem. Er schlägt vor, dass, sollte es wirklich nicht gehen, ich ihn anrufe und er mich dann wieder abholt.

»Aber ein paar Tage lang musst du es versuchen«, setzt er hinzu. Er fasst mich kräftig bei den Schultern und sagt: »Ich bin stolz auf dich. Und du wirst sehen: Bestimmt gefällt es dir am Ende sogar hier!«

Wenige Tage später habe ich sowohl das Heubad, die Physiotherapie, das Warmwasserbad als auch meine erste Schwimmerfahrung hinter mir. Von allen Möglichkeiten, die mein Vater mir aufgezählt hat, ist kein Wort erfunden. Aber ich bin immer noch verwirrt, weil meine Depression sich mit voller Kraft querlegt. Das merke ich jedes Mal, wenn ich auch nur einen Moment lang ein »Aha-Erlebnis« habe: Aha, ich kann mich doch behaupten, ganz allein in einer Klinik weit weg von zu Hause; aha, ich kann schwimmen, wenn auch erst noch mit Armreifen und einem Schwimmbrett.

Mit den Ärzten hier habe ich vereinbart, nur vor dem Zubettgehen ein starkes Schmerzmittel einzunehmen. Das ist schon früh am Abend, denn ich liege hier kurz nach acht Uhr im Bett. Vollkommen erschöpft schlafe ich dann auf der Stelle ein, um am nächsten Morgen gegen halb acht am Frühstückstisch zu erscheinen. Selbst das starke Schnarchen meines Zimmergenossen bringt mich nicht um den Schlaf.

Das Frühstück findet in dem zentral gelegenen Restaurant statt, das Platz für ungefähr fünfhundert Personen bietet. Hier treffen sich auch alle Patienten zum Lunch und Abendessen. Verglichen mit dem Gemeinschaftsraum der Amsterdamer Reha-Klinik scheine ich in einem Dreisternerestaurant gelandet zu sein. Während der gemeinsamen Mahlzeiten komme ich in Kontakt mit anderen Patienten im Alter von achtzehn bis achtzig Jahren. Eine Reihe von ihnen sitzt ebenfalls im Rollstuhl, aber die meisten können gehen. Manche sind deutlich schlechter dran als andere; es gibt Leute mit unspezifischen Rückenschmerzen, aber auch vollständig Gelähmte. Schon bald stelle ich fest, dass es um mich nicht am allerschlimmsten bestellt ist.

In den ersten Tagen ist meine Haltung abwartend. Nicht nur bei den Therapien, sondern besonders auch bei Tisch. Ich spreche eigentlich nur, wenn ich etwas gefragt werde, und in der Zwischenzeit achte ich genau auf alles, was um mich herum geschieht. Ich versuche zu verstehen, was gesagt wird. Mit meinem seinerzeit als recht ordentlich bewerteten Gymnasialdeutsch kann ich ganz gut über die Runden kommen. Natürlich bleibt mein ausländischer Akzent meinen Tischgenossen nicht verborgen, und schon bald folgt die Frage, woher ich denn komme. Als ich von den Niederlanden und Amsterdam anfange, ist ein Gespräch nicht mehr zu vermeiden. Was mir zugestoßen sei und warum ich nach Enzensberg gekommen sei. Es sind die ersten Fragen, die ich häppchenweise in meinem besten Deutsch beantworte. Bald heiße ich überall nur *der Holländer*, und wegen der Geschwindigkeit, mit der ich meinen Rollstuhl durch die Flure fahre, wird daraus natürlich rasch *Der fliegende Holländer.*

Das Bedienungspersonal – die meisten arbeiten schon jahrelang in der Klinik – gibt sich große Mühe, es allen recht zu machen. Ich kann mich des Eindrucks nicht erwehren, dass sie mir noch ein klein wenig mehr Aufmerksamkeit schenken als den anderen. Sie lächeln, sprechen mich immer mit dem Namen an, fragen, wie es mir geht. Vielleicht deshalb, weil ich von so weit herkomme? Ich habe mich anfangs gefragt, ob das Personal im Restaurant die Hintergründe eines jeden neuen Patienten kennt, aber dem sei nicht so, haben mir die Ärzte versichert. Ihre Gastfreundlichkeit schätze ich ungemein.

Einen Psychiater gibt es hier nicht. Es ist eine Klinik für körperliche Rehabilitation, wobei es zwar auch um das mentale Wohlbefinden geht, aber nicht so sehr, dass die dauernde Anwesenheit eines Psychiaters notwendig wäre. Allerdings gibt es eine Psychologin, mit der ich einen Termin vereinbart habe. Unsere erste Begegnung liegt vor mir wie eine Hürde.

Wie kann ich ihr erklären, was geschehen ist, und vor allem, wie ich dazu gekommen bin, mich vor den Zug zu werfen, und das in einer fremden Sprache! In der wenigen Freizeit zwischen den Therapien habe ich mir einige zentrale Begriffe aus dem Wörterbuch herausgesucht und aufgeschrieben. Ich kann diesen Spickzettel zu Hilfe nehmen, wenn ich es ihr erzählen will.

zelfmoord: Suizid (aber Selbstmord geht auch, so das Wörterbuch)
mislukt: gescheitert
depressie: Depression
vooroordeel: Vorurteil
trein: Zug
begrijpen: nachvollziehen, verstehen
3. Fall (Dativ) nach: aus, bei, mit, nach, von, zu, entgegen, gegenüber, außer
4. Fall (Akkusativ) nach: durch, für, ohne, um, entlang, bis, gegen, wider

Ich bin ziemlich nervös, als ich vor der Tür der Psychologin warte, die ihre Praxis in der Klinik hat. Das Wartezimmer ist leer, und ich habe mich mit dem Rollstuhl zwischen den an der Wand aufgereihten Stühlen geparkt. Der Zettel mit den wichtigen Wörtern steckt sicher verstaut in der Tasche meiner Trainingshose.

Die Psychologin kommt heraus. »Grüß Gott, Sie sind Herr Staudt?«

Sie ist von kleiner Statur und hat halblanges, blondes Haar. Ich schätze sie auf Mitte dreißig. Ihr Blick ist freundlich. Sie bittet mich zu sich herein und schiebt sogleich einen anderen Stuhl beiseite, schafft damit quasi eine Parklücke für mich. Sie geht hinter mir entlang und schließt die Tür. Plötzlich bekomme ich starke Beklemmungen in dem engen Raum. Ich versuche, mich zu entspannen, indem ich die Schultern lockere. Dann überlege ich mir, dass die in mir aufkommende Angst vielleicht gerade gut ist: So sieht sie gleich, wo mein Problem liegt. Aber warum glaube ich eigentlich, hier im Gegensatz zu früher eine Lösung für meine Probleme zu finden? Nicht ein Arzt hat mir bisher helfen können. Das Beklemmungsgefühl lässt nach.

Als Erstes sage ich, mein Deutsch sei nicht gut genug, um ihr klarzumachen, weshalb ich mich vor den Zug geworfen habe. Zugleich drücke ich meine Hoffnung aus, dass sie nicht schon ein Urteil parat hat, ehe sie genau weiß, was geschehen ist. Die Psychologin gratuliert mir zu meinem Deutsch und sagt, ich solle mir keine Sorgen machen. Sie sei hier, um zuzuhören, was ich zu sagen habe, und nicht um zu urteilen.

»Kann ich frei mit Ihnen sprechen, ohne dass das Folgen hat?«

»Folgen? Was für Folgen?«

»Wenn ich beispielsweise etwas über meinen Willen zu leben sagen würde oder den Willen, nicht mehr zu leben, dass Sie mich dann nicht in eine psychiatrische Klinik stecken.«

Ich versuche, das in einem möglichst neutralen Ton zu sagen. Ich habe einen der Klinikärzte dahingehend verstanden, dass suizidgefährdete Patienten eher in eine geschlossene Einrichtung gebracht werden.

»Aha, ich verstehe, was Sie meinen.« Sie lacht, als fände sie es lustig, dass ich mir deswegen Sorgen mache. »Nein, so funktioniert das nicht. Das geschieht nur, wenn Sie eine Gefahr für andere darstellen oder wenn Sie sich selbst hier innerhalb der Klinik etwas antun.«

Ich bin beruhigt und fühle mich frei zu sprechen. Während ich ihr meine Geschichte enthülle, merke ich, wie mittlerweile eine gewisse Distanz entstanden ist zwischen jetzt und der Zeit, als ich mich vor den Zug geworfen habe, einschließlich der Folgeereignisse. Es geht mir zwar nach wie vor nicht gut, aber meine Selbständigkeit habe ich zu einem großen Teil wiedererlangt. Ich befinde mich weit von meiner Amsterdamer Wohnung entfernt und ohne Verwandte oder Bekannte in einer ausländischen Reha-Klinik, aber weder bleibe ich den ganzen Tag im Bett liegen, noch melde ich mich krank oder sage meine Termine ab. Nein, ich komme aus meinem Zimmer und mache mit. Es ist beinahe unbemerkt geschehen.

Zugegeben, ich werde quasi ununterbrochen betreut, oder sagen wir: beschäftigt. Allein schon durch die vielen Therapien bleibt mir kaum Zeit für anderes. Aber obwohl ich natürlich Tag und Nacht versorgt werde, bin ich dennoch irgendwie allein unterwegs. Wenn ich auf meine Zeit im Krankenhaus zurückblicke, sehe ich, dass ich damals den Menschen um mich herum noch völlig ausgeliefert war. Und hier sitze ich aufrecht da. Wortwörtlich. Mit geradem Rücken, wenn auch nicht ohne eine Portion Widerwillen.

Nachdem ich einen Teil meiner Geschichte erzählt habe, stellt die Psychologin fest, dass ich nicht mit einem, sondern mit zwei medizinischen Problemen zu kämpfen habe: Depressionen und bleibende Invalidität. Und beide Probleme brauchten eine gesonderte Herangehensweise, sagt sie. Hinzu komme, dass die Depressionen einer körperlichen Besserung womöglich im Weg stünden. Es klingt logisch, aber darüber habe ich noch nie nachgedacht. Wir machen einen neuen Termin. Als ich fahre, fällt mir ein, dass der Spickzettel die ganze Zeit über in meiner Hosentasche geblieben ist. Ich mache mich auf den Weg ins Café. *Kaffee und Kuchen,* denke ich und finde, so eine deutsche Wohlfühlpause habe ich mir jetzt wirklich verdient.

Getauft

Es ist Sonntag, und einige Tischgenossen haben mich gefragt, ob ich zum Picknicken mitkomme. Weil Sonntag ein therapiefreier Tag ist, verabreden sich diejenigen, die am Wochenende nicht nach Hause fahren wollen oder können, regelmäßig zu einer gemeinsamen Unternehmung. Am allerliebsten hätte ich nein gesagt, weil ich mich in dieser mir immer noch zu unbekannten Umgebung unsicher fühle, aber mir fiel so schnell kein guter Grund für eine Absage ein. Kaum eine Stunde später sind wir mit mehreren Autos unterwegs, ohne dass ich weiß, wie weit wir fahren wollen und wann wir wiederkommen. Selten bin ich so unvorbereitet losgezogen, was die Sache plötzlich zu einem regelrechten Abenteuer macht.

Die Gruppe besteht aus zehn Patienten. Mit von der Partie sind auch die Partner zweier Tischgenossen, die uns mit ihren Autos abgeholt haben. Der Jüngste in der Gruppe ist vielleicht neunzehn, der älteste einige Jahre älter als ich, so Anfang dreißig. Und obwohl der Frühling offiziell noch gar nicht angefangen hat, scheint die Sonne geradezu überschwenglich. Das Radio läuft, und ich höre abwechselnd den Gesprächen im Auto zu und dem, was im Radio gesagt wird. Nach einer nicht allzu langen Fahrt halten wir bei einem Gasthof in der Nähe eines Sessellifts, der in Betrieb ist. Ich frage mich, wo wir wohl picknicken werden. Der Fahrer des Wagens hat offenbar meinen besorgten Blick mitbekommen, denn er muss lachen und meint, sie hätten sich schon überlegt, wie auch ich mit hinauf kann. Mit hinauf? Ich erschrecke, will mir aber nichts anmerken lassen und schweige, damit man mir meine Besorgnis nicht anhört. Stattdessen nicke ich lächelnd zum Zeichen, dass ich verstanden habe und dass es in Ordnung ist. Obwohl ich immer gern selbst alles plane, bleibt mir diesmal nichts, als mich in mein Schicksal zu fügen. Der Fahrer steigt aus, und im Rückspiegel sehe ich, wie zwei Leute dabei sind, meinen Rollstuhl aufzustellen. Kurz darauf setze ich mich aus dem Auto nahezu mühelos in meinen Rollstuhl um und fahre zwischen den anderen in Richtung Sessellift.

Schon bald zeigt sich, was sich einige Leute in der Gruppe für mich überlegt haben. Der Lift wird einen Moment lang angehalten, was mir die Möglichkeit gibt, mich umzusetzen. Gleich darauf klemmt jemand meinen Rollstuhl in dem Sitz vor mir fest, denn der soll natürlich vor mir oben sein. Alles geschieht, ohne dass man etwas anderes von mir erwartet, als mich darauf einzulassen, und ehe ich weiß, wie, sitze ich schon im Sessellift, neben mir Clara, eine Studentin aus München. Sie ist Mitte zwanzig und wurde nach einer Bandscheibenoperation in die Klinik aufgenommen. Wir unterhalten uns ein wenig, während ich meinen Blick ununterbrochen auf den Rollstuhl gerichtet halte. Ich bin zwar eigentlich schwindelfrei, aber die Vorstellung, das Ding könnte aus dieser Höhe aus dem Sessellift stürzen, bewirkt, dass ich kaum nach unten zu blicken wage. Als ich oben angekommen bin und sicher in meinem Rollstuhl Platz nehme, kommt mir das vor wie ein Sieg. Clara hat sich wieder neben mich gestellt.

»Wenn du genau hinschaust, siehst du ganz links am Hang die Klinik liegen«, sagt sie und deutet nah an meinem Gesicht mit ihrem gestreckten Arm in die Richtung. Ihr Arm berührt leicht meine Wange, und ich spüre ihre weiche Haut.

»Oh, Entschuldigung!«, ruft sie erschreckt. Ich lache und sage, das sei schon in Ordnung. Dann ruft jemand unsere Namen, und als ich mich umdrehe, steht das ganze Picknick bereit. Auf der Wiese, nicht weit von Clara und mir entfernt, ist eine Decke ausgebreitet, auf der zwei Körbe sowie Teller, Becher und Thermosflaschen stehen. Mit Clara geselle ich mich zu der Gruppe. Über eine Wiese zu fahren ist um einiges mühsamer als über den Laminatfußboden in der Klinik. Vorsichtig lasse ich mich aus dem Rollstuhl ins Gras sinken.

Als wir mit dem Picknick fertig sind und alle Sachen wieder zusammengepackt haben – ich kann lediglich zuschauen, wie andere damit beschäftigt sind –, fahren wir wieder mit dem Lift nach unten. Abermals schweben wir in scheinbar unendlicher Höhe. Ganz kurz kommt mir der Gedanke, mich unter dem Sicherheitsbügel des Sitzes durchzuzwängen und in den Abgrund zu stürzen. Aber ich kann es nicht. Oder ich will es nicht. So etwas braucht Vorbereitung. Während der Sessellift langsam, aber sicher sein Ziel erreicht, beschleichen mich Zweifel. Hat die Tatsache, dass ich nicht gesprungen bin, allein mit der fehlenden Vorbereitung zu tun? An der Höhe kann es kaum gelegen haben, denn die ist im Prinzip auch nicht beängstigender als ein heranbrausender Intercity. Oder sind es dieser Nachmittag und das Picknick, die mich, wenn auch nur für den Moment, an das Leben binden? Ein geradezu schockierender Gedanke, den ich mir sogleich aus dem Kopf schlage.

Auf der Rückfahrt legen wir auf halber Strecke nochmals einen Halt ein. Auf die Frage des Fahrers, wer alles mitkommen und »kurz mit reinhüpfen« will, breitet sich allgemeine Aufregung aus. Während er das Auto parkt – ich sitze vorn, weil das Ein- und Aussteigen von der Beifahrerseite aus einfacher geht –, höre ich, wie auf der Rückbank Sicherheitsgurte aufgeklickt und die Türen geöffnet werden. Ich frage ihn, ob ich es recht verstanden habe und sie vorhätten, irgendwo schwimmen zu gehen. Er nickt und sagt, es gäbe hier ein Staubecken, das aber erst später im Frühjahr mit Wasser befüllt werde. In der Mitte des jetzt fast trockenen Stausees verlaufe nur noch ein Rinnsal. Das Wasser werde kalt sein, aber es sei eine Tradition, mindestens einmal in den schmalen Fluss zu tauchen, ehe der Stausee wieder vollläuft. Eine Art Neujahrsschwimmen, allerdings im zeitigen Frühjahr.

Mir fällt ein, dass ich keine Badehose dabeihabe. Mir eine zu leihen ist keine Option, und was noch wichtiger ist: Ich habe den *Pullbuoy* nicht mit dabei, jenen Block aus leichtgewichtigem Kunststoff, den ich mir zwischen die Beine klemmen kann, um die Balance zu halten. Ich spüre eine leise Enttäuschung in mir aufsteigen bei der Vorstellung, wie eine Reihe tapferer Mitpatienten in das eiskalte Wasser hüpft und ich dabei nur zuschauen kann.

Wieder wird mein Rollstuhl aufgebaut, und kurz darauf sitze ich wenige Meter vom Wasser entfernt zwischen den Leuten, die lieber auf dem Trockenen bleiben. Ich sehe, wie drei junge Männer und zwei junge Frauen sich auf eine Abkühlung vorbereiten. Ausgelassene Rufe schallen hin und her, wobei man sich gegenseitig herausfordert, doch auch ins kalte Wasser zu gehen. Ich sitze neben Clara und sehe, wie sich die Gruppe von Schwimmern unter großem Lärm in den Fluss stürzt. Clara findet es viel zu kalt, und ich mag auch gar nicht daran denken, sage ich zu ihr.

»Ich glaube dir nicht ein Wort, Viktor. Ich denke, normalerweise wärst du der Erste, der hineingesprungen wäre. Habe ich recht?«

»Na ja, ich weiß nicht. Hätte ich meine Beine noch, dann wäre ich vielleicht als Erster ins Wasser gegangen«, antworte ich.

Daraufhin steht sie wortlos auf und geht zu einem jungen Mann, der gerade vor Kälte zitternd aus dem Wasser kommt. Sie wechselt einige Worte mit ihm und deutet dabei auf mich. Sie wird doch nicht …? Die beiden kommen auf mich zu und schlagen vor, dass ich mich ins eiskalte Wasser stürze. Und weil meine Hose trocken bleiben muss, auch noch pudelnackt! Zwei Jungs aus der Gruppe tragen mich erst bis direkt ans Wasser, woraufhin ich mein Shirt und meine Hosen ausziehe. Danach werde ich, wobei sie mich gut festhalten, langsam ins Wasser getragen. Langsam, weil ich noch nie zuvor ohne Beine und ohne Pullbuoy im offenen Wasser geschwommen bin, und um dafür zu sorgen, dass nichts schiefgeht. Das alles zusammengenommen dauert höchstens ein paar Minuten, aber ich weiß, diesen Moment werde ich niemals mehr vergessen. Seltsamerweise empfinde ich keinerlei Scham, und ich bemerke auch bei den anderen keine. Wie ein Täufling werde ich aus dem Wasser getragen, begleitet vom lauten Applaus der an Land Gebliebenen. Während ich am Rand des Flusses auf meine Hose gesetzt werde, nehme ich die Komplimente für meinen Heldenmut entgegen. Ich spüre die Kälte des Wassers gar nicht, und die Sonne erscheint mir wärmer als zuvor. Ich kann nicht anders: Auf meinem Gesicht macht sich ein riesiges Grinsen breit, so richtig von einem Ohr zum anderen.

Nicht allein

Es war ein besonderer Tag. Oder eigentlich möchte ich sagen: Es war geradezu ein Festtag. Für mich jedenfalls.«

Ich frage mich, ob die Psychologin auch richtig versteht, was ich ihr gerade erzählt habe. »Ich hoffe, ich habe mich deutlich ausgedrückt?«

Die junge Frau nickt und gestikuliert mit den Händen, woraus ich schlussfolgere, dass alles klar rübergekommen ist.

»Ehrlich gesagt, weiß ich gar nicht, was spannender war: der Sessellift oder das kalte Wasser.« Das hört sich cooler an, als mir lieb ist. Den Gedanken, mich aus dem Sessellift einfach in die Tiefe rutschen zu lassen, habe ich der Psychologin nämlich verschwiegen. Stattdessen sage ich ihr, dass ich mich nur gewundert habe, wie gut ich mich an diesem Tag gefühlt habe. Eine Erfahrung, die ich lange nicht gemacht habe, auch vor dem Sprung nicht.

»Ich war froh wie ein Kind, das Geburtstag hat. Allein schon, dass ich überhaupt zu dem Picknick mitgefahren bin … Ich meine, ich hätte auch nein sagen und hierbleiben können.«

Die Psychologin notiert sich etwas. Sie will wissen, was ich getan hätte, wäre ich hiergeblieben. Ich zucke mit den Schultern und denke kurz nach.

»Nichts, denke ich.« Dann erzähle ich gleich hinterher, dass wir am selben Abend unten im Café noch Monopoly gespielt haben.

»Und wer hat gewonnen?«

»Wieso? Ich meine …« Ich weiß nicht, warum ich nicht ehrlich antworte.

»Ach, ist nicht so wichtig«, sagt sie dann.

»Na ja, ich natürlich!«, rufe ich jetzt voller Stolz.

Die Psychologin muss lachen und sagt, dass sie das nicht wundert.

Ich bin mir nicht sicher, ob ich das als Kompliment auffassen soll, traue mich aber nicht nachzufragen. »Nochmals: Ich habe ehrlich gesagt seit langem keinen so schönen Tag mehr verbracht. Einfach mit einigen Leuten unterwegs sein und abends zusammen Monopoly spielen. Ich bin viel gereist in den letzten Jahren, ich bin viel ausgegangen und habe Gott weiß was alles unternommen, aber das hier war wirklich sehr, sehr schön …« Ich mache eine Pause. »Nur schade, dass ich dieses Gefühl nicht etwas länger festhalten kann.«

»Wie meinen Sie das?«

»Wenn ich abends in meinem Zimmer bin, ist es, als würde mir jedes gute Gefühl vom Tag wieder entgleiten. Ich fühle mich dann wieder vollkommen allein.«

Einen Moment lang wundere ich mich selbst über meine Offenheit. Ich mildere es etwas ab, indem ich hinzufüge: »Dass ich nicht wirklich allein bin, ist mir dabei schon klar.« Das tue ich aus einem Automatismus heraus, um kein falsches Mitleid zu erregen, aber gleichzeitig stimmt es auch: Ich bin nicht völlig allein. Ich weiß, dass es genug Menschen gibt, die etwas mit mir unternehmen wollen, sich mit mir unterhalten oder Kaffee trinken, und dennoch: Hinterher ist es einfach so vorbei. Als hätte es nie stattgefunden.

»Das ist traurig«, reagiert die Psychologin. »Traurig deshalb, weil gerade das Momente im Leben sind, die einem Energie oder Kraft geben können und an die man eigentlich mit Freude zurückdenken sollte.«

Ich sage, dass ich das nicht so erleben kann. Wenn ich daran zurückdenke, ist es eigentlich sogar eine traurige Erinnerung, weil es vorbei ist. Es vermittelt mir ein Gefühl der Verlassenheit.

»Es ist, als bräuchte ich jedes Mal mehr. Mehr gute Erfahrungen. Würde man es in Gewichten ausdrücken, dann genügt erst ein Gramm, wogegen ich mittlerweile mindestens ein Kilo gute Erfahrungen brauche, um es noch so empfinden zu können.«

Die Psychologin schaut auf die Uhr und sagt daraufhin: »Noch kurz etwas anderes, etwas, was ich Sie noch fragen will, bevor die Zeit um ist. Sie haben letzten Sonntag keine Angstattacken gehabt?«

Darüber muss ich kurz nachdenken. Draußen war es relativ kühl, und es wehte ein frisches Lüftchen. Und das gab mir das Gefühl, dass alles in Ordnung ist, denn ich weiß, dass der kalte Wind den Schweiß auf meinem Gesicht trocknet. Der Wind bläst ihn weg, um es so auszudrücken. Und das Wasser war ohnehin eiskalt und damit auch kein Problem. Vielleicht aber habe ich die Ängste auch wieder mit einer extremen Aktion »überbrüllt«, denn wer setzt sich schon ohne Beine in einen Sessellift?

Die Lüge mag noch so geschwind sein

In einem Krankenhaus hat ein Patient keine Rechte, habe ich mal in einem Theaterstück gehört. Zu einem großen Teil stimmt das, wie ich inzwischen weiß. Seit dem Sprung vor den Zug wurde mein Leben im Krankenhaus und den Kliniken von anderen gelenkt. Andere bestimmen, wann man ins Bett geht und aufsteht. Andere bestimmen, wie der Tag ausgefüllt wird. Alles, was ich darf und nicht darf, ist irgendwo festgelegt. So kann ich hier auch nach der offiziellen Schlafenszeit von elf Uhr zwar noch in die Klinik kommen, brauche dazu allerdings vorab eine ärztliche Einverständniserklärung, die ich dem Portier vorlegen muss. Ohne dieses Papier darf ich wieder hinein, aber nicht, ohne dass der behandelnde Arzt davon erfährt. Man hat mir mitgeteilt, dass so etwas zur Zwangsentlassung aus der Klinik führen kann.

Aber der heutige Samstagmorgen stellt eine Ausnahme dar. Dieser Morgen gehört mir ganz allein. Und kein Zimmergenosse, Arzt oder Pfleger kann daran etwas ändern. Ich weiß nicht genau, was ich tun werde. Vielleicht Kaffeetrinken im Café, am Kiosk eine Zeitung kaufen oder mich einfach etwas auf dem Gelände umschauen? Gerade als ich die CD mit dem Soundtrack von *Twin Peaks* in meinen CD-Spieler tun will, läutet das Telefon.

Ich denke als Erstes an meine Eltern oder an Marc.

»Viktor, hier spricht Dennis.«

Die CD fällt mir aus der Hand. Rasend schnell schießt mir die Erinnerung an die Begegnungen mit Dennis durch den Kopf. Es muss mittlerweile mehrere Monate her sein, dass wir zuletzt miteinander gesprochen haben. Nach unserem Treffen im Hotel hatten wir uns nochmals verabredet, etwa zwei Wochen später. Wir sind einen Kaffee trinken gegangen.

Danach hat Dennis mich zu einem Spaziergang entlang der Amstel mitgenommen, auf der ich als Student gerudert bin. Dort sagte er mir, er würde es gerne sehen, dass wir Freunde blieben, und da ich damals keine eigene Telefonnummer besaß, habe ich ihm die Nummer meiner Eltern gegeben.

»He, hallo Dennis!«, antworte ich erstaunt. »Wie geht es dir?« Der letzte Satz klingt noch gekünstelter als der erste.

»Mir geht es gut, Viktor.«

Seine Stimme klingt kontrolliert und kühl. Die Tatsache, dass er meinen Namen so betont, befremdet mich.

»Ich rufe an, um zu fragen, wie es *dir* geht«, sagt er dann.

»Gut«, antworte ich standardmäßig, um sofort hinzuzufügen, dass es mir in der Klinik gefällt und dass ich hoffe, in Kürze anfangen zu können, mit den Prothesen zu üben. Man habe bei mir schon Maß genommen, und die Prothesen würden in einiger Zeit fertig sein.

»Ich kann mir kaum vorstellen, dass alles so gut bei dir läuft«, reagiert Dennis.

Wieder höre ich diese kühle Distanziertheit in seiner Stimme. Weil ich nicht richtig verstehe, worauf er hinauswill, antworte ich in neutralem Ton. Ich sage, es sei natürlich nicht immer einfach, aber das sei es für niemanden nach einem solchen Motorradunfall. Alles in allem gehe es mir gut.

Dennis unterbricht meine Ausführungen und sagt: »Viktor, du musst jetzt aufhören zu lügen. Ich habe gerade mit deinem Vater telefoniert und weiß, was passiert ist.«

Mir stockt der Atem. Im selben Augenblick sehe ich, wie außen auf der Fensterbank ein Vogel landet und zu mir hereinschaut. Ich weiß nicht, was ich sagen soll. Ich fühle mich unsicher. Außerdem ärgere ich mich über meinen Vater. Wieso in aller Welt hat er Dennis das erzählt? Ausgerechnet Dennis, einem nahezu Wildfremden, dem ich nie so etwas Persönliches, Intimes anvertrauen würde! Gott sei Dank befindet er sich fast tausend Kilometer weit weg. In dem Moment klopft es an der Tür. Für mich die Chance, das Gespräch abzubrechen.

»Äh, tut mir leid, ich meine, wir können später noch mal drüber reden, aber ich muss Schluss machen, denn es klopft an der Tür. Ich muss aufmachen, mein Zimmergenosse ist nicht da.« Dennis will sicher sein, dass ich ihn dieses Wochenende noch zurückrufe. Ich verspreche es, weiß aber schon jetzt, dass ich ihn anlüge. Noch etwas durcheinander von dem überfallartigen Gespräch, rolle ich zur Tür. Es ist die Reinigungskraft, die wissen will, ob das Zimmer noch sauber gemacht werden soll. Ich sage, sie möge besser später wiederkommen. Ich fühle mich überrumpelt, weil Dennis jetzt weiß, was ich getan habe. Ich fahre zurück ins Zimmer, hebe die CD vom Boden auf und stecke sie in meinen Discman. Dann schaue ich aus dem Fenster. Der kleine Vogel von vorhin sitzt immer noch auf der Fensterbank. Ich verharre reglos, weil ich das Tier nicht aufschrecken will. Ich hoffe, es bleibt noch etwas, damit ich mich weniger einsam fühle. Plötzlich fliegt es davon. Ich schaue aufs Telefon und empfinde das starke Bedürfnis, meinen Vater anzurufen, aber stattdessen drehe ich mich um und fahre aus dem Zimmer hinaus auf den Flur.

Ich habe immer gewusst, dass der Zeitpunkt kommen würde, an dem ich meine erfundene Geschichte mit dem Motorradunfall würde geraderücken müssen. Aber wer sollte sie mir verubeln? Ich habe nicht nur mich, sondern auch andere dadurch geschont. Mit der Vorstellung von einem Motorradunfall lässt sich doch leichter leben als mit der von einer misslungenen Selbstmordaktion! Aber heute hat sich gezeigt, dass es gar nicht so einfach ist wie gedacht. Dennis ist der Meinung, ich hätte ihn angelogen – die ganze Zeit über, hat er noch hinzugefügt. Wenn schon er so reagiert, wie dann erst die Leute, die mich noch viel länger kennen? Ich frage mich, ob ich meinem Vater hätte sagen müssen, dass ich Dennis die Version mit dem Motorradunfall erzählt habe.

Die Sonne, die schon die ganze Zeit hinter den Wolken Versteck gespielt hat, kommt hervor und erfüllt den Flur mit einem warmen Licht. Ich schaue durch die Glaswand hinaus und sehe die Lichtstrahlen durch die hohen Tannen fallen. Während ich ziellos durch die Klinik rolle, den Discman auf meinem Schoß, frage ich mich, warum ich ihn eigentlich mitgenommen habe. Ich habe überhaupt keine Lust mehr, Musik zu hören. Ich seufze einige Male tief, um mich etwas zu entspannen, und spüre dann eine große Traurigkeit in mir aufsteigen.

Der Sprung

Die Klinik besteht aus drei Blöcken mit je vier Stockwerken, in denen die Patientenzimmer untergebracht sind. Zwischen diesen Blöcken befindet sich eine Turnhalle, deren Fassade ganz aus Glas ist. Von hier aus hat man einen großartigen Blick auf die Bäume ringsum. Wenn man dort Sport treibt, wähnt man sich mitten im Wald. Begleitet von der Musik von *Twin Peaks* fahre ich in die Turnhalle. Fast sofort kommt die Physiotherapeutin auf mich zu. Ich kenne sie vom Sehen.

»Kann ich Ihnen bei einer Übung oder sonst irgendwie helfen?«, fragt sie freundlich.

»Aber ja doch. Ich bin auf der Suche nach Gott!«, hätte ich, wenn ich ehrlich gewesen wäre, antworten müssen. Stattdessen erwidere ich nichts und schaue mich um. Mein fragender Blick verrät offenbar meine Unentschlossenheit, denn die Physiotherapeutin fragt nochmals, ob sie mir helfen könne. Dann entdecke ich einen niedrigen, breiten Tisch und darauf ein dickes Kunststoffkissen. Ich frage sie, ob ich auf den Tisch klettern dürfe, um meine Beine zu strecken. Sie ist einverstanden, und kurz darauf liege ich mit gestreckten Armen und Beinen rücklings auf dem Tisch. Um mich herum höre ich die Geräusche anderer, die mit oder ohne Betreuer oder Mitpatienten ihre Übungen machen.

Obwohl sich niemand um mich kümmert oder mich anspricht, halte ich es für besser, erst einige Sekunden lang die Augen zu schließen und mich zu entspannen. Es ist der Stress von Dennis' Anruf, der mein Herz schneller als sonst schlagen lässt. Ich schließe die Augen, und während ich versuche, mich auf die Geräusche um mich her zu konzentrieren, fällt mir plötzlich ein, wie ich in der Schule gelernt habe, auf die Pausen zwischen den Geräuschen zu achten. Es muss vor mehr als fünfzehn Jahren gewesen sein. Obwohl es mir anfangs seltsam, ja sogar unmöglich erschien, tat ich dann haargenau das, was der Lehrer kurz zuvor erklärt hatte. Nämlich die Augen zu schließen und zu versuchen, die mitunter kleinen Momente der Stille wahrzunehmen.

Ich war ein etwa elfjähriger kleiner Junge, als ich zu stottern anfing und mein Vater meinte, es sei vielleicht gut, wenn ich zu Gott beten würde. Das könne mir helfen, über das Stottern hinwegzukommen. Ich bin zwar protestantisch getauft, habe aber nur ein eingeschränktes Wissen über die Kirche und die Bibel. Doch seit mein Vater mir den Vorschlag gemacht hat, habe ich täglich gebetet und dabei um Gottes Beistand gebeten. Und ich habe mich bei ihm für seine Gaben bedankt. Ich wollte Gott gegenüber nicht undankbar erscheinen oder einfach nur um etwas bitten. Ich wollte bescheiden sein, demütig fast, mich ihm gegenüber gewissermaßen möglichst klein machen, damit er mir wie selbstverständlich half. Mein Stotterproblem verschwand dadurch jedoch keineswegs. Eigentlich änderte sich in dieser Hinsicht gar nichts. Stattdessen entstand eine Verbindung zwischen Gott und mir. In der Hoffnung, daraus eine gewisse Kraft und Energie beziehen zu können, hielt ich, trotz des Ausbleibens greifbarer Ergebnisse, am täglichen Gebet fest. Gerade das Beten zu Gott nährte in mir die Hoffnung, dass alles einmal besser werden würde. Erst kurz vor dem Tag, an dem ich beschloss, mich vor den Zug zu werfen, ließ ich die Hoffnung auf Gottes Hilfe fahren. Eigentümlicherweise kann ich mich an das letzte Gebet in den Tagen vor dem Sprung nicht mehr erinnern. Ich denke, dass ich mich da schon innerlich von ihm verabschiedet hatte.

Ich wusste, dass ich meinem Leben an diesem Nachmittag ein Ende setzen würde. Gerade als ich meine Jacke angezogen und meine Schlüssel in die Hand genommen hatte, klingelte das Telefon. Auf dem Display sah ich die Nummer meiner Eltern. Bestimmt meine Mutter, aber ich hatte keine Lust, mit ihr zu reden. Ich wollte mit niemandem mehr reden. Endlich war ich so weit, dass ich wirklich einen Punkt hinter alles setzen konnte, da wollte ich nicht das Risiko eingehen, von irgendwem oder durch irgendetwas abgehalten zu werden.

Ich verließ meine Wohnung. Auf die Haustür hatte ich einen Zettel geklebt. An diesem Abend wollten wir nämlich zu mehreren essen gehen und anschließend ins Theater. Michiel würde mich abholen, das Restaurant war bei mir in der Nähe. Ich wollte ihn nicht vor der geschlossenen Tür warten lassen. Ich ging davon aus, dass ich gegen sechs Uhr tot sein würde, und fand es daher nur anständig, ihn wissen zu lassen, dass er nicht auf mich zu warten brauchte. MICHIEL, hatte ich in Großbuchstaben auf den Zettel geschrieben. Es war nicht zu übersehen. Innen hatte ich geschrieben: »Wenn du das hier liest, hat mein Leben eine andere Wendung genommen.«

Auf dem Fahrrad sagte ich mir, dass ich auf gar keinen Fall wieder umdrehen durfte. Vor einigen Jahren hatte ich mich schon einmal auf meine »letzte Fahrt« begeben und dann auf halbem Weg kehrtgemacht. Diesmal musste ich das durchziehen. Um zu verhindern, dass ich im letzten Moment kalte Füße bekam, fuhr ich beim Spirituosenhändler vorbei und kaufte mir eine Flasche Wodka. Damals trank ich selten Alkohol, daher würde mir diese Flasche vermutlich ausreichend Mut verleihen, diesen einen, letzten Schritt über die weiße Linie zu machen. Beim Bezahlen fragte ich mich, ob es dem Mann hinter der Kasse wohl je zu Ohren kommen würde, dass ich mit seinem Wodka zum Bahnhof gefahren war, um mich vor einen Intercity zu werfen.

Wie immer stellte ich mein Rad im Fahrradunterstand des Bahnhofs ab, nur ließ ich diesmal den Sattel zurück. Ich schloss das Rad ab und steckte den Schlüssel in die Hosentasche. Nachdem ich mich durch eine kurze Berührung mit der Hand von meinem Drahtesel verabschiedet hatte, drehte ich mich um und ging mit den Händen in den Hosentaschen auf den Bahnsteig. Eine Fahrkarte kaufte ich nicht.

Oben angekommen, sah ich auf der Uhr, dass der nächste Intercity schon in drei Minuten vorbeirasen würde. Das war mir zu schnell, und ich beschloss, ihn vorbeifahren zu lassen. Es würden genügend andere Züge folgen. Ich ging etwas weiter von den wartenden Fahrgästen weg bis zum Ende des Bahnsteigs, wo ich am Abend zuvor auch gestanden und den Lokführer auf der anderen Seite des Bahnsteigs so eindringlich angeschaut hatte.

Erst dort nahm ich den ersten Schluck Wodka. Ich wollte nicht, dass andere mich trinken sahen und danach womöglich das Bahnhofspersonal auf mich aufmerksam machten. Gierig trank ich aus der Flasche; mir wurde übel. Ich kniff die Augen fest zu, während der fast ekelerregende Wodka sich einen Weg in mich hinein zu brennen schien. Ich versuchte, ruhig zu atmen, um mich keinesfalls auf dem Bahnsteig übergeben zu müssen, denn dann würde bestimmt irgendjemand auf mich aufmerksam. Ich beschloss, den restlichen Wodka Schluck für Schluck auszutrinken.

Auf der anderen Seite des Bahnsteigs fuhr ein Intercity vorbei, und mir wurde klar, dass ich nie in Erwägung gezogen hatte, möglicherweise dort auf die Gleise zu springen. Das kam natürlich daher, weil ich in den letzten Jahren immer auf diesem Bahnsteig hier auf meinen Zug zur Arbeit gewartet hatte. Die andere Seite kannte ich nur vom Aussteigen. Das hier war meine Seite. Nur hier konnte ich springen, das war vollkommen logisch.

Der Wodka tat seine Wirkung, und ich verlor weitgehend jedes Zeitgefühl. Auch auf meiner Seite kamen mehrere Intercitys vorbei, die ich alle »verpasste«. Der letzte Intercity fuhr gegen Mitternacht hier durch, wie ich wusste, aber so lange konnte ich nicht warten. Ich musste noch am Nachmittag vor sechs Uhr springen, weil Michiel dann bei mir vor der Tür stehen und den Zettel finden würde. Ich verspürte keine Panik, sondern eher eine Bestätigung dessen, was ich die ganze Zeit über gewusst hatte: Jetzt war es so weit, ich war bereit.

Ich stand auf und merkte, dass mir das Gehen schwerfiel. Ich warf einen Blick auf die wartenden Fahrgäste und fragte mich, ob vielleicht jemand bemerkte, wie mühsam mir das fiel, das Auf-und-ab-Gehen, immer zum Ende des Bahnsteigs und wieder zurück. Mein Blick blieb an der Telefonzelle mitten auf dem Bahnsteig hängen. Ich überlegte kurz, meine Eltern anzurufen und ihnen zu erzählen, was ich vorhatte, sagte mir aber, es sei vollkommen sinnlos. Es würde unnötige Panik verursachen. Besser, ich ließ es.

Danach sah ich mit Blick auf die Uhr, dass der nächste Intercity nicht mehr weit vom Bahnhof entfernt war. Ich schloss die Augen, seufzte tief und öffnete sie wieder. Sobald es Zeit war, würde ich nach vorn gehen, langsam und vorsichtig, und dort warten, bis der Zug nur noch wenige Meter von mir entfernt wäre. Dann würde ich mich einfach nach vorn fallen lassen, mit dem Körper flach auf die Gleise. Danach würde ich bestimmt ohrenbetäubend schreien, so dass ich nichts mehr hörte, sah oder fühlte, bis alles mit einem Schlag vorbei war. Eine Sache von Sekunden, vermutete ich.

Der Intercity kam naher. Ich konnte die Schnauze des Zuges in der Ferne ankommen sehen und erhob mich. Ich durfte mich jetzt nicht wieder hinsetzen, denn das würde nur einen weiteren Aufschub bedeuten. Ich war mir sicher, dass ich das hier tun wollte. Als der Zug nahte und ich ihn direkt auf den Bahnhof zurasen sah, ging ich vor, erst zu dem weißen Streifen und dann über die Linie hinweg bis an die Bahnsteigkante. Ich schaute nicht mehr zur Seite oder zurück, sondern wartete, bis der Moment da war, der Moment, an dem ich die Augen schließen und mich mit einem Mal vornüber fallen lassen würde, wobei ich mir vorstellte, einen Sprung ins Wasser zu machen.

Ich sprang.

Mit einem harten Schlag landete ich auf den Gleisen. Ich spürte keinerlei Schmerzen, als ich den Kopf hob und zur Seite blickte und den Zug direkt vor mir sah. Ich kniff die Augen fest zu und schrie, so laut ich konnte, während ich auf den Schlag wartete. Ich hörte zu schreien auf, als der Zug über mich hinwegraste und der Schock mich aus dem Alkoholrausch wachrüttelte. Blitzschnell wurde mir klar, dass ich noch nicht tot war. Ich bemerkte den Geruch von erhitztem Metall und besaß noch die Geistesgegenwart, mir zu überlegen, dass ich den Kopf aufrichten musste, damit er von dem Gestell auf der Zugunterseite erfasst würde, das ich über mich hinwegschießen sah. Ich wollte zwar, wagte es aber nicht. Ich merkte, wie der Zug abbremste. Wie lang es dauerte, ehe er zum Stehen kam, weiß ich nicht zu sagen. Mir sauste es in den Ohren, und ich versuchte, mich aufzurichten, aber die Schmerzen, die ich in meinem Rücken vermutete, waren unerträglich. Einen solchen Schmerz hatte ich noch nie verspürt. Ich versuchte, die Lippen zu bewegen, was mir kaum gelang, und konnte lediglich flüstern: »Hilfe … Helft mir …« Plötzlich hörten die Schmerzen auf, und ich spürte eine nie da gewesene Wärme über mich kommen, so als würden zehn Paar Arme mich gleichzeitig umfangen. Ich wusste, dass ich doch noch sterben würde. Mit einem Gefühl der Erleichterung schloss ich die Augen.

Es war schlicht und einfach vorbei. Endgültig. Und Gott sei Dank!

Ich liege auf dem Tisch in der Turnhalle und höre plötzlich wieder die Stimmen der Leute um mich her. Ich konzentriere mich und suche nach der Stille zwischen den Geräuschen. Ich höre ein vereinzeltes Lachen, höre Stimmen in einer Sprache, die nicht die meine ist. Ich spüre einen brennenden Schmerz in den Beinen, und ein Gefühl unsäglicher Trauer hüllt mich ein. Und zwischen alldem versuche ich, nach einer Stille zu suchen. Einer Stille, die Ruhe bringen, die Energie geben soll, damit ich weiterleben kann. Es fällt mir schwer, sie zu finden, aber ich versuche es. Und wenn es jetzt nicht gelingt, überlege ich, dann vielleicht später, ein andermal.

Patricia

Sie heißt Patricia, ist um die fünfzig und geschieden. Sie ist im Speisesaal nach dem Abendessen auf mich zugekommen. Patricia stammt wie die meisten Patienten hier aus der Umgebung. Sie befindet sich nicht zum ersten Mal in der Klinik. Sie hat Rückenprobleme, aber genauere Einzelheiten weiß ich nicht. Sie kennt eine meiner Tischgenossinnen, Sandra. Die beiden teilen sich das Zimmer, und in einem ihrer Gespräche ging es um mich. Sandra hat ihr erzählt, dass ich ein Problem mit einer Wunde am linken Bein habe, die einfach nicht heilen will, im Gegenteil. Mittlerweile hat die Wunde einen Durchmesser von fast zehn anstatt fünf Zentimetern wie zu der Zeit, als ich das Krankenhaus verließ. Mittlerweile hat es auch eine ganze Reihe von Behandlungsversuchen gegeben, aber angeschlagen hat keiner. Ich höre, was mir Patricia erzählt, während ich beobachte, wie das Personal den Tisch für das Frühstück am nächsten Morgen eindeckt. Sie spricht leise, fast flüsternd.

»Ich erzähle dir jetzt etwas sehr Eigenartiges«, hebt sie an.

Ein Blick zu Sandra gegenüber am Tisch verrät mir, dass sie weiß, wovon dieses Gespräch handelt. Auch verrät mir ihr ernster Blick, dass das, was Patricia zu erzählen hat, wichtig ist.

»Ich kann mir gut vorstellen, dass du mir nach allem, was ich dir erzähle, sagen wirst, ich hätte einen Knall. Ich wäre nicht recht bei Verstand«, fährt Patricia fort.

»Ach, ich komme aus Holland, das heißt, ich kann einiges an Verrücktheiten ertragen«, scherze ich.

Patricia lächelt, aber dieses Lächeln verschwindet schnell wieder. Dann fährt sie in ernstem Ton fort: »Man hat mir gesagt, du hättest ein Problem mit deinem linken Bein?«

Ich nicke und will ihr sofort zeigen, worum es geht. Ich rolle mein Hosenbein hoch und zeige ihr die Wunde.

»Ich bin vor einer Woche noch in einem anderen Krankenhaus gewesen, nicht weit von hier. Da haben mir die Ärzte vorgeschlagen, um die offene Wunde herum kleine Ballons anzubringen, direkt unter die noch gute Haut.«

Ich schaue hoch zu Patricia, die das klaffende Loch in meinem Knie aufmerksam betrachtet. Ich erzähle ihr, dass die Ballons die Haut dehnen sollen, bis es wieder genug davon gibt, um sie über die Wunde zu ziehen. Aber das würde bedeuten, dass ich drei oder vier Wochen lang nicht duschen oder schwimmen könnte. Und es ist auch nicht sicher, ob die Haut damit genügend gedehnt werden kann. Ich schiebe das Hosenbein vorsichtig über das Ende meines Beins.

»Fraglich bleibt auch, ob die gedehnte Haut an ihrem Platz bleibt und sich nicht doch wieder zurückzieht, weil sie unter Spannung steht«, erzähle ich.

»Dann wärst du wieder genau da, wo du jetzt bist«, fasst Patricia zusammen.

»Richtig. Nur dass ich dann wochenlang nicht habe duschen und schwimmen können und vielleicht auch sonst eine Menge durchgestanden habe. Und das wäre dann alles umsonst gewesen.«

Ich erzähle, wie ein anderer Arzt in einem anderen Krankenhaus mir den Vorschlag gemacht hat, die offene Wunde mit einem Stück Haut von meiner Schulter zu schließen. Danach hieße es abwarten, ob es nicht von meinem Knie abgestoßen wird. Ich schaue wieder zu Patricia, und mir fällt auf, wie aufmerksam und ohne jede Ungeduld sie mir zuhört, während ich inzwischen regelrecht erregt bin, weil mir all die Probleme mit meiner Wunde zu schaffen machen.

»Und wenn sie nicht gleich funktioniert, die Hauttransplantation von meiner Schulter, dann könnten sie es ein zweites Mal versuchen, allerdings mit einem Stück Haut von meiner anderen Schulter.«

Um Patricias Mund erscheint ein Lächeln. Ich muss selbst auch lachen, allerdings eher aus Verzweiflung.

»Du verstehst«, füge ich hinzu, »dass ich mich nicht sonderlich um eine Operation reiße.«

Patricia nickt, wieder ganz ernst. Dann erzählt sie mir etwas von einem früheren Kollegen namens Marius, mit dem sie jahrelang in der Buchhaltung zusammengearbeitet habe. Der habe sich irgendwann selbständig gemacht, aber nicht als Buchhalter.

»Ich denke«, sagt sie zögernd, »dass er die Wunde schließen kann.«

Ich runzele die Stirn. Was sie sagt, überrascht mich und macht mich nervös. Ich nehme das halbvolle Glas Wasser, das vor mir auf dem Tisch steht, und trinke einen Schluck.

»Ist er Arzt oder Chirurg?«

Patricia schüttelt den Kopf. Er sei kein Arzt, erzählt sie. Allerdings habe er eine Praxis nicht weit von hier. Zwei Mal in der Woche halte er dort eine Sprechstunde ab. Sie sagt, ich könne keinen Termin machen, sondern müsse mich ins Wartezimmer setzen, bis ich an der Reihe sei. Eine längere Wartezeit scheint dabei unvermeidlich zu sein.

»Meistens dauert es an die zwei Stunden, ehe man drankommt.«

»Zwei Stunden?!«, rufe ich.

Sandra lacht laut über meine Reaktion. Patricia lächelt.

»Ja, aber manchmal sind es auch bloß anderthalb.«

»Aber was genau macht er denn?«, will ich wissen. »Hat er Kräuter oder eine Salbe oder …«

Patricia legt ihre Hand auf mein Bein. Zum ersten Mal, seit wir miteinander im Gespräch sind, berührt sie mich kurz. »Das kann ich dir nicht sagen, Viktor.«

»Aber streicht er etwas darauf oder macht er irgendwas anderes, ich meine, ich muss doch wissen …«

Dann beugt sich Sandra über den Tisch und mischt sich in

das Gespräch. »Niemand weiß, was er macht. Er berührt dich auch nicht dabei. Jedenfalls denke ich, dass er das nicht tun wird.«

Sandra weiß offenbar durch Patricia von diesem ehemaligen Kollegen.

Patricia bestätigt Sandras Aussage. »Normalerweise fasst er einen nicht an. Und wenn, dann nur ganz kurz an der Stelle an deinem Bein.«

Ich beginne langsam, aber sicher zu verstehen, worum es hier geht. Ich komme vielleicht zu einem Wunderheiler wie dieser Jomanda, deren Methoden ich nicht ernst nehmen kann. Ich will wissen, was es kostet. Nichts, sagen die Frauen. Ich könne Geld dalassen, sei aber nicht dazu verpflichtet, und eine Mindestsumme gebe es auch nicht. Manche Leute bezahlten fünf Mark, andere vielleicht zehn oder zwanzig. Da er offenbar keine Bezahlung verlangt und einem auch keine Pillen oder Salben andreht, scheint er mir nicht jemand zu sein, der damit Geld scheffeln will. Das macht mich neugierig. Trotzdem will ich erst noch darüber nachdenken, und das sage ich Patricia und Sandra auch so. Patricia meint, sie könne das verstehen und ich solle mir nur Zeit lassen. Sandra dagegen ist energischer und meint, ich solle es unbedingt tun, und zwar möglichst schnell.

»Was hast du zu verlieren?«

Unglaubwürdig

Glauben Sie mir überhaupt?«

Ich schaue auf die Psychologin, die mir gegenüber hinter ihrem Schreibtisch sitzt. Gerade habe ich ihr von dem Abenteuer bei Patricias ehemaligem Arbeitskollegen erzählt. Einer für mich völlig neuartigen Erfahrung.

Ich saß ihm gegenüber und durfte nichts sagen, nichts erzählen von dem, was mit mir war. Er führte beide Hände bis direkt vor seinen Kopf und murmelte dann etwas Unverständliches, das in eine Art Stöhnen überging. Dieses Stöhnen wurde stärker und lauter, und es schüttelte ihn heftig. Er richtete seine Hände auf mein linkes Bein und bewegte sie hin und her. Für mein Gefühl endlos, aber plötzlich war es vorbei. Marius hörte auf, ließ seine Hände in den Schoß fallen, und der Kopf sank ihm auf die Brust. Das war's. Mit auf den Weg bekam ich noch den Auftrag, den Verband drei Tage lang nicht zu wechseln. Am vierten Tag sollte die Wunde zugeheilt sein. Ich habe getan, was er sagte, und am vierten Tag habe ich den Verband vorsichtig von der Wunde genommen. Zu meiner Verblüffung sah ich, dass sich dort, wo noch vor wenigen Tagen eine zentimeterlange klaffende Wunde gewesen war, eine gleichmäßige hellrosa Haut gebildet hatte.

Die Psychologin hält den Kopf etwas schräg, das blonde Haar fällt ihr halb vors Gesicht. Sie tippt mit ihrem Stift auf den leeren Schreibblock vor sich. Kopf oder Zahl, auf welche Seite wird die Münze fallen? Glaubt sie mir oder glaubt sie mir nicht? Wenn nicht, kann ich ihr das verübeln? Ich kann selbst kaum fassen, was geschehen ist.

»Ich könnte Ihnen zwar glauben, aber ich bin mir nicht sicher, ob dies kein Test Ihrerseits ist, um zu sehen, ob Sie es schaffen, mich an etwas glauben zu lassen, was nicht stimmt.«

Ich runzele die Stirn. Das ist eine Antwort, mit der ich nicht gerechnet habe.

»Aber das hieße ja, dass ich Sie irgendwie auf die Probe stelle!«

Die Psychologin nickt, den Kopf unverändert schräg. Ihr Stift ruht auf dem Schreibblock.

Ich setze mich etwas anders hin und betrachte mein linkes Knie, dessen Wunde noch immer geschlossen und von einer zwar dünnen, aber gesund aussehenden Haut bedeckt ist.

»Wie hätte ich es denn fertigbekommen sollen, eine zehn Zentimeter lange Wunde in wenigen Tagen zuwachsen zu lassen?«

Die Psychologin beugt sich etwas vor und sagt: »Zum Beispiel, indem Sie sie nicht mehr berühren und auch nicht länger offen halten.«

Warum sollte ich die Wunde offen halten? Ich werde aus der ganzen Sache nicht schlau.

Die Psychologin fährt fort: »Manche Ärzte in der Klinik meinen, Sie hätten die Wunde die ganze Zeit über selbst offen gehalten und erst jetzt aus irgendeinem Grund zuwachsen lassen.«

»Moment mal«, sage ich und bedeute ihr mit beiden Händen, dass ich eine Pause möchte. Ich muss nachdenken über das, was sie sagt.

»Ich hätte Ihnen das überhaupt nicht erzählen dürfen oder gar sollen«, sagt sie. Sie erklärt mir, dass das öfter vorkomme, und spricht von Selbstverstümmelung oder Automutilation. Ich schaue sie an und versuche nachzuvollziehen, was sie mir da erzählt. Ich frage sie, ob sie je geglaubt hat, ich hätte die Wunde die ganze Zeit über selbst offen gehalten. Wir hätten so oft darüber gesprochen, was für ein Hindernis sie sei, beim Schwimmen, bei der Physiotherapie, bei allem Möglichen. Es müsse doch etwas in meinem Verhalten gegeben haben, was sie davon überzeugen musste, dass ich die Wahrheit sprach, immer wenn ich meine Frustration und meinen Ärger darüber geäußert habe, dass sich die Wunde nicht schließen wollte. Die Psychologin nickt. Ich schüttele den Kopf und seufze tief.

»Ich kann, denke ich, nur wiederholen, dass ich die Wahrheit gesagt habe. Ich weiß, das alles klingt eigenartig, aber so ist es nun mal gewesen.«

»Ich glaube Ihnen, was Sie sagen«, antwortet die Psychologin. »Haben Sie vor, den Ärzten den genauen Hergang zu schildern?«

»Natürlich wurde ich schon gefragt, woher es kommt, dass die Wunde an meinem Bein jetzt plötzlich doch abheilt, aber ich habe zur Antwort immer nur mit den Schultern gezuckt.«

Die Psychologin lächelt. »Das halte ich auch für das Beste. Für manche in der medizinischen Welt ist nämlich alles, was außerhalb ihres Wahrnehmungsbereichs liegt, Unsinn. Nicht alle meine Kollegen könnten mit dem umgehen, was Sie mir gerade erzählt haben.«

Als ich in mein Zimmer zurückfahre, denke ich nochmals über das nach, was mir die Psychologin gerade gesagt hat. Der Begriff Selbstverstümmelung kommt mir bekannt vor, und ich erinnere mich, wie ich mir als Vierzehnjähriger bei der Vorbereitung auf Klassenarbeiten wiederholt in den Handballen biss. So tief, so fest und so oft, dass meine Zähne Abdrücke in meiner Haut hinterließen und meine Hände sogar bluteten. Ich stellte mir vor, der Schmerz sei ein »Tausch« für eine gute Note; je tiefer die Wunde und je heftiger der Schmerz, desto besser würde die Klassenarbeit laufen. Mit dem bestandenen Abitur verschwand übrigens diese Neigung. Ich frage mich, ob ich ihr das noch bei unserem nächsten und zugleich letzten Gespräch erzählen sollte, befürchte aber, sie könne mich dann wirklich für verrückt erklären und am Ende doch denken, ich hätte die Wunde an meinem Bein die ganze Zeit selbst offen gehalten, was wirklich nicht stimmt.

Es sind die letzten Tage in der Klinik, als ich nachmittags zum letzten Mal in dem kleinen Büro der Psychologin sitze.

»Ich hatte ihnen bereits gesagt, dass wir in unserem Haus nicht die Möglichkeit haben, eine intensive Therapie anzufangen. Wir sind darauf nicht eingerichtet. Dennoch denke ich, dass ich nach allen Gesprächen, die Sie und ich miteinander geführt haben, eine Diagnose stellen kann.«

Ich bin ganz und gar vorbereitet auf das, was sie jetzt sagen wird. Ich kann nicht verhindern, dass ich mir vorstelle, wie ihr Endurteil lauten wird: »Herr Staudt, Sie sind völlig verrückt.«

Stattdessen sagt sie: »Haben Sie schon mal von der Borderline-Persönlichkeitsstörung gehört?«

Ich sage, ich hätte seinerzeit einige Bücher aus der Bibliothek dazu gelesen und würde mich einigermaßen darin wiedererkennen, hätte mich sonst aber nicht weiter damit beschäftigt.

Die Psychologin fährt fort: »Nach dem sogenannten DSM-IV-Klassifikationssystem …« – sie hält kurz inne und schaut mich an, um zu sehen, ob ich weiß, wovon sie spricht, ehe sie fortfährt – »… gibt es eine Reihe von Kriterien, die erfüllt sein müssen, um diese Diagnose stellen zu können. Ich nenne Ihnen einige, die meiner Meinung nach auf Sie zutreffen.«

Unsere Blicke treffen sich kurz, und ich schaue sie neugierig an.

»Sie haben eine starke Verlustangst. Sie möchten sich gern binden und haben gleichzeitig Angst, im Stich gelassen zu werden. Diese Angst nimmt manchmal groteske Formen an, auch wenn sie unbegründet ist.«

Ich höre zu und bin mir unsicher, ob ich das jetzt bestätigen oder einfach nur zur Kenntnis nehmen soll.

»Sie haben mich gebeten, einen anderen Psychologen zu finden, weil Sie mit mir nicht weitermachen wollten, als ich Ihnen sagte, dass ich eine Woche in Urlaub fahren würde.«

Ich nicke und spüre, wie ich rot werde.

»Weiter haben Sie eine Reihe instabiler Beziehungen hinter sich, wobei Sie, wie Sie selbst sagen, Menschen manchmal mit aller Kraft an sich ziehen können, um sie danach wieder ebenso stark von sich zu stoßen.«

Ich erinnere mich, dass ich der Psychologin von meinem Arbeitskollegen Marc erzählt habe, der mir das fast wortwörtlich so gesagt hat.

»Sie haben ein instabiles und oft negatives Selbstbild.«

Ich seufze, auch das lässt sich nicht leugnen.

»Sie fühlen sich zu Extremen hingezogen. Sie suchen geradezu danach. Nach Abenteuern, die nicht immer ungefährlich sind.«

Diesmal lächele ich leise, weil ich diesen Punkt eigentlich als eine attraktive Eigenschaft betrachte.

Die Psychologin bemerkt das und sagt, ich solle nicht stolz darauf sein, sondern es gehe hier um ein ernstzunehmendes Problem. »Und weiter leben Sie gern in einer Art Filmwelt, wie Sie es beschreiben. Sie können manchmal Ihre Wut nur mit Mühe im Zaum halten. Sie leiden oft an einem intensiven Gefühl der Leere und unter ... ja, einem wiederkehrenden Bedürfnis, Selbstmord zu begehen ...« Woraufhin die Frau ihren Satz abbricht und mich anschaut. Auch sie lächelt jetzt, und ich nicke.

Sie hat recht, oder eher gesagt: Ich kann nichts dagegen vorbringen. Alles, was sie angeführt hat, stimmt.

»Und was fange ich jetzt damit an?«, frage ich sie in einer Art und Weise, die klarstellt, dass ich nicht sogleich eine fix-und-fertige Lösung erwarte.

»Tja …«, antwortet die Psychologin und lässt den Stift, den sie bisher in der Hand gehalten hat, auf ihren Schreibtisch fallen. »Es ist sicher nicht einfach, das muss ich sofort dazusagen. Es gibt mehrere Therapieansätze.« Sie verspricht, sich danach zu erkundigen.

Einen Moment lang bleibt es still.

»Ja, das hört sich gut an«, sage ich, aber eigentlich nur, weil ich keine Ahnung habe, was ich sonst sagen soll.

Wir verabschieden uns, und ich danke ihr für die Gespräche, die wir geführt haben. Sie wünscht mir alles, alles Gute, und ich meine an ihrer Stimme zu hören, dass sie es ernst meint.

»Vielleicht, wenn Sie mögen, können Sie mich ja über Ihr weiteres Befinden auf dem Laufenden halten. Das würde mich sehr interessieren.«

Als die Bürotür hinter mir zufällt, halte ich erst mal den Rollstuhl an. Ich werde wahrscheinlich nie mehr hierherkommen. Die Gespräche werden mir fehlen. Es stimmt mich traurig. Was ich mit der Diagnose anfangen soll, weiß ich nicht. Vielleicht ist es besser, ich tue erst einmal überhaupt nichts, sondern warte, bis ich zu Hause bin. Aber wo ist mein »Zuhause« eigentlich?

Nach Hause (?)

Heute bin ich nach Hause gekommen. Nach gut einem Jahr bin ich nicht mehr in einer Klinik oder einem Krankenhaus. Der Begriff »nach Hause« ist womöglich etwas übertrieben: Ich bin gerade in *einem* Haus angekommen, irgendwo in *einer* Straße, *einem* Dorf, *einem* Landstrich, den ich kaum kenne. Ich weiß nur den Namen des Ortes, Eppelheim, und den Namen der Straße, Finkenweg. Aber wo diese Straße anfängt und wo sie endet, könnte ich nicht sagen. Jedenfalls bin ich in einer neuen Umgebung, und nichts hier erinnert mich an früher. Ich kann ein Reha-Zentrum in Heidelberg nutzen, nicht weit von hier.

Was genau ich mit meiner neuen Umgebung anfangen will, weiß ich noch nicht. Jedenfalls freue ich mich, dass die Zeit in Krankenhaus und Reha-Kliniken vorbei ist und ich nach einem guten Jahr des »Unterwegsseins« die Tür hinter mir zuziehen und sagen kann, ich sei zu Hause. Ich will erst Kartons auspacken, herausfinden, wo sich der nächste rollstuhlgeeignete Supermarkt befindet und wer meine neuen Nachbarn sind.

Den beiden Möbelpackern danke ich für das Hereintragen der Möbel und Kartons. Als ich meine Unterschrift unter das Auftragsformular des Umzugsunternehmens gesetzt habe und die Tür hinter den Packern zumache, habe ich das Gefühl, damit auch eine imaginäre Tür zu schließen. Die Tür der Zeit zwischen dem Moment, in dem ich meine Amsterdamer Wohnung verließ, um zum Bahnhof zu fahren, und der Gegenwart.

Ich schaue mich in der frisch gestrichenen und vollkommen renovierten Zweizimmerwohnung um. Ich bin allein in einer Wohnung, in der ich auch ganz allein das Sagen habe. Ich kann tun und lassen, was ich will. Ich kann ins Bett gehen, wann ich will, ich kann aufstehen, wann ich will, ich kann essen, was und wann ich will. Es gibt kein Therapieheft mehr, in dem steht, an welchem Tag und zu welcher Zeit ich die nächste Physiotherapie oder Massage bekomme. Es gibt kein Schwesternzimmer mehr, in dem ich mir abends meine Schmerzmittel abhole. Es gibt kein Restaurant mehr, in das ich gehen kann.

Diese Gedanken machen mich schwindeln: Zum ersten Mal seit langem bin ich wieder völlig auf mich gestellt. Und da ist noch mehr: Wenn ich mich hinter meinen neuen Schreibtisch und vor den neuen Computer setze, zieht der Kleinkram aus meiner Etagenwohnung in Amsterdam unweigerlich meine Aufmerksamkeit auf sich. Figürchen, Schachteln und Dosen, Federschalen, Pokale, ein Bürohefter, ein Radiergummi in Garfield-Form, ein Brieföffner mit einem Schlumpf als Griff ... alles Dinge, die mir so vertraut sind und die schon seit Jahren so sehr zu mir gehören, die ich aber auch die ganze Zeit über nicht mehr gesehen habe. Es ist irgendwie bizarr, denn mit dem Gedanken, nie mehr dorthin zurückzukehren, habe ich mich damals unbewusst von all diesen Sachen verabschiedet. Und jetzt ist es, als hätte es diesen Abschied nie gegeben. Ich betrachte die Gegenstände. Stück für Stück gleitet mein Blick über sie hinweg, und ich bin merkwürdig aufgeregt. *As if we never said goodbye.*

Seltsamerweise stimmt mich dieses Wiedersehen weder traurig noch melancholisch, im Gegenteil. Erinnerungen an damals steigen in mir auf, aber es sind hauptsächlich positive Erinnerungen. Ich bin erstaunt, dass ich beim Anblick eines simplen Kugelschreibers fast das Gefühl habe, einen alten Bekannten wiederzutreffen und ihn nach einer halben Ewigkeit wieder in die Armen schließen zu können. Die Sachen aus meiner alten Wohnung geben mir mehr als alles andere das Gefühl, zu Hause zu sein.

Seit kurzem habe ich ein auf mich zugeschnittenes Auto. Auch freue ich mich über das Fitness-Studio und das Schwimmbad unweit von hier. Und nicht unwichtig ist die Hausärztin mit einer barrierefreien Praxis, die ich inzwischen gefunden habe. Ich werde mindestens einmal im Monat zu ihr müssen für mein Anschlussrezept Valoron. Obwohl ich dieses Mittel gegen Phantomschmerzen bis zu vier Mal am Tag nehmen darf, beschränke ich die Einnahme auf den Abend. Es ist doch ein recht starkes Opiat, und ich will tagsüber möglichst fit bleiben, damit ich Sport treiben kann. Von der Bewegung erhoffe ich mir, weitere körperliche Probleme zu vermeiden. Denn je mehr Sport ich treibe, desto fitter bin ich, um auch den Rest der alltäglichen Anstrengungen zu meistern. Allein das mehrmalige tägliche Umsetzen vom Rollstuhl auf eine andere Sitzgelegenheit oder die Toilette kostet viel Kraft.

Jeden Abend freue ich mich auf die Valoron-Tropfen. Kurz nach der Einnahme kommt der Moment, in dem ich mich besser fühle und die elenden Schmerzen etwas von mir wegzurücken scheinen.

Zwiespalt

Die Tage, Wochen und Monate vergehen relativ schnell. Tägliche Verrichtungen wie Aufstehen, Frühstückmachen, Einkaufen, Physiotherapie und Kochen nehmen so gut wie den gesamten Tag in Beschlag. Es dauert mehrere Monate, bis ich mich an meine neue Umgebung gewöhnt habe. Die Tage beginne ich relativ spät, jedenfalls nicht vor zehn Uhr morgens, denn ich gehe spät ins Bett. Eine der Nebenwirkungen des Valoron ist, dass ich nicht müde werde. Ich bekomme kein schläfriges Gefühl und kann bis tief in die Nacht schreiben, Filme sehen, chatten oder mich mit anderem beschäftigen. Aber wenn ich dann zuletzt doch einschlafe, ist es ein tiefer Schlaf, und ich tauche für mindestens neun Stunden ab.

Letzten Sommer habe ich regelmäßig in dem kleinen Café auf dem Gelände des Schwimmbads gefrühstückt, das auch ein Außenbecken hat. Bei schönem Wetter war das ein angenehmer Start in den Tag. Im Fitness-Studio und im Schwimmbad begrüßen mich die Leute jetzt mit meinem Namen. Auch die Mitarbeiter des Supermarkts, der Bäckerei und der Postfiliale kennen mich inzwischen, und so wird meine kleine Welt langsam, aber sicher etwas größer. Neue Freunde zu finden hat dagegen lange gedauert. Anfangs dachte ich, es läge an der fremden Sprache, aber heute weiß ich, dass es nicht nur das ist, sondern auch die völlig andere Kultur. Eine gewisse Zeit in einer süddeutschen Klinik verbracht zu haben macht aus mir noch keinen Kenner deutscher Bräuche und Gepflogenheiten. Ich denke, ich bin manchmal zu direkt für die Menschen um mich herum.

Bisweilen habe ich den Eindruck, im Urlaub zu sein. Ich bin in einem anderen Land und spreche eine andere Sprache, in einer Umgebung, in der gerade schön die Herbstsonne scheint. Aber die Schmerzen in meinen Füßen und ein Gefühl der Hoffnungslosigkeit, das mich immer wieder überfällt, wenn ich mich nicht durch Schwimmen, Lesen oder Fernsehen ablenken kann, machen mir schnell klar, dass das hier absolut keine Ferien sind.

Virtuell ist meine Welt viel schneller gewachsen, obwohl ich nicht mehr in die Newsgroups gehe. Das Internet ist eine Zeitlang fast buchstäblich mein einziger Zugang zur Welt gewesen. Brian und Thijs sind inzwischen abgeschlossene Kapitel, obwohl ich mich, was Brian angeht, noch manchmal frage, was aus ihm geworden sein mag. Meine Online-Suche hat nie etwas ergeben. Letztlich wird er, so sage ich mir, sein Leben wieder in den Griff bekommen haben und besucht daher nicht länger die Newsgroup alt.suicide.holiday, wo ich ihm erstmals begegnet bin.

Dass ich Brian nicht mehr schreiben kann, macht es für mich wohl leichter, selbst auch nichts mehr in der Newsgroup zu posten. Was habe ich dort noch verloren? Von Thijs habe ich seit langem nichts mehr gehört. Ohne dass wir es aussprechen oder aufschreiben, wissen wir, denke ich, beide, dass unsere Online-Beziehung vorbei ist. Vielleicht ist alles schon gesagt, und vielleicht will ich mich ihm gegenüber auch verschließen, weil langsam, aber sicher der Hang zum Leben in mir ein klein wenig gewachsen ist. Vielleicht bin ich einfach zu müde, um mich nach all den Ereignissen der letzten anderthalb Jahr wieder auf die Suche nach einer Überdosis an Medikamenten zu machen, nach jemandem, der mir beim Selbstmord helfen kann. Erst einmal muss ich versuchen, zur Ruhe zu kommen.

Im Internet bin ich jetzt über entsprechende Foren mit Schicksalsgenossen in Kontakt getreten, das heißt mit Leuten, die ebenfalls ein oder mehrere Gliedmaßen verloren haben. Ich bespreche dort nicht nur meine Probleme, sondern tausche mit ihnen auch Alltagserfahrungen aus. Mich wundert, dass diese Foren auch von Leuten besucht werden, denen nichts amputiert wurde. Bis mir ein Forumsmitglied erklärt, dass diese Leute *admirers* genannt werden, »Bewunderer«. Sie fühlen sich zu Menschen mit einer Amputation hingezogen. Erst nachdem ich von ihrer Existenz gelesen hatte, konnte ich sie identifizieren. So kam einmal im Fitness-Studio ein Mann mittleren Alters auf mich zu. Sein Interesse an mir befremdete mich zunächst nicht, weil ich öfter gefragt werde, ob ich Hilfe benötige, aber hinterher war mir mehr als klar, dass er ein Fall von Acrotomophilie, ein *admirer,* war. Er sprach mich auf die Form meiner Beinstümpfe an, die bei einem Training im Fitness-Studio deutlich sichtbar sind. Der Mann bot mir sogar an, meine Beine zu massieren.

Ich überlege, einen Blog anzufangen, in dem ich in Tagebuchform über meine Aktivitäten als »frischgebackener Rolli-Fahrer« berichten kann. Für mich wäre das ein kreatives Ventil, und es könnte zudem für andere Menschen nützlich sein, die im Rollstuhl gelandet sind. Leute, die vielleicht nicht oder noch nicht die Energie und Inspiration gefunden haben, das Beste daraus zu machen. Vorläufig beschränke ich mich darauf, schriftlich auf die Beiträge anderer zu reagieren, aber der Blog kommt irgendwann bestimmt.

Seit ich selbstbestimmt wohne und je mehr Zeit verstreicht, desto bewusster werde ich mir über meine zwiespältige Haltung dem Leben gegenüber. Einerseits gebe ich mir immer Mühe, das Beste daraus zu machen, doch andererseits frage ich mich – besonders abends, nachdem ich meine Schmerzmittel eingenommen habe –, was das alles soll. Aber solange ich noch nicht tot bin, will ich auch nicht den ganzen Tag im Bett liegen bleiben. Wie widersprüchlich es auch klingt: Gerade die Tatsache, dass ich mir bewusst ein neues Leben einrichte, befähigt mich wohl dazu, auf eine gute Lösung für meine prekäre Lage hinzuarbeiten.

Der Zwiespalt in mir wird allerdings immer größer. Es ist so ermüdend, immer hin und her geworfen zu werden zwischen einer gewissen Hoffnung auf eine Zukunft – keine Ahnung, wie diese je aussehen könnte – und dem Streben nach dem Tod.

Energie

Das Flugzeug hat gerade abgehoben und nimmt Kurs auf Berlin. Ich schaue aus dem Fenster und muss innerlich lachen. Was in aller Welt mache ich hier? Ein Fotograf hat mich übers Internet gebeten, bei einem Fotoshooting im Auftrag eines Berliner Interessenverbandes für Homosexuelle mitzumachen. Das Ziel dabei ist, für die Akzeptanz Behinderter in der schwulen Community zu werben. Auf dem Foto werde ich auf einem Hocker sitzend in einer vollen Kneipe zu sehen sein, in der alle miteinander im Gespräch sind, aber niemand mit mir. Ich sitze also ganz allein da und außerdem unbekleidet: Ich bin und fühle mich nackt, das soll das Foto ausstrahlen. Ich werde dabei von der Seite fotografiert, damit es ein anständiges Foto für alle Altersgruppen wird. Angefangen hat das ganze Abenteuer vor einem knappen Monat. An einem belebten Abend im Fitness-Studio wurde ich von einer etwa zwanzigjährigen Frau angesprochen. Sie stellte sich mir als Durja vor und sagte, sie habe mich schon häufiger gesehen und bewundere mich sehr wegen meiner Art zu trainieren. Ich lächelte freundlich und sagte, ich versuchte halt, das Beste daraus zu machen. Aber das war nicht alles. Sie sagte, ihr sei auch aufgefallen, wie schnell und problemlos ich mich vom Rollstuhl auf eines der Geräte umsetzen könne und umgekehrt. Sie wusste nicht, wie sie es genauer beschreiben sollte. Ich vermutete, dass sie Angst hatte, etwas Unpassendes zu sagen. Aber ihre etwas ungeschickte Art zu formulieren führte dazu, dass wir beide lachen mussten.

Dass ihr Interesse etwas mit Akrotomophilie zu tun haben könnte, schloss ich aus. Sie erzählte mir anschließend, dass sie Fotografie studiere und demnächst eine Bildreportage vorlegen müsse. Sie fragte, ob ich ihr nicht Modell sitzen wolle. Ich war von ihrem Vorschlag überrascht, weil es so gut passte: Ich dachte sofort an den Blog, den ich bald beginnen wollte und für den ich dringend ein paar aktuellere Fotos brauchte – ohne Beine.

Wir verabredeten uns für das Fotoshooting. Die Art, wie sie über mich und meine Beine sprach, gefiel mir. Nie sagte sie »deine amputierten Beine« oder »deine Stümpfe«, sondern ausschließlich »deine Beine«. Während des Shootings erzählte sie mir, sie wolle erreichen, dass sich die Betrachter einfach über »ein Stück« wunderten, »das im Bild fehlt«. Bei dem Foto, das sie von mir im Schwimmbad machte, wollte sie zeigen, wie frei ich mich im Wasser bewegen kann.

Einige Tage später waren die Bilder fertig. Alle in Schwarzweiß, wie vereinbart. Die Fotos waren schlicht überwältigend. Erst jetzt wurde mir deutlich, was für große Fortschritte ich in Sachen körperlicher Fitness in relativ kurzer Zeit gemacht hatte. Verglichen mit den Fotos, die während meines Aufenthalts in der Enzensbergklinik aufgenommen worden waren, wirkte ich wie neugeboren: fit, energiegeladen und mit einer kraftvollen Ausstrahlung. Als ich einige Fotos in meinem neuen Blog gepostet hatte und darüber in den Foren berichtete, erhielt ich E-Mails von Besuchern, die mir gegenüber Bewunderung und Respekt bezeugten. Unter den vielen Mails war dann auch die des Berliner Fotografen, der anfragte, ob ich Interesse hätte, an seinem Projekt mitzuarbeiten.

Noch im Siegestaumel nach dem erfolgreichen Fotoshooting mit Durja konnte ich der Versuchung nicht widerstehen, mich durch ein weiteres Erfolgserlebnis zu pushen; ich hungerte geradezu nach Bestätigung, und ich konnte nicht widerstehen, gerade weil deutlich wurde, was nach dem Sprung von mir noch übrig geblieben war.

Ich lächele unwillkürlich, denn ich bin wieder da, daran kann kein Zweifel mehr bestehen. Ich schaue aus dem Flugzeugfenster und betrachte die Landschaft unter mir. In diesem Moment gebe ich mir ein Versprechen. Für den übernächsten Tag ist eine Begegnung mit dem Fotografen und einer Reihe weiterer Leute geplant, die an dem Fotoprojekt beteiligt sind. Das Ziel ist, sich gegenseitig besser kennenzulernen. Sollte ich eine Angstattacke erleiden oder die Situation mir in irgendeiner Weise zu viel werden, will ich sofort zurückfliegen und kein Wort mehr darüber verlieren, so als sei das Ganze nie geschehen.

Am Gate warte ich geduldig, dass die ersten Passagiere aussteigen und das Flughafenpersonal mir zu Hilfe kommt. Ich schaue durch eines der kleinen Fenster nach draußen. Die Sonne scheint, und das Bodenpersonal läuft über den Platz, um Gepäck und Fracht aus dem Laderaum des Flugzeugs zu holen. Ich bin da, ich bin *angekommen.* Ich bin gespannt auf das, was mich erwartet. Ich habe Lust auf das Abenteuer.

Ich nehme ein Taxi zum Hotel, und unterwegs blicke ich wie ein Tourist aus dem Fenster. Ab und zu betrachte ich meinen rechten Arm. Um mein Handgelenk trage ich ein schwarzes, doppelt verknotetes Band. Es ist ein elastisches Band, das im Flugzeug um Serviette und Besteck gebunden war. Es war mir aufgefallen, als ich es von der Serviette abrollte, und ich hatte es einmal gefaltet und danach verknotet, um es mir wie einen Talisman ums Handgelenk zu binden. Solange ich es trage, kann mir nichts passieren.

Bei meiner Ankunft im Hotel wird mir das Gepäck sofort abgenommen, so dass ich bequem durch die Eingangshalle zur Rezeption kommen und einchecken kann. Danach fahre ich in mein Zimmer, das schön geräumig ist. Auch das Bad ist groß genug für meinen Rollstuhl. Im Internet hatte ich gelesen, dass das Hotel über ein Schwimmbad verfügt, und so schwimme ich vor dem Essen erst ein paar Bahnen. Vom Beckenrand aus gewährt mir eine große Glaswand einen tollen Blick auf die Stadt. Die Dämmerung ist mittlerweile hereingebrochen, und die Sonne wirft eine letzte rote Glut über die Hausdächer. Alle paar Bahnen mache ich kurz halt, um den Abendhimmel zu betrachten. Ich verspüre eine enorme Energie und bin nicht mehr zu bremsen.

Alive

Ich sitze im Theater. Das Musical *Oklahoma* ist wirklich ein Erlebnis. Gestern beim Frühstück im Hotel bin ich Chris begegnet, dem noch recht jungen Dirigenten des Orchesters, und er hat mir eine Freikarte geschenkt. Ich habe nur kurz gezögert, dann aber rasch zugesagt. Nach der Vorstellung treffe ich Chris im Foyer.

»Und, wie fandest du es?«, fragt er.

»Es war großartig!«, antworte ich wahrheitsgemäß. Ich bin begeistert, weil ich mehrere der Lieder wiedererkannt hatte und im Kopf hatte mitsingen können.

»Kommst du kurz mit in die Garderobe? Dann kannst du Jason kennenlernen.« Schon vorher hatte Chris mir erzählt, dieser Jason, der die Hauptrolle in *Oklahoma* spielte, hätte lange Zeit die Rolle des Phantoms im *Phantom der Oper* verkörpert. Ich weiß noch, wie ich dieses weltberühmte Musical erstmals auf einer Amerikareise sah, vor fast zwölf Jahren. Ich will diesen Jason gern kennenlernen, und zusammen machen wir uns auf den Weg zu ihm.

Als wir in seine Garderobe kommen, steht er auf und streckt mir seine Hand entgegen, während er kurz auf Chris schaut und danach auf mich. »Well, you must be Viktor!«

Mir gelingt es kaum, etwas herauszubringen, aber diesmal hat es nichts mit Angst zu tun. Ich bin völlig überwältigt von seiner Ausstrahlung.

»Wie fandest du die Show heute Abend, Viktor?«

Mir fällt auf, dass er mich mittlerweile schon zum zweiten Mal beim Namen nennt.

»Great«, sage ich, und: »terrific«, woraufhin Jason erwidert, er freue sich, dass es mir so gut gefallen habe. Sein Gesicht ist noch voller Schminke, und er ist gerade damit beschäftigt, sie ganz zu entfernen. Ich räuspere mich und sage, ich müsste ihnen etwas sagen. Chris und Jason schauen mich beide an. Ich gestehe, dass diese Begegnung für mich wirklich ein Erlebnis ist, dass ich das *Phantom der Oper* gut kenne und die Lieder sogar regelmäßig mitsinge. Und dass diese Lieder für mich untrennbar mit der Person verknüpft sind, die mir genau gegenübersitzt.

»Es ist mir eine Ehre, dich kennenzulernen!«, rufe ich begeistert. Jason lacht. Mir wird klar, wie sehr das nach Süßholzraspeln klingt. Wie oft er das wohl schon gehört hat? Aber ich wollte es einfach gesagt haben. Jason steht auf und kommt auf mich zu. Als er direkt vor mir steht, sagt er, ich läge da völlig falsch, denn es sei eine Ehre für ihn, *mich* kennenlernen zu dürfen.

»Du musst eine unendlich schwere Zeit durchgemacht haben, und ich habe einen riesigen Respekt vor jemandem, der wie du imstande ist, einen solchen Schicksalsschlag zu überwinden.«

Ich überlege mir, dass Chris ihm erzählt haben muss, ich hätte erst kürzlich meine Beine durch einen Verkehrsunfall verloren.

Jason setzt sich wieder vor den Spiegel. Dann fragt Chris, ob wir am Abend noch ausgehen wollen. Ob wir ausgehen wollen?! Ich schaue auf meinen Talisman und befühle das schwarze Band. Ich bemerke, dass ich mich ruhig fühle und keine Angst habe. Jason fragt, ob es bei uns im Hotel nicht zufällig ein Klavier gibt. Chris vermutet ja, er ist sich nur nicht sicher, ob man es uns zur Verfügung stellen wird. Jason hält es dennoch für lohnend, das herauszufinden, und so fahren wir zum Hotel.

Es sei möglich, ein Stündchen auf einem Klavier in einem bestimmten Saal zu spielen, sagt der Empfangschef auf unser Drängen hin. Er gibt uns den Schlüssel, und nachdem wir aus meinem Zimmer eine Flasche Wein mit den passenden Gläsern geholt haben, begeben wir uns ins Klavierzimmer. Der

Raum ist nicht viel größer als ein Hotelzimmer, mit zwei seitlichen Terrassentüren, die in einen ummauerten Garten führen. Chris öffnet die Türen einen Augenblick, und kalte Luft strömt herein. Er wirft einen Blick nach draußen.

»*A secret garden …*«, sagt er.

Den Anschein erweckt er tatsächlich, denn in den Garten kommt man nur durch diesen Raum. Chris schließt die Terrassentüren. Jason hat sich mittlerweile ans Klavier gesetzt und schlägt die ersten Töne an. Chris entkorkt die Flasche und schenkt ein.

»Und wann bist du das letzte Mal aufgetreten?«, fragt Jason dann. Chris gibt mir ein Glas Wein. Währenddessen spielt Jason ein Thema, das mir vage bekannt vorkommt.

»Ich? Aufgetreten? Wie meinst du das?«

»Na, wann du zum letzten Mal gesungen hast! Du singst doch auch?«

»Wie kommst du denn darauf, dass ich singe?«, reagiere ich erstaunt. »Ich kann überhaupt nicht singen. Jedenfalls nicht sonderlich gut.«

Aber seine Frage erstaunt mich erst recht, als ich ihm daraufhin erzähle, ich hätte tatsächlich manchmal gedacht, dass ich als Erstes mit Singen anfangen würde, wenn ich meine Beine wiederhätte. Ich nehme einen tüchtigen Schluck Rotwein, um meine aufkommende Erregung zu unterdrücken.

»Du würdest also nicht reden wollen, nicht diskutieren, dich nicht mit jemandem streiten …, sondern stattdessen singen«, sagt Jason.

Ich nicke. »Ist schon lustig, dass du genau die Sachen aufzählst. Ich habe gerade in letzter Zeit so viel Wut verspürt, so viel Angst, so viel Trauer auch. Aber all diese negativen Gefühle würde ich dann vergessen, und das Einzige, was ich tun wollte, wäre singen.«

Jason will aber immer noch wissen, wann ich zum letzten Mal gesungen habe. Ich erzähle ihm, wie ich früher als kleiner

Knirps regelmäßig abends mit einem Stapel Langspielplatten unter dem Arm ins Büro meines Vaters gegangen bin, wo ein Plattenspieler mit zwei ordentlichen Lautsprechern stand. Wenn er nicht da war, konnte ich dort aus voller Brust mit den Schallplatten mitsingen.

»Und jetzt tust du das nicht mehr?«, fragt Jason.

»Das Singen spielt vielleicht nicht mehr so eine große Rolle«, sage ich. »Aber die Musik. Die Musik hat mich immer begleitet. Wie in einem Film, in dem man ständig etwas hört, eine bestimmte Melodie oder ein bestimmtes Lied, das wie die Faust aufs Auge zu dem passt, was du in dem Moment tust oder was gerade geschieht.«

Chris nickt. »Das kommt mir sehr bekannt vor«, sagt er.

Ich bin überrascht. Und irgendwie bin ich erleichtert: Ich bin also nicht der Einzige, der in seinem Kopf unentwegt Musik hört.

»Aber gut, du hast auch gefragt, wann ich zum letzten Mal aufgetreten bin. Ob du es glaubst oder nicht, das war, als ich im Krankenhaus lag, vor einer Gruppe von Medizinstudenten.«

Das Ganze fand einige Wochen nach meiner Einlieferung ins Krankenhaus statt. Ich erinnere mich, dass mir damals von all den Tabletten ziemlich schummrig war. Ich erzähle, wie einer der Chirurgen, der mich operiert hatte, mich fragte, ob er mich seinen Studenten während einer Vorlesung vorstellen dürfe. Er sagte, er wolle vorab Fotos von der Operation zeigen, und ich solle danach in den Hörsaal kommen. Ich selbst würde die Bilder also nicht zu sehen bekommen. Ich weiß noch, wie ich während dieser Vorlesung neben dem Chirurgen stand oder besser gesagt, neben ihm in einem Krankenhausrollstuhl saß. Und wie ich hinter dem Tisch hervor zu den Studenten im Saal aufgeschaut hatte. Ich habe, glaube ich, kein Wort gesagt. Wohl bekam ich hinterher von einer Studentin einen Blumenstrauß überreicht, wobei sie sich im Namen aller bei mir für meine Anwesenheit und meinen Beitrag bedankte.

Was ich Chris und Jason verschweige, ist, dass ich auch gefragt wurde, was mit mir passiert sei. Offenbar hatte der Chirurg, der die Vorlesung hielt, darüber nicht mit ihnen gesprochen. Weil mein rechter Arm noch eingegipst war, konnte ich mich kaum bewegen. Die Blumen hatte ich mit der linken Hand auf meinen Schoß gelegt, und dann antwortete ich der Studentin, ich hätte mich vor den Zug geworfen. Ich erinnere mich nicht, gezweifelt zu haben, ob ich es erzählen sollte: Ich tat es einfach. Woran ich mich jedoch sehr wohl erinnere, ist, dass ihr Tränen in die Augen traten und ein anderer Student, der bei uns stand, mir eine Hand auf die Schulter legte.

»Sie hat geweint, als sie mir die Blumen gab«, sage ich unvermittelt.

Jason schaut mich an.

»Sie hat geweint?«, wiederholt er meine Worte.

Ich nicke.

»Sie war natürlich sehr von dir beeindruckt, da bin ich mir sicher«, konstatiert Chris.

»Ja«, antworte ich etwas abwesend. »Das wird es wohl gewesen sein.«

Jason setzt erneut zu einer Melodie an, und wir lauschen seinem Klavierspiel und Gesang. Zuletzt erkenne ich, was er singt. Das Lied war für eine eventuelle Fortsetzung des *Phantoms der Oper* gedacht, und ich habe im Internet schon einmal eine illegale Aufnahme davon gehört. In meinem Kopf singe ich den Text mit, und das Einzige, was ich in diesem Augenblick wahrnehme, ist die Musik. Als die letzten Klänge des Klaviers verebben, geht der Text in meinem Kopf einfach weiter. Ich stelle mein Glas Wein ab und fahre etwas nach vorn. Es fühlt sich an, als stünde ich kurz davor, aufzustehen. Jason schaut mich an und schlägt langsam in die Tasten, woraufhin ich, ohne weiter darüber nachzudenken, leise anfange mitzusingen.

Chris stellt sich auch neben das Klavier und ermuntert mich, indem er mit der Hand das Tempo andeutet. Ich setze mich über das aufsteigende Schamgefühl hinweg und singe weiter, aber jetzt lauter. Die Worte fließen mir in einer Woge der Gefühle über die Lippen. Könnte ich jetzt aufstehen, würde genau in diesem Moment alles von mir abfallen.

»I'm alive!«, singe ich. *»Alive once again!«*

Danach ist plötzlich alles still. Die Musik ist zu Ende, und ich sitze immer noch im Rollstuhl. Schnell nehme ich einen Schluck Rotwein. Ich schaue hinaus und höre die Blätter des Baumes rauschen, der zuvorderst im Garten steht.

»Dieser Baum ist echt phantastisch«, bemerke ich. »Groß und majestätisch. Irgendwie strahlt er auch Schutz aus!«

»Eine Schöpfung Gottes«, höre ich Jason sagen.

»Glaubst du an Gott?«, frage ich.

Chris verteilt in dem Moment den Rest des Weines auf unsere Gläser.

»Natürlich glaube ich an Gott!«, antwortet Jason. »Du nicht?«

Ich schaue weg, und mein Blick irrt ab auf einen Rosenstrauch draußen vor der grauen Mauer. »Vielleicht«, sage ich mit hörbarem Zweifel in der Stimme. »Nach dem, was geschehen ist«, fahre ich mit einem Blick auf meine Beine fort, »fällt es mir manchmal schwer zu glauben. Oder besser gesagt: Es fällt mir schwer, wieder zu glauben.«

Chris nickt und sagt, er könne das gut verstehen.

Jason lächelt. »Meine Oma hat immer zu mir gesagt: ›Gott wird dir nichts geben, was du nicht bewältigen kannst.‹ Aber sie hat auch gleich hinzugefügt: ›Ich wünschte nur, er hätte nicht gar so eine hohe Meinung von mir.‹«

Ich lächele, als Jason fortfährt und sagt: »Weißt du, Viktor, du sagst, du findest den Baum im Garten so schön.«

Ich schaue ihn an und nicke. Ja, das stimmt.

»Wenn du also nicht an Gott glauben kannst, oder jedenfalls nicht in diesem Moment, dann versuche, an diesen Baum hier neben dir zu glauben. An die Kraft, die in der Natur steckt. Eine Kraft, die immer und überall da ist. Eine Kraft, die dich zu beschützen vermag, wenn du daran glauben kannst.«

Schock

Mein Internetfreund Brian ist tot. Er hat Selbstmord begangen. Die Nachricht ist noch frisch, ich habe es erst vor zwei Tagen erfahren, dabei liegt es schon ein Jahr zurück.

Ich sitze im Flugzeug von Berlin nach Hause. Die Maschine rollt zur Startbahn. Nach allem, was ich hier in Berlin erlebt habe, ist das Einzige, was mir durch den Kopf geistert: Mein Internetfreund Brian ist tot. Er hat es getan, auch wenn ich nicht weiß, wie. Und es ist ihm geglückt. Jetzt ist mir klar, warum ich nie eine Reaktion auf die Mails erhielt, die ich ihm nach dem Krankenhausaufenthalt geschrieben habe. Sobald ich wieder online war, habe ich versucht, ihn über Nachrichten in der Newsgroup zu erreichen, aber es war schon zu spät. Obwohl ich Brian im wahren Leben nie begegnet bin, denke ich an unsere E-Mails zurück und versuche mir vorzustellen, wie dunkel die Welt um ihn her gewesen sein muss.

Ich sinke zurück und lehne den Kopf gegen die Seitenstütze meines Sitzes. Mit geschlossenen Augen denke ich an den Moment vor zwei Tagen, als ich die Nachricht über Brian erhielt. Ich war in dem Lokal, um mit dem Fotografen und einigen seiner Kollegen das Fotoshooting zu besprechen. Als ich ihm – er heißt Tobias – beim Hereinkommen die Hand gab, sagte er, er hege eine große Bewunderung für mich. Tobias war ein eher unauffälliger Mann um die vierzig, der auf mich einen ruhigen, ernsthaften Eindruck machte. Er wollte sicherstellen, dass alles für mich wunschgemäß verlief und ich mich nicht unwohl fühlte.

Danach stellte er mich den übrigen Leuten am Tisch vor. Einer von ihnen hieß Simon und sollte ebenfalls bei den Aufnahmen dabei sein. Er erzählte von seinem Fotografiestudium und fügte hinzu, er fände es »absolut großartig«, wie ich mich offenbar »unter Kontrolle« hätte. Ich lachte und antwortete, das sei großenteils nur Show, und eigentlich sei mir bei der ganzen Sache unwohl. Aber gleichzeitig fragte ich mich, ob nicht doch ein Körnchen Wahrheit darin steckte. Für einen Moment konnte ich sogar selbst glauben, dass ich das alles gar nicht so schlecht gedeichselt bekam. Immerhin, überlegte ich, war es ja schon eine ziemliche Leistung, so ganz allein im Rollstuhl in eine wildfremde Stadt zu reisen.

Was mich erstaunte, war, wie ruhig und gelassen ich mit diesen unbekannten Leuten am Tisch sitzen konnte, ohne die Angst und ohne Schweißausbrüche. Ich verspürte lediglich eine gewisse Nervosität, was mich aber nicht weiter beunruhigte. In diesem Moment meinte Simon mit Blick auf meinen Rollstuhl, es hätte sicherlich niemanden gewundert, wenn ich in dieser Lage in eine Art Krise oder Depression verfallen wäre. Wir unterhielten uns eine Weile über dieses Thema, und irgendwann mischte sich Tobias in das Gespräch und sagte, nicht alle schafften es, nicht alle könnten mit Rückschlägen umgehen. Und dann sagte er, Hendelman beispielsweise habe es nicht geschafft. Ich erschrak, denn ich kannte den Namen aus Brians E-Mails. In dem Moment wusste ich nicht sicher, ob er tatsächlich denselben Hendelman meinte, aber schon bald bestätigte sich meine Vermutung: Es ging um Brian Hendelman. Er habe in der Welt der Models als großes Talent gegolten, fuhr Tobias fort, Hendelman habe alles, wirklich alles gehabt. Aber er habe es nicht mehr geschafft, irgendwann in dem Sommer, den ich in der Enzensbergklinik verbracht hatte.

Nach dieser Nachricht ging mir Brian nicht mehr aus dem Kopf. Beim Fotoshooting konzentrierte ich mich, so gut es ging, aber auch da musste ich ständig an Brian denken. Letztlich, so sagte ich mir, war sein Selbstmord ja keine komplette

Überraschung, erst recht nicht für mich. Hatten uns unsere Gespräche geholfen – oder hatten wir uns stattdessen gegenseitig nur noch tiefer runtergezogen? Ich bin mir nicht sicher, wie ein Treffen ausgegangen wäre.

Ich öffne die Augen und setze mich wieder aufrecht hin. Ich schaue mich kurz um. Die Maschine ist noch nicht einmal zur Hälfte gefüllt. Die Stewardess kommt vorbei und kontrolliert, ob alle die Tische hochgeklappt haben. Wir werden wohl gleich abheben. Ich lasse mich wieder in meinen Sitz zurückfallen und schließe abermals die Augen. Die Energie, die ich vor einigen Tagen bei der unerwarteten Begegnung mit Chris und Jason verspürt habe, kommt mir vor wie eine Erinnerung aus uralter Vergangenheit, fast, als habe es sie nie gegeben. Plötzlich fällt mir ein, was ich der Psychologin in der Reha-Klinik einmal gesagt habe: »Hinterher ist es einfach so vorbei. Als hätte es nie stattgefunden. Es vermittelt mir ein Gefühl der Verlassenheit.«

Im selben Moment heulen die Flugzeugmotoren auf, und etwas später braust die Maschine mit hoher Geschwindigkeit über die Startbahn und hebt ab. Ich werfe einen Blick durch das Fenster und sehe noch einmal die Lichter des abendlichen Flughafens. Erinnerungen an früher kommen hoch. Unwillkürlich denke ich an die Zeit zurück, als ich in Schiphol arbeitete und wie sehr ich die Abendschichten am Flughafen geliebt habe. Ich merke, dass ich die Vergangenheit idealisiere, denn auch damals, an einem ganz normalen Arbeitstag am Flughafen, konnte ich mich hundeelend fühlen, besonders, wenn es nicht genug zu tun gab und ich nicht fortwährend von einer Tätigkeit abgelenkt wurde. Ich fühlte mich so richtig in meinem Element, wenn beispielsweise Verspätungen oder Annullierungen vorlagen und wir uns um Passagiere kümmern mussten oder wenn es technische Probleme gab. Am besten war ich, wenn ich gegen die

Uhr anrennen musste. Aber die ganz normalen Schichten, in denen alles wie am Schnürchen lief und ich meine Arbeit routinemäßig abwickeln konnte, empfand ich als todlangweilig.

Ein paar Stunden später bin ich zu Hause. Sofort schalte ich den Computer ein und finde im Internet die Nachricht über Brian bestätigt. Es gibt sogar eine Webseite zu seinem Andenken. Brian war in einer Art und Weise erfolgreich, die vielen wie die Erfüllung eines Traums vorgekommen sein muss: Er verdiente sein Geld als Fotomodell und bereiste für seine Arbeit die ganze Welt. Das alles hatte jedoch nicht verhindern können, dass eine Dunkelheit in ihn gekommen war, wie er es mir geschrieben hatte, die letztlich alles Licht um ihn her hatte verlöschen lassen. Für andere vielleicht unbegreiflich, für ihn selbst ungreifbar: Auch er hatte einen unsichtbaren Feind gehabt.

Die Erde hat mich wieder

Gerade als ich das Licht in meinem Computerzimmer löschen will, fällt mein Blick auf ein DIN-A4-großes Farbfoto auf dem Tisch. Es ist eine der in Berlin gemachten Aufnahmen. Ich sitze auf einem Barhocker in einer vollen Kneipe. Über dem Foto steht: *Ein kompletter Mann, auch ohne Beine. Schau nicht weg.* Einen Moment lang erwäge ich, das Bild zu zerreißen, überlege es mir aber dann doch, denn bestimmt würde es mir hinterher leidtun. Die ersten paar Monate nach der Reha-Klinik waren für mich wie eine Art Achterbahnfahrt. Alles war für mich neu, war wie ein kleines oder großes Abenteuer. Aber das Neue nutzt sich ab, und was bleibt, ist Routine. Schon mein ganzes Leben lang bin ich Höhen und Tiefen ausgeliefert, und ich bin immer auf der Suche nach neuen Erfolgen. Vielleicht bin ich zu früh zur Höchstform aufgelaufen, indem ich mich schon jetzt ganz allein auf Reisen begeben habe. Aber ist es unter diesen Umständen überhaupt möglich, zu schnell zur Höchstform aufzulaufen? Und wenn ja, bedeutet das dann, dass ich mir etwas Neues suchen muss, um nicht abermals in die Tiefe abzurutschen?

Ich werfe einen Blick durch das Wohnzimmerfenster hinaus auf die Straße, die am Haus entlangführt. Es ist still, die Straßenlaternen sind gerade angegangen. Und obwohl mittlerweile die Alltagsroutine dominiert, kommt mir die Umgebung auch nach einem Jahr immer noch fremd vor. Die Whiskyflasche auf dem Tisch ist schon halb leer, obwohl ich sie erst an diesem Abend geöffnet habe. Ich zucke mit den Schultern und gieße mir nochmals ein. Das Telefon klingelt. Es ist Marc, ich erkenne seine Nummer auf dem Display. Wir haben uns schon lange nicht mehr gesprochen. Wir unterhalten uns eine Weile darüber, wie es läuft. Dann erzähle ich ihm von der Nachbarin von oben, die sich heute bei mir über die zu laute Musik beklagt hat. Das Telefon zwischen Kopf und Schulter geklemmt, schenke ich mir noch einen Whisky ein. Mit dem Telefon in der Hand setze ich mich anschließend vom Rollstuhl auf die Couch, drehe mich vom Bauch auf die rechte Seite und bewege dann mein linkes Bein nach oben, um es anschließend wieder langsam abzusenken. Es ist eine Übung, die ich in der Klinik gelernt habe. Während ich mich weiter mit Marc unterhalte, lange ich nach dem Glas auf dem Tisch. Ich schließe die Augen und kippe den Inhalt mit einem Zug hinunter. Ich stelle das leere Glas zurück und schaue noch einmal nach der Flasche. Mir fällt auf, dass Johnny Walker gerade noch mit den Füßen im Whisky steht. Ich nehme die Flasche vom Tisch und drehe den Verschluss auf. Fast wäre mir dabei das Telefon aus der Hand gefallen, doch ich kann es noch rechtzeitig auffangen.

»Bist du noch da? Ja, du bist beinahe runtergefallen«, sage ich, und die Worte kommen mir nicht mehr leicht über die Lippen.

Ich höre Marc am anderen Ende lachen. Kurz darauf will ich mich auf die Seite drehen und mir noch einen kleinen Schluck eingießen. Aber ich verschätze mich in der Breite der Couch. Mir entfährt ein lautes »Mist!«, und ich kann mich gerade noch an der Tischkante festhalten und so verhindern, dass ich zwischen Couch und Tisch auf dem Boden lande. Marc fragt, was los sei. Ich erzähle ihm, dass ich fast von der Couch gekippt wäre, das könne einem als Invalidem ganz leicht passieren. Ich drücke mich vom Tisch ab, zurück auf die Couch. Währenddessen plaudere ich mit Marc weiter über alltägliche Dinge, doch plötzlich bekomme ich rasende Kopfschmerzen. Ich massiere mir die Stirn direkt über den Augen und setze mich gerade hin. Mein Magen protestiert, und ich weiß inzwischen, dass er mir in einer aufrechten Sitzposition noch am wenigsten Ärger macht. Allmählich wird mir richtig schlecht. Während Marc von einem Film erzählt, den er neulich gesehen hat, signalisiert mir mein Magen, dass ich rasend schnell zur Toilette muss, will ich mich nicht auf mich selbst und die Couch übergeben.

»Ich muss dich mal kurz weglegen …«, unterbreche ich ihn, klettere anschließend im Rekordtempo von der Couch in meinen Rollstuhl und sause ins Bad. Weil ich dabei alle Türen offen lasse, kann Marc in Amsterdam hören, wie ich mich übergebe. Zurück im Zimmer, nehme ich das Telefon von der Couch und lege es zurück auf die Ladestation. Erst später wird mir klar, dass ich das Gespräch mit Marc nicht beendet habe.

Überzeugt

Die Sonne scheint. Kurz nach dem Aufwachen habe ich mich mit einem Becher Kaffee nach draußen begeben. Hinter meinem Haus gibt es einen Spielplatz und einen winzigen Park. Es ist eine kleine Oase inmitten der belebten Straßen. Eigenartigerweise fühle ich mich nicht allzu elend, wenn man die Alkoholmenge bedenkt, die ich am Vorabend getrunken habe.

Ich habe beschlossen, die Kombination Whisky und Schmerzmittel vorläufig der Vergangenheit angehören zu lassen. Am besten wäre es, ich könnte mit beidem aufhören, aber zuerst will ich von den Schmerzmitteln loskommen. Ab heute kein Valoron mehr für mich. Um den Worten Taten folgen zu lassen, habe ich am Morgen die Flasche in den Ausguss geleert. Zwar nicht ohne leises Bedauern, aber ich weiß, ganz gleich, welche Richtung mein Leben auch nehmen wird: Ich werde nie auch nur einen Schritt weiterkommen, wenn ich nicht von den Schmerzmitteln loskomme. Als Teil dieses Medikamentenentzugs in Eigenregie beschließe ich, mich darauf vorzubereiten, dass ich am Abend kein Schmerzmittel mehr einnehme. So ab vier Uhr lasse ich es bewusst ganz ruhig angehen, und ich habe mir auch schon eine Liste mit Fernsehsendungen und DVDs gemacht, die ich mir anschauen kann, damit ich genügend Ablenkung habe. Und dann heißt es hoffen, dass ich nicht doch noch spätabends zur Notaufnahme fahre, um mir ein Rezept für Valoron zu holen.

Auf dem Spielplatz ist es ruhig. Drei Kinder toben dort herum, zwei Jungen und ein Mädchen. Sie kraxeln auf dem Klettergerüst und spielen Ball. Ich nippe an meinem Kaffee und sehe, wie sie mich anschauen und miteinander flüstern. Ich vermute, es geht um meine Beine. Es kommt häufiger vor, dass Kinder bei meinem Anblick stehenbleiben und sich anschließend laut fragen, wo meine Beine geblieben sind. Plötzlich hören sie auf zu spielen und kommen zu dritt auf mich zu, vorneweg das Mädchen, die beiden Jungs im Schlepp. Den Ball noch in den Händen, baut sie sich vor mir auf und sagt: »Du sitzt im Rollstuhl.«

Ich nicke. Das hat sie richtig erkannt. Ihre blonden Locken und ihr rot-weiß gestreiftes Kleid verleihen ihr ein eher freches Äußeres. Aber sie ist nicht frech, sondern direkt.

»Stimmt«, antworte ich. »Ich hatte einen Unfall.«

Danach nippe ich wieder an meinem Kaffee und beobachte die beiden Jungs, die interessiert zuschauen.

»Schläfst du auch in dem Rollstuhl?«

Die Frage überrascht mich zunächst sehr, aber eigentlich ist sie nur logisch. Immerhin sitze ich ohne Beine im Rollstuhl, wie soll ich da herauskommen?

»Nein, das tue ich nicht«, antworte ich und erkläre ihr, wie ich mich aus meinem Rollstuhl auf die Couch, einen Stuhl, auf die Toilette und also auch ins Bett umsetzen kann. Und auch wieder selbst hinein. Die Jungs sind währenddessen noch etwas näher gekommen.

»Kannst du mit dem Rollstuhl überallhin?«

»Na ja, überall …«, antworte ich. »Wenn ich die Bremsen löse, kann ich vorwärts und rückwärts. Und auch nach links und rechts.«

Am Ende muss ich zugeben, dass ich mit meinem Rollstuhl im Prinzip überall hinkann.

»Das ist gut«, antwortet sie. »Du kannst also noch alles.«

Ich lache kurz und zucke mit den Schultern.

»Tja, wenn man es so betrachtet …«, beginne ich, aber das Mädchen wartet nicht länger auf meine Antwort, sondern dreht sich unvermittelt um und rennt in Richtung Klettergerüst davon. Die beiden Jungen wenden sich ebenfalls ab und folgen ihr. Dann bleibt einer von ihnen plötzlich stehen, schaut mich an und kommt wieder auf mich zu. Meiner Einschätzung nach ist er der Älteste von den dreien, vielleicht zehn Jahre alt. Als er vor mir steht, schaut er mir direkt ins Gesicht und sagt, ohne zu zögern: »Es ist gut, dass du noch lebst.«

Ohne meine Reaktion abzuwarten, rennt er zurück zu den anderen, die schon am Klettergerüst stehen, und lässt mich vollkommen perplex zurück.

»Meinst du wirklich?«, rufe ich ihm nach ein paar Sekunden noch hinterher, aber meine Worte verhallen ungehört. Sofort schäme ich mich, weil ich seine unerwarteten, aber überzeugend vorgebrachten Worte mit meiner Frage in Zweifel gezogen habe. Und außer mich zu schämen, frage ich mich, ob er vielleicht recht hat.

Endlich

Es ist Ende September 2005, als ich mein Auto auf den Behindertenparkplatz vor der Arztpraxis lenke. Normalerweise mache ich nach dem Abstellen des Motors quasi automatisch die nötigen Handlungen, um aus dem Auto in meinen Rollstuhl zu kommen. Heute dagegen bleibe ich sitzen und tue eine ganze Weile nichts. Vom Auto aus blicke ich auf die fensterlose Mauer des Gebäudes, in dem auch meine Hausärztin ihre Praxis hat. Ich bin in den letzten Jahren einige Male hier gewesen, unter anderem, um mir ein Folgerezept für Schmerzmittel abzuholen.

Es hat länger gedauert als gedacht, aber ich habe es geschafft, die Valoron-Sucht loszuwerden. Mehr als ein Jahr bin ich mittlerweile »clean«, und auch meinen täglichen Alkoholkonsum habe ich drastisch verringert. Bis auf wenige Ausnahmen trinke ich nicht mehr als ein, zwei Gläser, und fast immer nur noch Wein oder Bier. Whisky trinke ich nur mehr außer Haus, wo er zu teuer ist, um größere Mengen zu mir zu nehmen. Zum Glück kann ich der Versuchung bisher widerstehen, beim Einkaufen eine Flasche mitzunehmen. Und wenn abends das Bedürfnis nach Hochprozentigem aufkommt, sind die Geschäfte zu.

Seit ich keine Schmerzmittel mehr nehme, versuche ich, die Schmerzen, so gut es geht, zu ertragen und zu akzeptieren, statt mich ihnen zu widersetzen. Ich nehme es meinen Beinen nicht länger übel, dass sie weh tun. Oder um es anders zu sagen: Ich habe ihnen mittlerweile verziehen, dass sie mir weh tun. Ich denke manchmal an das zurück, was Didier mir in der Reha-Klinik in Amsterdam gesagt hat: wie meine Beine nach dem Rest meines Körpers rufen. Wenn ich vor Schmerzen nicht schlafen kann, zucke ich mit den Achseln und mache mir deswegen keine Sorgen. Manchmal flüchte ich aus dem Bett und koche mir einen Tee und versuche, etwas fernzusehen oder im Internet zu surfen. Aber ich betäube mich nicht mehr mit einer Ladung chemischen Zeugs.

Nach einigen Minuten öffne ich die Wagentür und baue danach langsamer als gewöhnlich meinen Rollstuhl zusammen. Ich sitze jetzt schon fast sechs Jahre im Rollstuhl. Auf dem Weg in die Praxis denke ich daran zurück, wie ich mal aus denselben Gründen zu meiner damaligen Hausärztin in Amsterdam gefahren war. Jetzt geht es mir auch nur um eines: Ich fühle mich nicht gut. Zwar habe ich alles in meinen Kräften Stehende getan, damit es mir besser geht. Ich sorge dafür, dass ich fit bleibe, ich achte auf meine Ernährung und versuche, zeitig ins Bett zu gehen und ausreichend zu schlafen. Und dennoch: Ich kann nicht mehr.

Ich fühle mich entsetzlich, selbst nach all der Zeit, in der ich mir mein Leben neu eingerichtet habe. Dabei bin ich mir bewusst, dass es Leute um mich herum gibt, die das allein schon als Leistung betrachten: die Tatsache, dass ich auf mich gestellt zurechtkomme, ohne Beine und im Rollstuhl, egal ob hier oder im Ausland. Aber ich sehe das überhaupt nicht so, denn was habe ich davon, außer dass ich mich vom einen Tag zum nächsten schleppe? Und darum habe ich einen Arzttermin vereinbart.

Noch beim Öffnen der Praxistür frage ich mich, ob es überhaupt sinnvoll ist, eine neue Therapie zu beginnen oder ein anderes Medikament auszuprobieren, was immer mir die Hausärztin vorschlägt. Ganz kurz erwäge ich, umzukehren und den Termin sausenzulassen, ringe mich dann aber doch dazu durch, in dem übervollen Wartezimmer Platz zu nehmen. Meine Hausärztin ist eine Frau um die fünfzig. Ich war jetzt schon ein paarmal bei ihr und habe sie als sanft und freundlich kennengelernt. Als ich ins Behandlungszimmer komme, entschuldigt sie sich bei mir, weil sie noch mal rasch ins Labor müsse. Eigentlich bin ich sogar froh, noch kurz allein sein zu können: Ich spüre nämlich, wie die Angst in mir wächst. Mir fällt ein, dass mir jetzt ruhig mulmig werden darf, denn schließlich bin ich ja hier, weil ich unter Ängsten und Beklemmungen leide. Um zu verhindern, dass ich eine richtige Panikattacke bekomme, und sei es nur, damit ich gleich nicht in einem klatschnassen Hemd dasitze, versuche ich, die Schultern zu entspannen. Kurz darauf ist die Ärztin wieder da und nimmt hinter ihrem Schreibtisch Platz. Meine Krankenakte liegt noch geschlossen vor ihr. Sie schaut mich an und fragt, wie es mir geht.

Über die Antwort brauche ich nicht lange nachzudenken: »Ich bin eigentlich nur hier, um zu sagen, dass es mir nicht gutgeht.«

Die Ärztin nickt und öffnet meine Akte. Diese Reaktion hatte ich nicht erwartet. Es scheint, als ob sie das nicht wundert. Dabei habe ich ihr gegenüber noch nie zu erkennen gegeben, dass es mir schlechtgeht.

»Ich sehe, dass Sie vor mehr als einem Jahr zum letzten Mal Schmerzmittel bekommen haben«, stellt sie fest.

»Ja, richtig. Ich hatte beschlossen, damit aufzuhören. Sie halfen nicht wirklich gegen die Schmerzen, sondern machten mich eher dösig, wodurch ich die Schmerzen für eine Weile vergessen konnte. Aber wirklich verschwunden waren sie nie, und ich habe auch immer mehr von dem Zeug gebraucht, um die Wirkung aufrechtzuerhalten.«

Die Ärztin schaut mich an und lächelt. »Ich denke, das war ein guter Entschluss. Aber was machen Sie stattdessen mit den Schmerzen in Ihren Beinen?«

»Ach«, sage ich lakonisch, »ich akzeptiere sie jetzt. Ich meine, ich betrachte sie als Teil meines Körpers.«

»Das ist bestimmt nicht immer leicht«, sagt sie.

Ich zucke mit den Schultern und weiß nicht, was ich erwidern soll.

»Aber jetzt sagen Sie mir, es geht Ihnen dennoch nicht gut?«

»Ich fühle mich schlecht. Ich weiß nicht genau, was es ist, ich meine ...«

Ich beende den Satz nicht, weil mir bewusst wird, dass ich der Wahrheit auszuweichen versuche. Ich bin nervös und frage mich, ob die Ärztin das mitbekommt. Mein Blick schweift ab zum Rand ihres Schreibtischs, auf dem Akten, Bücher und Schreibmaterial liegen.

»Ich muss Ihnen erst noch etwas anderes sagen ...«, beginne ich leise. Ich räuspere mich, um Mut zu sammeln. »Ich hatte Ihnen von einem Motorradunfall erzählt, aber das stimmt so nicht.«

Ich beobachte die Ärztin, um ihre erste Reaktion abzuchecken. Sie hört aufmerksam zu.

»Ich habe meine Beine verloren, weil ich mich vor den Zug geworfen habe, in Amsterdam, im November 1999.«

»Das ist sehr traurig, was Sie mir da erzählen.« Ihre Stimme ist ruhig.

»Ja, mir ist klar, dass ich Ihnen das vielleicht schon früher hätte sagen müssen, aber ich habe mich nicht getraut. Ich hoffe, Sie verstehen, dass ich Ihnen das Wie und Warum hier nicht in wenigen Worten erklären kann.«

Die Ärztin nickt. »Ich bin ganz Ihrer Meinung. Ich denke schon, es wäre wichtig, dass wir uns einmal darüber unterhalten, aber nur, wenn Sie es wollen.«

Nur wenn ich es will? Diese Einstellung gefällt mir. Nachdem sie weiß, was mit mir geschehen ist, brauche ich nicht länger um den heißen Brei herumzureden. Ich fühle mich jetzt schon wohler.

»Ich denke, es ist wichtig, eine Lösung für Ihre akuten Probleme zu finden, und sei es nur vorübergehend«, fährt sie fort. »Erzählen Sie mir, wenn Sie das können, weshalb Sie sich schlecht fühlen. Was für Probleme sind das?«

Ich erzähle ihr von meinen Angstattacken. Dass ich oft nicht in einem Restaurant oder Lokal sitzen bleiben kann, dass ich das Problem auch habe, wenn jemand im Supermarkt mich fragt, wie es geht, oder wenn ich auf einem Frisörstuhl sitze. Und dass mich das völlig verrückt macht, weil ich rein gar nichts dagegen unternehmen kann. »Ich leide darunter schon seit mehr als fünfzehn Jahren.«

»Sie gehen regelmäßig schwimmen, stimmt das?« Sie schaut mich lächelnd an. »Meine Assistentin sieht Sie nämlich immer im Schwimmbad.« Dann fährt sie ernster fort: »Wohnen Sie allein oder leben Sie in einer Beziehung?«

Ich antworte, dass ich allein wohne.

Die Ärztin fragt, warum das so sei, und ich weiß einen Moment lang nicht, was ich ihr antworten soll. Warum bin ich allein? Ich sage, dass ich aufgrund meiner Angstattacken und der Tatsache, dass ich im Rollstuhl sitze, für eine Beziehung wohl nicht geeignet sei.

Die Ärztin nickt verstehend. »Glauben Sie, es ist für andere um sie herum ein Problem, wenn Sie eine Angstattacke bekommen?«

Ich schaue die Ärztin an. Wieder eine Frage, die ich nicht erwartet hatte. Ganz kurz überlege ich mir zwei mögliche Antworten. Die eine lautet: Ja, es ist für andere natürlich ein Problem, denn ich habe irgendwann festgestellt, dass das Leben mich »rausschmeißt«, weil ich unter Angstattacken leide. Aber weil die Ärztin es fragt, sage ich mir, dass es offenbar eine Alternative gibt, nämlich: Nein, es ist für andere kein Problem.

Das verwirrt mich.

»Sie meinen, für andere um mich herum ist es kein Problem?«, frage ich zögernd.

Die Ärztin beantwortet meine Frage nicht direkt, sondern sagt, dass ich, wenn sie es recht verstanden hat, zwei akute Probleme hätte: Depressionen und Angstattacken. Die Tatsache, dass sie die Problematik, die mich schon jahrelang beschäftigt, hier in wenigen Worten zusammenfasst, geht mir gegen den Strich, weil es so simpel klingt. Aber ich weiß, dass es nicht so simpel ist.

Ich habe immer gedacht, ich würde mich aufgrund der Angst- und Panikattacken schlecht fühlen. Nie zuvor hat ein Arzt mir gegenüber angedeutet, die Anfälle würden gerade durch die Depressionen verursacht. Zu meinem großen Erstaunen denke ich, dass sie am Ende womöglich recht haben könnte. Denn immer wenn ich etwas tue, wodurch ich mich gut fühle, sei es der Striptease oder ein Fotoshooting, dann – und immer nur dann – lassen auch die Angst- und Panikattacken vorübergehend nach.

Die Ärztin schaut mich noch immer konzentriert an. Ich bilde mir ein, sie versteht, was ich zu sagen versuche, selbst wenn ich mich dabei etwas unklar ausdrücke.

»Aber nicht lange danach kommen sie mit voller Wucht zurück, und ich muss mir sozusagen wieder etwas Neues ausdenken, eine neue, extreme Aktion, um sie zu besänftigen«, sage ich. »Je extremer, desto besser. Es ist, als müsste ich mich dabei immer wieder selbst übertreffen.«

Die Ärztin macht sich erstmals während unseres Gesprächs eine Notiz. Danach fragt sie, ob ich schon einmal Antidepressiva ausprobiert habe.

Ich schüttele den Kopf und sage, meine Hausärzte in den Niederlanden und Deutschland hätten mir nur Xanax gegeben. Auf ihre Frage, ob das geholfen habe, erwidere ich, es habe mich zwar ruhiger gemacht, aber nicht wirklich geholfen.

Die Ärztin macht sich wieder eine Notiz und wendet sich danach zu dem Computermonitor links von ihr. »Wie ich schon sagte, wir werden später sicher noch einmal in Ruhe darüber sprechen, aber ich denke, wir müssen verschiedene Wege gleichzeitig beschreiten. Gesprächstherapie vielleicht, und auch ein Medikament, das Sie unterstützen kann. Sie brauchen etwas, das Ihnen sozusagen als Sicherheitsnetz dient. Haben Sie schon mal von Trevilor gehört?«

Der Name sagt mir nichts, und ich schüttele den Kopf.

»Es ist ein Antidepressivum, aber eines der neuen Generation. Und aufgrund dessen, was ich von Ihnen erfahren habe, rate ich Ihnen, es einmal zu versuchen. Ich halte es für sehr geeignet. Und falls es nicht funktioniert, können wir ein anderes Medikament nehmen.«

Ein Antidepressivum? Was sollte ich damit? Bin ich denn wirklich depressiv? Ich fühle mich zwar schlecht, aber unter Depressionen stelle ich mir etwas anderes vor: den ganzen Tag herumhängen, nicht mehr essen wollen, sich tagelang nicht waschen.

»Daneben gebe ich Ihnen etwas, das Sie nehmen können, sobald Sie eine Angstattacke bekommen. Trevilor wirkt nämlich erst nach etwa zwei Wochen. Noch eine Frage: Leiden Sie, wenn Sie allein zu Hause sind, auch unter diesen Angstattacken?«

Ich schüttele den Kopf. »Nein, nie. Das ist etwas, das ich mit Sicherheit sagen kann.«

»Ja, das habe ich schon vermutet. Ich denke wirklich, es wäre gut, mit Trevilor anzufangen. Zusätzlich bekommen Sie ein Mittel mit einer vergleichbaren Wirkung wie Xanax. Diese Tablette können Sie unter Ihre Zunge legen, von wo aus sie sofort ins Blut aufgenommen wird. Das funktioniert genauso schnell wie eine Injektion. Und es macht Sie weniger benommen als Xanax.«

Die Hausärztin schließt das Gespräch ab und verspricht mir noch, nach einer Psychologin für eine Gesprächstherapie für mich zu suchen. Als ich ihr dankend die Hand schüttele, sagt sie: »Wissen Sie, Herr Staudt, es gibt Menschen, die äußerlich sehr stark erscheinen, aber in Wirklichkeit sehr fragil sind. Und es gibt andere, die sehr zerbrechlich wirken, jedoch alles andere als das sind. Aber die Kraft, die Sie aufbringen, um Ihr Leben wieder in den Griff zu bekommen nach dem, was Ihnen zugestoßen ist, finde ich sehr bewundernswert. Die Kraft hat gewiss nicht jeder.«

Als ich kurz darauf die Praxis verlasse, ahne ich nicht, dass ich die endgültige Lösung für meine Depressionen und die Angstattacken auf ein Stück Papier geschrieben in der Hosentasche bei mir trage.

Auf dem Weg nach Hause hole ich mir das Medikament. Der Apotheker sagt mir, es gebe Kunden, denen es enorm geholfen habe, und die mir von der Ärztin verschriebene Dosis sei sehr bescheiden. Ich brauchte also nichts zu befürchten. Zu Hause lege ich die Schachtel ungeöffnet ins Badezimmer.

Später am Tag fällt mir wieder ein, was mir die Psychologin in der süddeutschen Klinik über Borderline erzählt hat. Ich konnte und kann nicht leugnen, dass vieles davon mir bekannt vorkommt. Trotzdem habe ich die Jahre zwischen der Entlassung aus der Klinik und diesem Moment irgendwie durchgestanden und nicht versucht, meinem Leben abermals ein Ende zu setzen, obwohl ich fast täglich daran gedacht habe. Auch das Schwimmen habe ich nie aufgegeben. Tatsache bleibt, dass ich mich nicht gut fühle. Vielleicht hätte ich ihre Diagnose nicht nur zur Kenntnis nehmen und ihren Abschlussbericht nicht zerreißen und wegwerfen sollen, um so dessen Existenz auszulöschen. Habe ich mir da etwas vorzuwerfen?

Der Abend, an dem ich erstmals eine Trevilor nehme, wird mir immer im Gedächtnis bleiben. Mir wird klar, dass dies der Beginn einer positiven Entwicklung ist. Anstatt Pläne für einen erneuten Selbstmordversuch zu schmieden, bin ich dabei, eine Lösung für meine Probleme zu finden.

Die ersten paar Tage mit Trevilor sind schwer, denn ich

kann nicht mehr schlafen. Ich habe ständig verschwitzte Hände sowie Schwierigkeiten beim Harnlassen. Eine knappe Woche später, als ich immer noch nicht schlafen kann und meine Pupillen dreimal so groß sind wie gewöhnlich, fahre ich zu meinem Apotheker. Er war es auch, der mir irgendwann sagte, Valoron könne mir zwar die Schmerzen in den Beinstümpfen nicht nehmen, ihnen aber einen etwas weniger prominenten Platz in meinem Kopf zuweisen. Ich habe eine gute Beziehung zu ihm aufgebaut, wir verstehen uns. Ich berichte ihm von den Nebenwirkungen. Der Apotheker sagt, es sei ratsam, noch etwas mit Trevilor weiterzumachen, mindestens eine Woche, und abzuwarten, ob die Nebenwirkungen abnehmen, und natürlich auch, ob ich mich besser fühle und die Angstattacken ausbleiben.

Ich habe irgendwo mal gelesen, dass der Gebrauch von Antidepressiva die Empfindungen abschwächen kann. Aber ich will nicht abstumpfen, sondern weiter etwas empfinden, und ich will auch nicht, dass meine Phantasie eingeschränkt wird. Natürlich bin ich zu einem Kompromiss bereit: Ich gebe einen Teil meiner Gefühle her und werde dadurch von der Angst erlöst.

Zuletzt sage ich dem Apotheker, dass ich versuchen wolle, es noch etwas durchzuhalten. Aber wenn das mit dem Schlafen nicht besser werde, müsse ich damit aufhören. Einige Tage später ist die Schlaflosigkeit komplett verschwunden, und von den übrigen Nebenwirkungen spüre ich auch nichts mehr. Und noch etwas hat sich verändert: Ich bin zum ersten Mal aufgewacht, ohne mich gleich zu verkrampfen. Es gibt an diesem Morgen keine Angst, die mir quasi augenblicklich, sobald ich die Augen geöffnet habe, ins Gesicht schlägt und zu der Frage nötigt, wie ich am selben Tag noch meinem Leben ein Ende setzen könnte. Ich freue mich sogar, dass die Sonne scheint, und erschrecke mich nachgerade darüber. Bisher war es mir lieber, wenn ein Tag mit

Regen begann: einem Wetter, das zu meiner Gemütslage passte.

Am nächsten Morgen mache ich eine vergleichbare Erfahrung. Ich liege noch im Bett, es ist beinahe acht Uhr, und ich sehe, wie das Sonnenlicht auf die Vorhänge fällt, und denke, dass ich es heute wohl schaffe. Wie komme ich auf diesen Gedanken? Warum denke ich nicht an Selbstmord? Warum will ich noch nicht einmal daran denken?

Und noch etwas: Normalerweise kostet es mich Ewigkeiten, aus dem Bett zu kommen, und ich baue nach jeder einzelnen Handlung meine Ruhepausen ein. Heute bin ich innerhalb von zehn Sekunden aus den Federn, und ehe ich weiß, wie, bin ich schon in der Küche und koche Kaffee. Ich schalte den Computer ein und lese die Nachrichten. Danach fahre ich ins Bad und putze mir die Zähne. Als ich beim Ausspülen des Mundes in den Spiegel blicke, suche ich in meinem Gesicht nach einem Hinweis, einer Erklärung dafür, dass ich mich so anders fühle als sonst. Aber ich kann nichts entdecken. Dann verspüre ich das Bedürfnis, das Radio einzuschalten. Das Radio einschalten? Das habe ich schon seit Ewigkeiten nicht mehr getan. Danach fahre ich in die Küche und gieße mir einen Kaffee ein. Ich fühle mich leichter, so als wäre mir eine Last von den Schultern genommen, eine Last, die mir gar nicht bewusst war.

Und ich lebte noch lange, glücklich und zufrieden.

Epilog

Ich lebte noch lange, glücklich und zufrieden?

Nun, ich kann ein zwiespältiges Gefühl dabei nicht leugnen. Einerseits bin ich natürlich erleichtert und froh über das verschriebene Medikament Trevilor, das mich nicht nur großenteils angstfrei macht, sondern auch dafür sorgt, dass ich nicht im Sumpf meiner Probleme versinke. Ich behalte den Überblick und damit die Ruhe, nach einer Lösung zu suchen für alles, was mir zu schaffen macht.

Andererseits frage ich mich mitunter, wie mein Leben verlaufen wäre, wenn ich dieses Medikament, das damals gerade neu auf dem Markt war, schon dreizehn Jahre zuvor bekommen hätte. Oder wenn wenigstens die richtige Diagnose gestellt worden wäre und ich die Arztpraxis nicht wieder nur mit einem Beruhigungsmittel verlassen hätte.

Eins weiß ich gewiss: An jenem bewussten Freitagnachmittag habe ich keine andere Lösung gesehen, als zum Bahnhof zu fahren und mich vor den Zug zu werfen. Nie hätte es genug Kilometer gegeben, die ich hätte laufen, oder genug Bahnen, die ich hätte schwimmen können. Dieses Gefühl der Gewissheit werden wohl nur diejenigen verstehen, die wie ich Selbstmord begangen haben – sei es nun mit oder ohne den erwünschten Ausgang – oder ganz kurz davorgestanden haben. Im letzten Moment will man nicht einmal mehr einen Ausweg finden, sondern ist einfach nur froh, dass es bald vorbei ist. Das ist die zerstörerische Kraft von Depressionen.

Als der deutsche Torwart Robert Enke im November 2009 Selbstmord beging, indem er sich vor den Zug warf, wurde mir klar, dass ich meine Stimme erheben musste. Vielleicht sehe ich es als meine Aufgabe, Aufmerksamkeit auf das Tabu zu lenken, das Depressionen und gewiss auch das Thema Selbstmord umgibt.

Als Enkes Sarg in das Fußballstadion getragen wurde, habe ich mich gefragt, was wohl geschehen wäre, hätte man ihn lebend, aber ohne Beine unter dem Zug hervorgezogen. Wäre das Verständnis dann ebenso groß gewesen, und hätte er eine vergleichbare Huldigung im Stadion bekommen, oder hätte man ihn irgendwo weit weg in eine Klinik gesteckt auf Nimmerwiedersehen? Dasselbe gilt für den niederländischen Schauspieler und Sänger Antonie Kamerling, der bei dem Pendant zu »Gute Zeiten, schlechte Zeiten« entdeckt wurde, und seinem Leben, trotz glücklicher Ehe, Kindern und Karriere, ein Ende setzte.

Natürlich gibt es sehr viele weniger bekannte Menschen, so wie mich, die von Depressionen heimgesucht werden und die nach einem heftigen Kampf mit ihrem unsichtbaren Feind aufgeben, weil sie erschöpft und verzweifelt sind und nicht mehr weiter können. Werden sie von den nicht-depressiven Menschen um sie herum verstanden?

Meine Eltern haben bei meinem Überleben eine wichtige Rolle gespielt. Die vielen Wochen und Monate, in denen ich lautstark äußerte, dass ich alles daransetzen würde, schnellstmöglich wieder einen neuen Selbstmordversuch zu unternehmen und so mein gelebtes Leben wie ein wertloses, zerknülltes Stück Papier wegzuwerfen, haben sie unvermindert dagegen angekämpft. Vielleicht manchmal wider besseres Wissen, haben sie mich erneut aufgerichtet und wachgerüttelt. Desgleichen manche Ärzte in der süddeutschen Klinik, die mir allerdings in puncto Besserung mehr versprachen, als sie halten konnten, etwa mit den Beinprothesen. *»Hinaus, hinaus ins weite Feld, ihr Turner frisch und frei / es grünt und blüht die ganze Welt, es lockt der grüne Mai«*, so muss es ausgesehen haben, als ich auf künstlichen Beinen durch die Klinik »ging«, bis ich nach mehreren Verletzungen an meinen Beinstümpfen zu dem Schluss kommen musste, dass das Gehen mit Prothesen in meinem Fall eher an Seiltanz erinnerte. Nein, dann lieber jeden Tag schwimmen, um fit zu bleiben und mich sicher und schnell per Rollstuhl fortzubewegen.

In den auf meine Begegnung mit den Kindern auf dem Spielplatz folgenden Jahren ist mir langsam bewusst geworden, was »mit mir los ist«. Die Psychologin, die weniger als ein Jahr nach meinem Selbstmordversuch eine Borderline-Persönlichkeitsstörung bei mir feststellte – in jener Zeit ein recht unbekanntes Leiden – hatte es richtig gesehen. Inzwischen sind wir mehr als zehn Jahre weiter, und BPD (Borderline Personality Disorder) wird bei Männern übrigens ebenso häufig wie bei Frauen diagnostiziert. Die Krankheit ist mittlerweile viel bekannter und auch Gegenstand öffentlicher Diskussionen. Dennoch empfinde ich nach wie vor eine gewisse Scham, wenn ich davon erzähle, sofern ich das überhaupt tue.

Ich lebte noch lange, glücklich und zufrieden? In letzter Zeit stört es mich zunehmend, dass ich nicht mehr stehen kann. Vielleicht weil ich mich jetzt mental so viel besser fühle als zuvor und ich mich mit zwei Problemen konfrontiert sehe: einem mentalen, das ich großenteils unter Kontrolle habe, und einem körperlichen, nämlich meiner bleibenden Körperbehinderung.

Hinzu kommt der Faktor Zeit. Die Zeit, die einfach vergeht. Auch ich werde älter und hüpfe längst nicht mehr so schnell wie noch vor zehn Jahren vom Rollstuhl auf eine andere Sitzgelegenheit oder ins Schwimmbecken. Trotz der Schmerzen in meinen Beinen und »Füßen«, des Nie-mehr-stehen-Könnens und des Älterwerdens als körperbehinderter Mann, will ich nicht nur bei den großen, sondern auch den kleinen Dingen des Lebens mitmachen können. Ich weiß, dass ich irgendwann sterben werde – dagegen gibt es noch kein Medikament –, aber ich habe beschlossen, den Tod abzuwarten, anstatt ihn zu suchen.

Gestern war ich Kaffee trinken in der kleinen Bar um die Ecke, die unlängst aufgemacht hat. Die Betreiberin erzählte mir, sie sähe mich regelmäßig im Geschäft auf der anderen Straßenseite einkaufen, und meinte: »Immer wenn ich Sie sehe, frage ich mich: Woher nimmt der Mann diese Energie? Es ist absolut inspirierend, Ihnen zuzusehen.« Mir kommt das öfter zu Ohren, und trotzdem erstaunt es mich immer wieder. Ich höre es natürlich gern, aber meistens erwidere ich dann sofort, dass es für mich normal sei.

Ich lebte noch lange, glücklich und zufrieden? Ich gebe nicht vor, allen helfen zu können, die depressiv sind oder sich mit Selbstmordgedanken tragen, schon allein weil ich kein Psychiater oder Psychologe bin. Allerdings meine ich, aus Erfahrung die Gefühle verstehen zu können und auch die Worte, die jemand mit den entsprechenden Problemen äußert. Und zuhören kann ich immer, sobald du anfängst zu reden.

Ein wichtiges Buch

Depressionen gehören zu den häufigsten medizinischen Erkrankungen und stellen außerdem die Hauptursache für Suizide dar. So erfolgen etwa 70 Prozent der Suizide im Rahmen einer Depression. Statistisch gesehen sterben im Vergleich zu anderen Todesursachen weltweit etwa dreimal so häufig Menschen an Suiziden als an AIDS und etwa achtmal so häufig als an Malaria.

Eine Abklärung der Suizidalität ist in jeder psychiatrischen Notfallsituation notwendig, nicht nur im Zusammenhang mit Depression. Suizidalität kann auch bei einer schweren schizophrenen Erkrankung bzw. bei unheilbaren körperlichen Erkrankungen auftreten. Interessanterweise besteht hierbei auch ein sogenanntes »Ansteckungsmodell«, das heißt, frühere Suizidversuche bzw. Suizide oder Suizidversuche im sozialen Umfeld stellen ein erhöhtes Risiko dar.

Der Wiener Psychiater Prof. Erwin Ringel beschrieb im Jahr 1953 das noch heute gültige Modell des sogenannten »präsuizidalen Syndroms«, das dadurch charakterisiert ist, dass bei dem Betroffenen einerseits eine Einengung besteht, andererseits auch eine gehemmte und gegen die eigene Person gerichtete Aggressivität sowie Suizidphantasien auftreten. Die erwähnte Einengung kann sowohl die Lebenssituation betreffen, zum Beispiel durch Verlust des Arbeitsplatzes bzw. der Wohnung. Es kann sich aber auch um eine »dynamische Einengung« handeln, im Zuge derer der Betroffene seine Assoziationen, Gefühle und Verhaltensmuster negativ ausrichtet. Nicht zuletzt kann die Einengung aber auch die zwischenmenschlichen Beziehungen oder die Wertewelt betreffen: Hier wird alles negativ ausgelegt.

Die verschiedenen biologischen Grundlagen der Suizidalität wurden ausführlich von verschiedenen Kolleginnen und

Kollegen untersucht, so zum Beispiel von Frau Prof. Marie Asberg, die schon im Jahr 1986 nachweisen konnte, dass im Nervenwasser (Liquor cerebrospinalis) von Patienten mit Suizidversuchen eine erniedrigte Konzentration des Serotoninabbauproduktes 5-Hydroxyindolessigsäure vorliegt. Bei Suizidopfern konnte darüber hinaus auch gefunden werden, dass die Serotoninkonzentration in spezifischen Gehirnregionen verringert ist.

Neben diesen biologischen Modellen sind verschiedene psychologische Zusammenhänge mit Suizidalität diskutiert worden, auch werden psychodynamische Charakteristika als von Bedeutung angesehen.

Bei Suizidversuchen sind sowohl für die Umwelt als auch für das therapeutische Team jeweils der Aufbau einer tragfähigen Beziehung zum Betroffenen von Bedeutung sowie das Akzeptieren des suizidalen Verhaltens als Notsignal. Es sollte eine emotionale Entlastung herbeigeführt werden und eine Bearbeitung der nicht zielführenden Bewältigungsversuche, wie es der Suizid darstellt, folgen. Im Zusammenhang mit der zuvor beschriebenen situativen Einengung wird meistens auch an der Wiederherstellung wichtiger Beziehungen gearbeitet, und es werden gemeinsame Konzepte zu alternativen Problemlösungen für die aktuelle Krise, aus welcher der Suizidversuch hervorging, erarbeitet. Da es sich bei der Suizidalität um eine sehr ernstzunehmende psychiatrische Erkrankung handelt, sollten akut suizidgefährdete Patienten nach Möglichkeit von einer Fachärztin / einem Facharzt für Psychiatrie bzw. an einer spezialisierten Einrichtung (zum Beispiel einer psychiatrischen Klinik, einem Krisendienst, einem Kriseninterventionszentrum) untersucht und behandelt werden.

Häufige Fehler im Umgang mit Suizidalität sind vorschnelle Tröstungen, moralisierende Ermahnungen, Verallgemeinerungen, Ratschläge, Belehrungen bzw. das Herunterspielen des Problems. Häufig werden auch Bagatellisierungstendenzen der Patienten übernommen, oder es wird rasch nach positiven Veränderungsmöglichkeiten gesucht, die für einen gesunden Menschen möglich, jedoch für den kranken Menschen im Rahmen der Suizidalität nicht einfach oder krankheitsbedingt sogar unmöglich zu erreichen sind.

Ein wichtiger Gesichtspunkt bei der Suizidalität besteht auch darin, dass die mediale Berichterstattung über Suizide eine sehr bedeutsame Rolle einnimmt. So ist zum Beispiel bekannt, dass sensationsträchtige Berichte über Selbstmorde und Darstellungen von Suizidmethoden in der Presse zur Nachahmung verleiten können. Dies wird in der Literatur als »Werther-Effekt« bezeichnet.

Vom Zentrum für Public Health der Medizinischen Universität Wien konnte nun ein umgekehrter, sogenannter Papageno-Effekt beschrieben werden: Medienberichte können auch einen präventiven Effekt haben, nämlich dann, wenn geschildert wird, wie Betroffene Krisensituationen konstruktiv bewältigt haben.

Das vorliegende Buch von Viktor Staudt ist ein exzellentes Beispiel für den Umgang mit der Erkrankung Suizidalität und der damit in Verbindung stehenden Depression. Mehr noch: Es zeigt, wie man Menschen und deren Angehörigen in dieser verzweifelten Krisensituation helfen kann. Viktor Staudts sehr persönliche Ausführungen zeigen zum einen das eigene konkrete Leid, andererseits jedoch auch, wie ein Mensch aus einer solchen Krise wieder heraustreten kann und – was leider häufig der Fall ist –, wie nach einem Suizidversuch mit der daraus resultierenden Behinderung konstruktiv weitergelebt werden kann.

Ich wünsche dem Buch eine weite Verbreitung und den Menschen, die im Rahmen ihrer Erkrankungen an Suizidphantasien leiden bzw. einen Suizidversuch mit einer daraus folgenden Behinderung hinter sich haben, viel Verständnis und Einfühlungsvermögen von ihren Mitmenschen. Viktor Staudts Buch wird sicherlich dazu beitragen, dass die Suizidalität und die damit im Zusammenhang stehenden psychiatrischen Erkrankungen genauso wie andere medizinische Erkrankungen noch adäquater diagnostiziert, behandelt und im psychosozialen Umfeld versorgt werden.

Prof. Dr. Siegfried Kasper
Professor für Psychiatrie und Vorstand der Universitätsklinik für Psychiatrie und Psychotherapie an der Medizinischen Universität Wien